全国高等职业院校"互联网+"土建类系列教材

江苏高校品牌专业建设工程·建筑工程技术专业

U0653335

建设工程经济

主　编　马庆华　贺华刚

副主编　汤小平　程　丽
　　　　易　斌

参　编　董春盈　刘玉美

南京大学出版社

图书在版编目(CIP)数据

建设工程经济 / 马庆华,贺华刚主编. — 南京:
南京大学出版社,2017.8(2023.1重印)
ISBN 978 - 7 - 305 - 18851 - 0

Ⅰ. ①建… Ⅱ. ①马… ②贺… Ⅲ. ①建筑经济-资
格考试-自学参考资料 Ⅳ. ①F407.9

中国版本图书馆 CIP 数据核字(2017)第 142334 号

出版发行　南京大学出版社
社　　址　南京市汉口路 22 号　　　　邮　编　210093
出 版 人　金鑫荣
书　　名　建设工程经济
主　　编　马庆华　贺华刚
责任编辑　朱彦霖　蔡文彬　　　　编辑热线　025 - 83597482
照　　排　南京南琳图文制作有限公司
印　　刷　广东虎彩云印刷有限公司
开　　本　787×1092　1/16　印张 11.75　字数 258 千
版　　次　2023 年 1 月第 1 版第 3 次印刷
ISBN 978 - 7 - 305 - 18851 - 0
定　　价　32.00 元

网址:http://www.njupco.com
官方微博:http://weibo.com/njupco
官方微信号:njupress
销售咨询热线:(025) 83594756

编 委 会

主　任：袁洪志（常州工程职业技术学院）

副主任：陈年和（江苏建筑职业技术学院）
　　　　汤金华（南通职业大学）
　　　　张苏俊（扬州工业职业技术学院）

委　员：（按姓氏笔画为序）
　　　　马庆华（江苏建筑职业技术学院）
　　　　玉小冰（湖南工程职业技术学院）
　　　　刘如兵（泰州职业技术学院）
　　　　刘　霁（湖南城建职业技术学院）
　　　　汤　进（江苏商贸职业学院）
　　　　李晟文（九州职业技术学院）
　　　　杨建华（江苏城乡建设职业学院）
　　　　何隆权（江西工业贸易职业技术学院）
　　　　徐永红（常州工程职业技术学院）
　　　　常爱萍（湖南交通职业技术学院）

前　言

　　工程经济学是由技术科学、经济学和管理科学相互渗透融合而形成的一门综合性科学,具有理论面宽、实践性强、政策性要求高等特点,是适应现代化大生产和投资决策科学化的客观要求而产生的一门研究工程投资项目经济技术评价原理与方法的新学科。

　　本书依据建筑工程技术及工程造价专业的工程经济学课程教学大纲编写,参考了建造师、造价师等执业资格考试的相关内容,对工程经济学科的重要知识进行了较为详尽的介绍。全书分为九章,包括绪论、资金时间价值的计算及应用、技术方案经济效果评价、技术方案不确定性分析、技术方案现金流量表、价值工程、设备更新分析、财务会计基础以及工程经济分析的基本要素等知识内容。

　　本书具有以下特点:

　　(1) 本书在内容选取上,依据建筑工程技术及工程造价专业人才培养标准,结合全国一级建造师执业资格考试《建设工程经济》考试大纲,对于一级建造师《建设工程经济》考试的三大内容:工程经济、工程财务和建设工程估价,进行优化整合。因为绝大部分高校土木工程类专业,都已经开设了建设工程造价课程,部分开设了工程经济课程,但只有极少数开设工程财务类课程。由此,我们把工程经济与工程财务两部分内容进行了优化和整合,内容的选取体现了系统性、完整性、实用性和应用性,使学生对建筑工程经济中的知识有一个系统、客观、合理的把握和评价。

　　(2) 本书知识以"必需、够用"为原则,以"应用、实践"为目的,每个模块单元采用由"单元概述→知识目标→技能目标"这种"先导式"教学模式,用案例导入,由简入深,循序渐进地阐述基本理论、基本方法,并通过分析案例、解决案例,达到掌握基本技能的目的。每单元后还附有课后习题,题型涵盖选择题、问答题和计算题,内容丰富,难易结合,能有效帮助学生巩固、检验所学知识。

　　(3) 本书文字通俗易懂,重点突出,结构新颖,案例丰富,数据推陈出新,内容编写适当,与执业资格考试相结合。

　　本书采用基于二维码的互动式学习平台,读者可通过微信扫描二维码获取本教材相关的电子资源,如习题详解、知识点梳理等,体现了数字出版和教材立体化建设的理念。

　　本书由江苏建筑职业技术学院马庆华和重庆工商职业学院贺华刚担任主编,连云港职业技术学院汤小平、江苏建筑职业技术学院程丽、柳州铁道职业技术学院易斌担任副主编,连云港职业技术学院董春盈、长沙环境保护职业技术学院刘玉美参与编写。其中第2、7、9单元由马庆华编写,第1单元由贺华刚编写,第3单元由汤小平编写,第4单元由程丽编写,第5单元由易斌编写,第6单元由董春盈编写,第8单元由刘玉美编写。全书由马庆华统稿。

　　本书在编写过程中参考并引用了有关资料、文献,在此谨向原作者表示衷心的感谢。

　　由于编者水平和经验有限,编写时间也较为仓促,书中的错漏之处在所难免,敬请读者予以指正。

编　者

2017 年 7 月

目 录

单元 1 绪 论

【单元概述】

阐述建设工程经济的基本概念、研究对象、内容以及建设工程经济分析的基本原则和分析方法。

【知识目标】

明确建设工程经济的研究对象及内容,理解建设工程经济分析的基本原则和分析方法,掌握建设工程经济的相关概念。

【技能目标】

能够树立经济观点,建立经济意识,掌握经济分析和经济决策的方法与技能。

【导入案例】

某工程一度停工引发的思考

2004 年 7 月,某在建市政工程突然停工。后经调查发现,该工程为使建筑外观在视觉上提高冲击力,在设计上使用了大量新材料、新工艺,因而极大地提高了工程造价,但却忽略了安全、适用、环保等建筑基本要义,因此被要求停工调整。后经对设计方案调整优化,在节约资源的同时,增强了建筑结构的安全度,于年底顺利复工。

对于任何一个工程项目,在一般情况下,都不能不考虑经济效果的问题。脱离了经济效果的评判,工程项目是好是坏、是先进是落后,都无从判断。研究经济规律在工程问题中的应用,就构成了工程经济类学科的内容。

1.1 建设工程经济的基本概念

1.1.1 工程

工程是指土木建筑或其他生产、制造部门用比较大而复杂的设备,且需要投入大量人力、物力来进行的工作,如土木工程、机械工程、交通工程、化学工程、采矿工程、水利工程等。工程经济学中的"工程"涵盖工程和技术两层含义。

1.1.2 技术

技术是人类改造自然的手段和方法,是人类为实现社会需要而创造和发展起来的手段、方法与技能的总和。

工程技术作为人类利用自然和改造自然的手段与方法,除技术的应用特征外,它的经济目的性也是十分明显的。对于任何一种技术,一般情况下都要考虑经济效果问题,脱离了经济效果的标准,技术是否先进就无从判断。人类发展工程技术是为了经济,因而技术不断发展的过程也就是经济效果不断提高的过程。随着技术的日新月异,人们越来越能够利用较少的人力、物力获得更多更好的产品或劳务。

1.1.3 经济

经济(economy)一词在我国古代有"经邦济世"、"经国济民"的意义,是治理国家、拯救庶民的意思,与现代的"经济"含义不同。现代汉语中使用的"经济"一词,是 19 世纪后半叶,由日本学者从英语"economy"翻译而来的。经济是一个多义词,通常有下列几方面的含义:① 经济指生产关系。经济是人类社会发展到一定阶段的社会经济制度,是生产关系的总和,是政治和思想意识等上层建筑建立的基础。② 经济指一国国民经济的总称,或指国民经济的各组成部分,如工业经济、农业经济、商业经济等。③ 经济指社会生产和再生产,即物质资料的生产、交换、分配、消费的现象和过程。④ 经济指节约或节省。在经济学中,经济的含义是从有限的资源中获得最大的利益。

工程经济研究中的经济是指人、财、物、时间等资源的节约和有效利用。例如,在工程建设中,以较少的费用建成具有同等效用的工程,或以同样数量的费用建成更多更好的工程等。无论哪种情况,都表现在为实现投资目标或获得单位效用而对投入费用(资源)的节约。

可以看出,工程(技术)和经济是辩证统一的,存在于生产建设过程中。首先,技术的进步促进经济的发展。其次,经济发展是技术进步的归宿和基础。而在技术与经济中,经济占支配地位。工程(技术)是经济发展的手段和方法,而经济发展则是工程(技术)进步的目的和动力。两者既相互促进又相互制约。

1.2 建设工程经济学的概念及基本理论

1.2.1 工程经济学的概念

工程经济学是一门综合运用工程学和经济学,在有限的资源条件下运用有效的方法,对多种可行方案进行评价和决策,确定最佳方案的学科。具体地说,工程经济学就是研究为实现一定功能而提出的在技术上可行的技术方案、生产过程、产品或服务,在经济上进行计算分析、比较和论证的方法的科学。

工程经济学从技术的可行性和经济的合理性出发,运用经济理论和定量分析方法,研究工程技术投资和经济效益的关系,例如各种技术在使用过程中,如何以最小的投入取得最大的产出,如何用最低的寿命周期成本实现产品、作业或服务的必要功能。工程经济学不研究工程技术原理与应用,也不研究影响经济效果的各种因素,而是研究这些因素对工程项目产生的影响,研究工程项目的经济效果,具体内容包括对工程项目的资金筹集、经济评价、优化决策以及风险和不确定性分析等。

1.2.2 经济学基本理论

1. 需求理论

需求理论主要分析不同价格水平的产品的需求量,以及在价格、收入和相关商品的价格发生变化时的需求改变率。它的作用是支持企业的价格决策和市场预测,帮助企业确定需求量和价格之间的关系。

2. 供给理论

供给理论主要研究产品供给与要素需求随价格变化而变动的规律。竞争性企业依据既定的价格,遵循利润最大化准则,选择要素投入与产品供给方案。那么价格变动如何影响企业的选择?又有多大的影响?各个企业的产品供给共同构成了社会的产品总供给,那么总供给又有何特点?这些都是供给理论中的重要问题。

3. 效用理论

效用是指消费者消费商品获得的满足,是消费者对商品的主观评价。效用理论用于分析消费者如何在满足人不同需要的商品之间做出选择。例如,消费者如何在棉衣和面包之间做出选择,消费者如何在鸡蛋和电影之间选择。效用理论不用于分析消费者如何在满足相同需要的商品之间的选择。例如,消费者如何在面包 A 和面包 B 之间做出选择,因为此时分析的价值十分有限。效用理论认为,消费者在满足人不同需要的商品之间做出选择时,消费者追求的是效用最大化。

1.3 建设工程经济学的研究内容与基本原则

1.3.1 建设工程经济学的研究内容

建设工程经济要回答这样的问题:为什么要建设这项工程?为什么要以这种方式来建设这项工程?能否建设其他工程?为什么要采用这个方案建设而不是其他方案?

例如要建一座发电厂,若从经济角度分析不可行,就没有必要进行建设。若在经济上可行,又如何建设呢?可供选择的方案是很多的。比如是建火力发电厂还是水力发电厂,或是核电厂?至少是面临这三种方案的选择。显然,这三种方案在技术上都是可行的,但是每种方案所需要的投资和所能够产生的经济效益却可能不同,这就要用建设工程经济的分析方法进行比较。分析的目的是以有限的资金,最大限度地完成工程任务,获得最高的经济效益。

经常碰到的工程经济问题还有:如何计算某方案的经济效果;在资金有限的情况下,应该选择哪一个方案,是遵从安全而保守的行动准则,还是从事能够带来较大潜在收益的高风险活动。据此,工程经济学研究的内容主要包括以下五个方面。

1. 方案评价方法

研究方案的评价指标,以分析方案的可行性。

2. 投资方案选择

投资项目往往具有多个方案,分析多个方案之间的关系并进行多方案选择是工程经济研究的重要内容。

3. 财务分析

研究项目对各投资主体的贡献,从企业财务角度分析项目的可行性。

4. 不确定性分析

由于各种不确定性因素的影响,任何一项经济活动都会使期望的目标与实际状况发生差异,可能会造成经济损失。为此,需要识别和估计风险,进行不确定性分析。

5. 价值工程

价值工程将产品价值、功能和成本作为一个整体来考虑,在确保产品功能的基础上综合考虑生产成本和使用成本,从而创造出总体价值最高的产品。

1.3.2 建设工程经济分析的基本原则

1. 资金的时间价值原则

建设工程经济中一个最基本的概念是资金具有时间价值,由于资金时间价值的存在,使得今天的1元钱比未来的1元钱更值钱。若想用现在时点的价值来衡量未来某时点获得的财富,就必须将其打一个折扣,折现为现值。如果不考虑资金的时间价值,就无法合理地评价项目的未来收益水平。

2. 现金流量原则

衡量投资收益用的是现金流量而不是会计利润。现金流量反映项目发生的实际现金的流入与流出,而不反映应收、应付款项及折旧、摊销等非现金性质的款项;会计利润是会计账面数字,而非手头可用的现金。

3. 增量分析原则

对不同方案进行评价和比较必须从增量角度进行,即用两个方案的投资差与现金流量差来进行分析,得到各种差额评价指标,再与基准指标对比,以确定投资多的方案是否可行。

4. 机会成本原则

企业投资进行项目的建设,只要是投入了这个项目,就算是投入,不管这些资金是借来的还是自有的,或者是企业自有的机械、设备、厂房等资源,都要计入成本,这个成本就称为机会成本。

5. 有无对比原则

"有无对比法"是将有这个项目和没有这个项目时的现金流量情况进行对比;"前后对比法"是将某项目实现以前和实现以后所出现的各种效益费用情况进行对比。

6. 可比性原则

进行比较的方案在类别上、时间上、金额上必须可比。因此,项目的效益和费用必须有相同的货币单位,并在时间上匹配。

7. 风险收益的权衡原则

投资任何项目都是存在风险的,因此必须考虑方案的风险和不确定性。不同项目的风险和收益是不同的,对风险和收益的权衡取决于人们对待风险的态度和接受程度。

1.4 建设工程经济分析的方法与程序

1.4.1 建设工程经济分析的方法

建设工程经济分析需要综合运用数学、工程技术科学、经济科学、管理科学、系统工程等多学科的基本理论和方法。具体的分析方法往往取决于实际问题的性质和具体条件。

1. 效益费用分析法

效益费用分析法以经济效益为目标,计算分析各方案的成本费用和效益,并通过能反映方案经济效果有关指标的分析比较,选择最佳方案。属于这一类的具体方法有投资回收期法、效益费用比法、净现值法、内部收益率法等。

2. 不确定性分析法

不确定性分析法主要用于研究影响项目建设或技术方案实施经济效果的一些重要因素,如投资额、成本、产品产量、产品价格、建设工期、利率等发生变化时,相应的投资经济效果会如何变化的问题。根据这些因素的变化特点,可应用不同的具体方法进行不确定性分析。当这些因素的变化在一定范围时,可采用敏感性分析和盈亏分析;当这些因素的变化遵循统计规律时,可采用概率分析的方法。

3. 预测方法

建设工程经济分析主要是针对拟建项目进行的,要科学地把握项目的未来运行情况,描述项目建设和运营中自身的投资、经营成本、营业收入、运营年限、资产回收、税金及利息等经济要素,以及项目建设和运营对相关主体、社会经济与环境等方面产生的有利和不利的影响,度量项目的费用和效益或效果,从而准确地对方案做出评价,用科学预测来揭示事物的发展规律及具体发展规模、发展水平,为其他具体评价方法的使用提供未来项目信息支持。

预测方法的选择、预测基础信息的获取和选用、预测模型的选用等直接影响着预测的精度,进而影响建设工程经济分析的结论。所以在进行项目工程经济分析时,应把握事物是联系的、发展的观点,在占有大量项目相关信息的基础上,科学选用预测方法,力求获取准确的数据。当然事物的发展受诸多因素的影响和制约,其发展轨迹不可能为人类所精确模拟,因此,建设工程经济分析所选用的资料具有客观的不确定性。

4. 价值工程方法

价值工程方法是建设工程经济分析的专门方法。价值工程方法在剖析功能(效用)和成本的基础上,研究功能(效用)和成本两者的对比关系-价值,并自始至终追踪影响价值的功能,通过对价值工程对象的功能定义、功能分析、功能评价,全面、系统地认识研究对象的功能结构及其内在关系,从而找到完善功能设计、降低费用和提高研究对象价值的途径。

5. 系统分析法

项目的规划、设计、建设和运行是一项复杂的系统工程,既涉及项目内部的人、财、物资源配置,也涉及项目与所处技术、经济和社会环境的融合,即使项目系统自身,其建设和运营状况也受融资、决策、生产、质量、营销等子系统的影响。其外在表现状况也反映在多个方面,既有技术的、经济的,也有环境的、社会的,因此对建设项目的考查不能局限在一方面或几个方面,而要作全面综合评价,进行系统分析。

项目评价和选择是一个多目标决策的过程,项目投资主体和项目实施人有着多样性的决策发展目标,这也决定了必须对项目进行系统的、综合的评价和分析。

1.4.2 建设工程经济分析的程序

1. 确定目标

建设工程经济分析首先要确定目标。例如判断单方案是否可行;几个相互竞争的方案应该选择哪一个;是选择低风险、低收益的方案,还是选择高风险、高收益的方案。只有目标明确,才能进行后续的分析工作。

2. 调查研究和收集资料

建设工程经济分析需要研究收集技术、经济和信息等条件。资料是分析的基础,资料正确与否直接影响分析质量的高低,所以资料要真实、先进、及时和全面。

3. 选择对比方案

方案是分析比较的对象。一般备选方案不低于两个,否则没有分析的必要。

4. 比较方案可比化

由于互相比较的各方案的指标和参数不同,往往难于直接对比,因此需要对一些不能直接对比的指标进行处理,使方案在使用价值上等同化,将不同的数量和质量指标尽可能转化为统一的可比性指标。一般转化为货币指标即能满足可比性要求。

5. 建立经济数学模型

经济数学模型是工程经济分析的基础和手段。通过经济数学模型的建立,进一步规定方案的目标体系和约束条件,为以后的经济分析创造条件。经济数学模型主要有如下几种:

(1)确定性模型。它的常数和变量为确定值。如技术方案中求解目标值的指标体系中的所有变量均为确定值。

(2)随机模型。它的常数和变量具有概率的特点。

(3)不确定性模型。它的常数和变量均为不确定值,需用主观分析的方法判断取值。

6. 模型求解

把各种具体资料和数据代入数学模型中进行运算,求出各方案主要经济指标的具体数值并进行比较,初步选择方案。

7. 综合分析论证

在对不同方案的指标进行分析计算的基础上,再对其整个指标体系和相关因素进行定量和定性的综合比较,选出最优方案。

8. 与既定目标和评价标准比较

将最后选定的方案与既定的目标和评价标准比较,符合的就采纳,不符合的则重新按照此程序进行其他替代方案的分析。具体的流程图如图 1-1 所示。

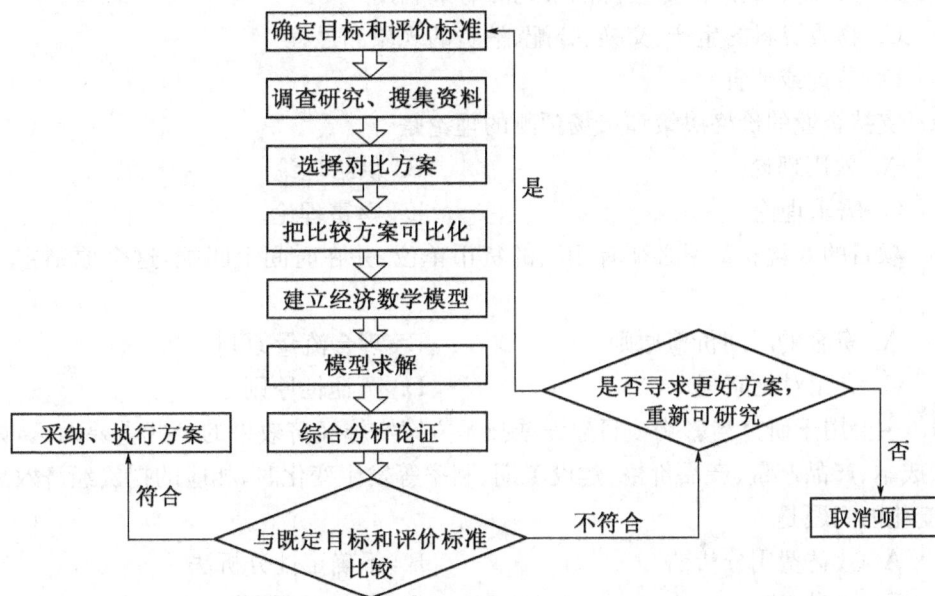

图 1-1 工程经济分析流程图

【知识链接】

工程经济学的产生与发展

工程经济学的产生至今已有 100 多年。其标志是 1887 年美国的土木工程师 A. M. 惠灵顿出版的著作《铁路布局的经济理论》。到了 1930 年，E. L. 格兰特教授出版了《工程经济学原理》教科书，从而奠定了经典工程经济学的基础。1982 年，J. I. 里格斯出版了《工程经济学》，把工程经济学的学科水平向前推进了一大步。近代工程经济学的发展侧重于用概率统计等新方法进行风险性、不确定性研究以及非经济因素的研究。

我国对工程经济学的研究和应用起步于 20 世纪 70 年代后期。随着改革开放的推进，工程经济学的原理和方法已在经济建设宏观与微观的项目评价中得到广泛应用，对工程经济学学科体系、理论和方法、性质与对象的研究也十分活跃，有关工程经济的投资理论、项目评价等著作大量出现，逐步形成了有体系的、符合我国国情的工程经济学知识体系。

【基础训练】

一、单项选择题

1. 建设工程经济研究中的经济是指 （　）
   A. 人类社会发展到一定阶段的社会经济制度，是生产关系的总和，是政治和思想意识等上层建筑建立的基础
   B. 人、财、物、时间等资源的节约和有效利用
   C. 物质资料的生产、交换、分配、消费的现象和过程
   D. 节约或节省

2. 支持企业的价格决策和市场预测的理论是 （　）
   A. 效用理论　　　　　　　　　B. 供给理论
   C. 需求理论　　　　　　　　　D. 财富理论

3. 项目的效益和费用必须有相同的货币单位，并在时间上匹配，这个原则主要反映了 （　）
   A. 资金的时间价值原则　　　　B. 现金流量原则
   C. 有无对比原则　　　　　　　D. 可比性原则

4. 主要用于研究当影响项目建设或技术方案实施经济效果的一些重要因素，如投资额、成本、产品产量、产品价格、建设工期、利率等发生变化时，相应的授资经济效果会如何变化的问题是 （　）
   A. 效益费用分析法　　　　　　B. 不确定性分析法
   C. 预测方法　　　　　　　　　D. 价值工程方法

二、多项选择题

1. 经济学的基本理论有 （ ）
   A. 需求理论　　　　B. 供给理论　　　　C. 效用理论
   D. 资源理论　　　　E. 财产理论
2. 建设工程经济分析的基本原则有 （ ）
   A. 风险收益的权衡原则　　B. 有无对比原则　　C. 可比性原则
   D. 机会成本原则　　　　　E. 增量分析原则
3. 建设工程经济分析的方法有 （ ）
   A. 效益费用分析法　　　　B. 不确定性分析法　　C. 预测方法
   D. 价值工程方法　　　　　E. 系统分析法

三、简答题

1. 如何理解工程、技术、经济的概念?
2. 试述建设工程经济分析的基本原则和分析方法。
3. 简述建设工程经济分析的基本程序。

单元 2 资金时间价值的计算及应用

【单元概述】

    人们无论从事何种经济活动,都必须花费一定的时间。在一定意义上讲,时间是一种最宝贵的也是最有限的"资源"。有效地使用资源可以产生价值。所以,对时间因素的研究是工程经济分析的重要内容。要正确评价方案的经济效果,就必须研究资金的时间价值。本单元的重点就是资金时间价值的计算。

【知识目标】

    熟悉现金流量的基本概念及表示方法;理解资金时间价值的含义;理解利息与利率的概念;理解单利法和复利法计算利息的基本原理;理解实际利率和名义利率及其计算;熟练掌握资金时间价值复利计算的 6 个公式;理解等值的概念及熟练掌握等值计算。

【技能目标】

    能够利用资金时间价值的理念分析解决工程经济分析中遇到的问题,作出最合理、最经济的决策。

【导入案例】

方案选择

    有一个总公司面临两个投资方案 A 和 B,寿命期都是 4 年,初始投资相同,均为 10 000 元。实现正现金流量的总数相同,但每年数字不同,具体数据见表 2-1。

表 2-1 投资方案的现金流量表　　　　　　　　　　　　　　　　　　单位:元

年末	A 方案	B 方案
0	−10 000	−10 000
1	+7 000	+1 000
2	+5 000	+3 000
3	+3 000	+5 000
4	+1 000	+7 000

    如果其他条件都相同,应该选用哪个方案呢? 为什么?

2.1　利息的计算

人们无论从事何种经济活动,都必须花费一定的时间。在一定意义上讲,时间是一种最宝贵也是最有限的"资源"。有效地使用资源可以产生价值。所以,对时间因素的研究是工程经济分析的重要内容。要正确评价技术方案的经济效果,就必须研究资金的时间价值。

2.1.1　资金时间价值的概念

1. 资金时间价值的概念

在工程经济计算中,技术方案的经济效益,所消耗的人力、物力和自然资源,最后都是以价值形态,即资金的形式表现出来的。资金运动反映了物化劳动和活劳动的运动过程,而这个过程也是资金随时间运动的过程。因此,在工程经济分析时,不仅要着眼于技术方案资金量的大小(资金收入和支出的多少),而且也要考虑资金发生的时间。资金是运动的价值,资金的价值是随时间变化而变化的,是时间的函数,随时间的推移而增值,其增值的这部分资金就是原有资金的时间价值。其实质是资金作为生产经营要素,在扩大再生产及其资金流通过程中,资金随时间周转使用的结果。

2. 资金时间价值特征

(1) 要使资金产生时间价值必须经历一定的时间

任何一笔资金要想产生价值增值,必须经历一定的时间,这是产生资金时间价值的基本条件和特征。

(2) 要使资金产生时间价值必须参加生产过程的周转

一元钱放在储蓄罐里不可能增值,甚至还会贬值。资金只有存于银行或进行投资才会增值,这是因为资金参与了社会再生产的过程,在这个过程中创造了新的社会财富。这是产生资金时间价值的必要条件。

3. 影响资金时间价值的因素

(1) 资金的使用时间

在单位时间的资金增值率一定的条件下,资金使用时间越长,则资金的时间价值越大;使用时间越短,则资金的时间价值越小。

(2) 资金数量的多少

在其他条件不变的情况下,资金数量越多,资金的时间价值就越多;反之,资金的时间价值则越少。

(3) 资金投入和回收的特点

在总资金一定的情况下,前期投入的资金越多,资金的负效益越大;反之,后期投入的资金越多,资金的负效益越小。而在资金回收额一定的情况下,离现在越近的时间回收的资金越多,资金的时间价值就越多;反之,离现在越远的时间回收的资金越多,资金的时间价值就越少。

(4)资金周转的速度

资金周转越快,在一定的时间内等量资金的周转次数越多,资金的时间价值越多;反之,资金的时间价值越少。

总之,资金的时间价值是客观存在的,生产经营的一项基本原则就是充分利用资金的时间价值并最大限度地获得其时间价值,这就要加速资金周转,早期回收资金,并不断从事利润较高的投资活动;任何资金的闲置,都是损失资金的时间价值。

2.1.2 利息与利率的概念

对于资金时间价值的换算方法与采用复利计算利息的方法完全相同。因为利息就是资金时间价值的一种重要表现形式,而且通常用利息额的多少作为衡量资金时间价值的绝对尺度,用利率作为衡量资金时间价值的相对尺度。

1. 利息

在借贷过程中,债务人支付给债权人超过原借贷金额的部分就是利息。即:
$$I = F - P \tag{2-1}$$
式中:I——利息;

F——目前债务人应付(或债权人应收)总金额,即还本付息总额;

P——原借贷金额,常称为本金。

从本质上看利息是由贷款发生利润的一种再分配。在工程经济分析中,利息常常被看成是资金的一种机会成本。这是因为如果放弃资金的使用权利,相当于失去收益的机会,也就相当于付出了一定的代价。事实上,投资就是为了在未来获得更大的收益而对目前的资金进行某种安排。很显然,未来的收益应当超过现在的投资,正是这种预期的价值增长才能刺激人们从事投资。因此,在工程经济分析中,利息常常是指占用资金所付的代价或者是放弃使用资金所得的补偿。

2. 利率

在经济学中,利率的定义是从利息的定义中衍生出来的。也就是说,在理论上先承认了利息,再以利息来解释利率。在实际计算中,正好相反,常根据利率计算利息。

利率就是在单位时间内所得利息额与原借贷金额之比,通常用百分数表示。即:
$$i = \frac{I_t}{P} \times 100\% \tag{2-2}$$
式中:i——利率;

I_t——单位时间内所得的利息额。

用于表示计算利息的时间单位称为计息周期,计息周期 t 通常为年、半年、季、月、周或天。

【例 2-1】 某公司现借得本金 1 000 万元,一年后付息 80 万元,则年利率为:

$$\frac{80}{1\,000}\times100\%=8\%$$

利率是各国发展国民经济的重要杠杆之一,利率的高低由以下因素决定:

(1)利率的高低首先取决于社会平均利润率的高低,并随之变动。在通常情况下,社会平均利润率是利率的最高界限。因为如果利率高于利润率,无利可图就不会去借款。

(2)在社会平均利润率不变的情况下,利率高低取决于金融市场上借贷资本的供求情况,借贷资本供过于求,利率便下降;反之,求过于供,利率便上升。

(3)借出资本要承担一定的风险,风险越大,利率也就越高。

(4)通货膨胀对利息的波动有直接影响,资金贬值往往会使利息无形中成为负值。

(5)借出资本的期限长短。贷款期限长,不可预见因素多,风险大,利率就高;反之,利率就低。

3. 利息和利率在工程经济活动中的作用

(1)利息和利率是以信用方式动员和筹集资金的动力

以信用方式筹集资金有一个特点就是自愿性,而自愿性的动力在于利息和利率。比如一个投资者,他首先要考虑的是投资某一项目所得到的利息是否比把这笔资金投入其他项目所得的利息多。如果多,他就可以在这个项目投资;如果所得的利息达不到其他项目的利息水平,他就可能不在这个项目投资。

(2)利息促进投资者加强经济核算,节约使用资金

投资者借款需付利息,增加支出负担,这就促使投资者必须精打细算,把借入资金用到刀刃上,减少借入资金的占用,以少付利息。同时可以使投资者自觉减少多环节占压资金。

(3)利息和利率是宏观经济管理的重要杠杆

国家在不同的时期制定不同的利息政策,对不同地区、不同行业规定不同的利率标准,就会对整个国民经济产生影响。例如对于限制发展的行业,利率规定得高一些;对于提倡发展的行业,利率规定得低一些,从而引导行业和企业的生产经营服从国民经济发展的总方向。同样,占用资金时间短的,收取低息;占用时间长的,收取高息。对产品适销对路、质量好、信誉高的企业,在资金供应上给予低息支持;反之,收取较高利息。

(4)利息与利率是金融企业经营发展的重要条件

金融机构作为企业,必须获取利润。由于金融机构的存放款利率不同,其差额成为金融机构业务收入。此款扣除业务费后就是金融机构的利润,所以利息和利率能刺激金融企业的经营发展。

2.1.3　利息的计算

利息计算有单利和复利之分。当计息周期在一个以上时,就需要考虑"单利"与"复利"的问题。

1. 单利

所谓单利是指在计算利息时,仅用最初本金来计算,而不计入先前计息周期中所累积增加的利息,即通常所说的"利不生利"的计息方法。其计算式如下:

$$I_t = P \times i_{单} \qquad (2-3)$$

式中:I_t——代表第 t 计息周期的利息额;

P——代表本金;

$i_{单}$——计息周期单利利率。

而 n 期末单利本利和 F 等于本金加上总利息,即:

$$F = P + I_n = P(1 + n \times i_{单}) \qquad (2-4)$$

式中:I_n——代表 n 个计息周期所付或所收的单利总利息,即:

$$I_n = \sum_{t=1}^{n} I_t = \sum_{t=1}^{n} P \times i_{单} = P \times i_{单} \times n \qquad (2-5)$$

在以单利计息的情况下,总利息与本金、利率以及计息周期数成正比关系。

此外,在利用式(2-4)计算本利和 F 时,要注意式中 n 和 $i_{单}$ 反映的时期要一致。如 $i_{单}$ 为年利率,则 n 应为计息的年数;若 $i_{单}$ 为月利率,n 即应为计息的月数。

【例 2-2】 红星公司以单利方式借入 1 000 万元,年利率 8%,求第四年末偿还的总金额。

解:$F = P(1 + i \times n) = 1\,000 \times (1 + 8\% \times 4) = 1\,320$(万元)

到期后应归还本利和为 1 320 万元。则各年利息和本利和如表 2-2 所示。

表 2-2 单利计算表　　　　　　　　单位:万元

使用期	年初贷款	年末利息	年末本利和	年末偿还
1	1 000	1 000×8%=80	1 080	0
2	1 080	80	1 160	0
3	1 160	80	1 240	0
4	1 240	80	1 320	1 320

由表 2-2 可见,单利的年利息额都仅由本金所产生,其新生利息不再加入本金产生利息,此即"利不生利"。这不符合客观的经济发展规律,没有反映资金随时都在"增值"的概念,也即没有完全反映资金的时间价值。因此,在工程经济分析中单利使用较少,通常仅适用于分析短期投资及期限在一年以内的贷款项目。

2. 复利

资金的时间价值通常是按复利计算的。它是指在计算某一计息周期的利息时,其先前周期上所累积的利息要计算利息,即"利生利"、"利滚利"的计息方式。其表达式如下:

$$I_t = i \times F_{t-1} \qquad (2-6)$$

式中:i——计息周期复利利率;

F_{t-1}——表示第$(t-1)$期末复利本利和。

而第t期末复利本利和的表达式如下：

$$F_t = F_{t-1} \times (1+i) \qquad (2-7)$$

【例2-3】 数据同例2-2，按复利计算，则各年利息和本利和如表2-3所示。

表2-3　复利计算分析表　　　　　　　　　　　　　　　　单位：万元

使用期	年初款额	年末利息	年末本利和	年末偿还
1	1 000	1 000×8%＝80	1 080	0
2	1 080	1 080×8%＝86.4	1 166.4	0
3	1 166.4	1 166.4×8%＝93.312	1 259.712	0
4	1 259.712	1 259.712×8%＝100.777	1 360.489	1 360.489

从表2-2和表2-3可以看出，同一笔借款，在利率和计息周期均相同的情况下，用复利计算出的利息金额比用单利计算出的利息金额多。第四年末还款，单利计算的结果是1 320万元，复利计算的结果是1 360.489万元，两者相差1 360.489－1 320＝40.49(万元)。本金越大，利率越高，计息周期越多时，两者差距就越大。复利计息比较符合资金在社会再生产过程中运动的实际状况。因此，在实际中得到了广泛的应用，在工程经济分析中，一般采用复利计算。

2.2　名义利率与有效利率的计算

在复利计算中，利率周期通常以年为单位，它可以与计息周期相同，也可以不同。当计息周期小于一年时，就出现了名义利率和有效利率的概念。

2.2.1　名义利率的计算

所谓名义利率r是指计息周期利率i乘以一年内的计息周期数m所得的年利率。即：

$$r = i \times m \qquad (2-8)$$

若计息周期月利率为1%，则年名义利率为12%。很显然，计算名义利率时忽略了前面各期利息再生的因素，这与单利的计算相同。通常所说的年利率都是名义利率。

2.2.2　有效利率的计算

有效利率是指资金在计息中所发生的实际利率，包括计息周期有效利率和年有效利率两种情况。

1. 计息周期有效利率的计算

计息周期有效利率，即计息周期利率i，其计算由式(2-8)可得：

$$i=\frac{r}{m} \tag{2-9}$$

2. 年有效利率的计算

若用计息周期利率来计算年有效利率,并将年内的利息再生因素考虑进去,这时所得的年利率称为年有效利率(又称年实际利率)。根据利率的概念即可推导出年有效利率的计算式。

已知某年初有资金 P,名义利率为 r,一年内计息 m 次(如图 $2-1$ 所示),则计息周期利率为 $i=r/m$。根据一次支付终值公式,可得该年的本利和 F,即:

$$F=P\left(1+\frac{r}{m}\right)^{m}$$

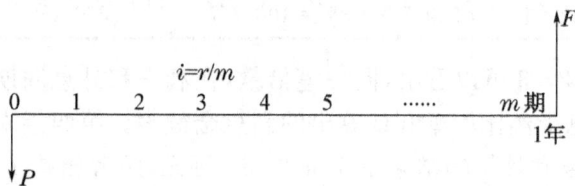

图 $2-1$ 年有效利率计算现金流量图

根据利息的定义,可得该年的利息 I 为:

$$I=F-P=P\left(1+\frac{r}{m}\right)^{m}-P=P\left[\left(1+\frac{r}{m}\right)^{m}-1\right]$$

再根据利率的定义,可得该年的实际利率,即年有效利率 i_{eff} 为:

$$i_{eff}=\frac{I}{P}=\left(1+\frac{r}{m}\right)^{m}-1 \tag{2-10}$$

由此可见,年有效利率和名义利率的关系实质上与复利和单利的关系一样。

【例 $2-4$】 现设年名义利率 $r=10\%$,则年、半年、季、月、日的年有效利率如表 $2-4$ 所示。

表 $2-4$ 有效利率与名义利率对比分析表

年名义利率(r)	计息期	年计息次数(m)	计算期利率($i=r/m$)	年有效利率
10%	年	1	10%	10%
	半年	2	5%	10.25%
	季	4	2.5%	10.38%
	月	12	0.833%	10.47%
	日	365	0.0274%	10.52%

从式($2-10$)和表 $2-4$ 可以看出,每年计息周期 m 越多,与 r 相差越大;另一方面,名义利率为 10%,按季度计息时,按季度利率 2.5% 计息与按年利率 10.38% 计息,二者是等价的。所以,在工程经济分析中,如果各技术方案的计息期不同,就不能简单地使用名义利率来评价,而必须换算成有效利率进行评价,否则会得出不正确的结论。

通过上述分析与计算,可知名义利率与实际利率间存在着下述关系:

(1) 当计息周期为一年时,名义利率与实际利率相等,计息周期短于一年时,实际利率大于名义利率。

(2) 名义利率不能完全地反映资金的时间价值,实际利率才能真实地反映资金的时间价值。

【例 2-5】 某厂向外商订购设备,有两家银行可以提供贷款,甲银行年利率为17%,计息周期为年,乙银行年利率为 16%,计息周期为一个月,试问向哪家银行贷款为宜?

解:甲银行年有效利率为 $i=17\%$

乙银行年有效利率为 $i=(1+16\%/12)^{12}-1=17.27\%$

因为乙银行的实际利率高于甲银行的实际利率,故向甲银行为宜。

2.3　资金的等值计算及应用

资金有时间价值,即使金额相同,因其发生在不同时间,其价值就不相同。反之,不同时点绝对不等的资金在时间价值的作用下却可能具有相等的价值。这些不同时期、不同数额但其"价值等效"的资金称为等值,又叫等效值。资金等值计算公式和复利计算公式的形式是相同的。常用的等值计算公式主要有终值和现值计算公式。

2.3.1　现金流量图的绘制

1. 现金流量的概念

在进行工程经济分析时,可把所考察的技术方案视为一个系统。投入的资金、花费的成本和获取的收益,均可看成是以资金形式体现的该系统的资金流出或资金流入。这种在考察技术方案整个期间各时点 t 上实际发生的资金流出或资金流入称为现金流量,其中流出系统的资金称为现金流出,用符号 CO_t 表示;流入系统的资金称为现金流入,用符号 CI_t 表示;现金流入与现金流出之差称为净现金流量,用符号 $(CI-CO)_t$ 表示。

2. 现金流量图的绘制

对于一个技术方案,其每次现金流量的流向(支出或收入)、数额和发生时间都不尽相同,为了正确地进行工程经济分析计算,我们有必要借助现金流量图来进行分析。所谓现金流量图就是一种反映技术方案资金运动状态的图示,即把技术方案的现金流量绘入一时间坐标图中,表示出各现金流入、流出与相应时间的对应关系,如图 2-2 所示。运用现金流量图,就可全面、形象、直观地表达技术方案的资金运动状态。

现以图 2-2 说明现金流量图的作图方法和规则:

(1) 以横轴为时间轴,向右延伸表示时间的延续,轴上每一刻度表示一个时间单

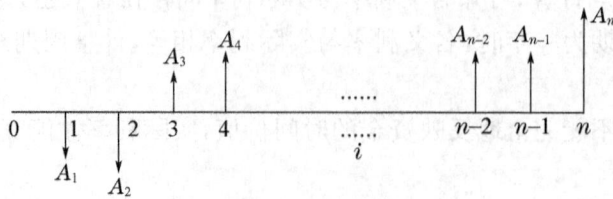

图 2-2 现金流量图

位,可取年、半年、季或月等;时间轴上的点称为时点,通常表示的是该时间单位末的时点;0 表示时间序列的起点。整个横轴又可看成是我们所考察的"技术方案"。

(2) 相对于时间坐标的垂直箭线代表不同时点的现金流量情况,现金流量的性质(流入或流出)是对特定的人而言的。在横轴上方的箭线表示现金流入,即表示收益;在横轴下方的箭线表示现金流出,即表示费用。

(3) 在现金流量图中,箭线长短与现金流量数值大小本应成比例。但由于技术方案中各时点现金流量常常差额悬殊而无法成比例绘出,故在现金流量图绘制中,箭线长短只要能适当体现各时点现金流量数值的差异,并在各箭线上方(或下方)注明其现金流量的数值即可。

(4) 箭线与时间轴的交点即为现金流量发生的时点。

总之,要正确绘制现金流量图,必须把握好现金流量的三要素,即:现金流量的大小(现金流量数额)、方向(现金流入或现金流出)和作用点(现金流量发生的时点)。

2.3.2 等值计算的几个基本概念

1. 时值

时值是指一笔资金在不同的时点上具有不同的价值,这些不同的数值就称为这笔资金在不同时点上的时值,用 T 表示。例如,当 $i=5\%$ 时,本金 1 000 元,于 2016 年 1 月 1 日存入银行,那么在 2017 年 1 月 1 日,如果不考虑利息税,并以单利计息,一年计息一次,其时值 $=1\,000\times(1+5\%)=1\,050$(元),而在 2018 年 1 月 1 日其时值 $=1\,000\times(1+2\times5\%)=1\,100$(元)。

2. 现值(P, Present Value)

现值是指发生在(或折算为)某一特定时间序列起点的费用或效益,用 P 表示。现值是一个相对概念,一笔资金被称为现值是相对将来某个时刻而言的,如果这笔资金相对过去某个时刻来说就不能称为现值了。如前面讲的 2016 年 1 月 1 日时的 1 000 元就是 2017 年 1 月 1 日时 1 050 元的现值。

3. 终值(F, Future Value)

终值是指站在现在时刻来看,发生在未来某时刻的资金值,又称未来值、将来值,用 F 表示,不过严格地说,终值与未来值、将来值是有区别的,但一般都混用。如上述的 2016 年 1 月 1 日的一笔资金,其他条件同上。其在 2017 年 1 月 1 日的终值就是

1 050 元;在 2018 年 1 月 1 日的终值是 1 100 元。

4. 年金(A, Annuity)

年金是指每期等额发生的资金值,又称等年值、年金及等额年金,用 A 表示。即发生在(或折算为)某一特定时间序列各计息期末(不包括零期)的等额资金序列的价值。由于在工程经济评价中,资金发生的时间间隔通常为一年,因而在习惯上称之为年值。

5. 折现

折现(又称贴现)是指将未到期的一笔资金折算为现在即付的资金数额的行为,也有泛指不同时间的资金数值之间的相互换算。在经济分析中,把未来的现金流量折算为现在的现金流量时所使用的利率称为折现率。上例在 2017 年 1 月 1 日得到 1 050 元,利率为 5%,单利计息,那么在 2016 年 1 月 1 日必须存入银行多少钱,就是一个已知终值求现值的资金运算,即贴现。

2.3.3　终值和现值计算

1. 一次支付现金流量的终值和现值计算

(1) 一次支付现金流量

一次支付又称整存整付,是指所分析技术方案的现金流量,无论是流入或是流出,分别在各时点上只发生一次,如图 2-3 所示。一次支付情形的复利计算式是复利计算的基本公式。

(2) 终值计算(已知 P 求 F)

现有一项资金 P,年利率 i,按复利计算,n 年以后的本利和为多少? 根据复利的定义即可求得 n 年末本利和(即终值)F 如表 2-5 所示。

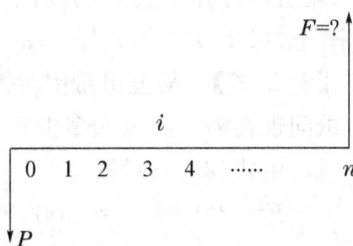

图 2-3　一次支付现金流量图

表 2-5　一次支付终值公式推算表

计息期	期初金额(1)	本期利息额(2)	期末本利和 $F_t=(1)+(2)$
1	P	$P\times i$	$F_1=P+P_i=P(1+i)$
2	$P(1+i)$	$P(1+i)\times i$	$F_2=P(1+i)+P(1+i)\times i=P(1+i)^2$
3	$P(1+i)^2$	$P(1+i)^2\times i$	$F_3=P(1+i)^2+P(1+i)^2\times i=P(1+i)^3$
……	……	……	……
n	$P(1+i)^{n-1}$	$P(1+i)^{n-1}\times i$	$F=F_n=P(1+i)^{n-1}+P(1+i)^{n-1}\times i=P(1+i)^n$

由表 2-5 可知,一次支付 n 年末终值(即本利和)F 的计算公式为:

$$F=P(1+i)^n \tag{2-11}$$

式中 $(1+i)^n$ 称之为一次支付终值系数,用 $(F/P,i,n)$ 表示,故式(2-11)又可写成:

$$F=P(F/P,i,n) \tag{2-12}$$

在$(F/P,i,n)$类符号中,括号内斜线上的符号表示所求的未知数,斜线下的符号表示已知数。$(F/P,i,n)$表示在已知P、i和n的情况下求解F的值。

【例 2-6】 某公司借款 1 000 万元,年复利率 $i=10\%$,试问 5 年末连本带利一次需偿还多少?

解:按式(2-11)计算得:

$$F=P(1+i)^n=1\,000\times(1+10\%)^5=1\,000\times1.610\,51=1\,610.51(万元)$$

(3)现值计算(已知 F 求 P)

由式(2-11)的逆运算即可得出现值 P 的计算式为:

$$P=\frac{F}{(1+i)^n}=F(1+i)^{-n} \tag{2-13}$$

式中$(1+i)^n$称为一次支付现值系数,用符号$(P/F,i,n)$表示。式(2-13)又可写成:

$$P=F(P/F,i,n) \tag{2-14}$$

一次支付现值系数这个名称描述了它的功能,即未来一笔资金乘上该系数就可求出其现值。计算现值 P 的过程叫"折现"或"贴现",其所使用的利率常称为折现率或贴现率。故$(1+i)^{-n}$或$(P/F,i,n)$也可叫折现系数或贴现系数。

【例 2-7】 某公司希望所投资项目 5 年末有 1 000 万元资金,按年复利率 10% 计算,试问现在需一次投入多少?

解:由式(2-13)得:

$$F=P(1+i)^{-n}=1\,000\times(1+10\%)^{-5}=1\,000\times0.620\,9=620.9(万元)$$

从上面计算可知,现值与终值的概念和计算方法正好相反,因为现值系数与终值系数是互为倒数,即$(F/P,i,n)=\dfrac{1}{(P/F,i,n)}$。在 P 一定,n 相同时,i 越高,F 越大;在 i 相同时,n 越长,F 越大。在 F 一定,n 相同时,i 越高,P 越小;在 i 相同时,n 越长,P 越小。

在工程经济评价中,由于现值评价常常是选择现在为同一时点,把技术方案预计的不同时期的现金流量折算成现值,并按现值之代数和大小作出决策。因此,在工程经济分析时应当注意以下两点:

(1)正确选取折现率。折现率是决定现值大小的一个重要因素,必须根据实际情况灵活选用。

(2)要注意现金流量的分布情况。从收益方面来看,获得的时间越早、数额越多,其现值也越大。因此,应使技术方案早日完成,早日实现生产能力,早获收益,多获收益,才能达到最佳经济效益。从投资方面看,在投资额一定的情况下,投资支出的时间越晚、数额越少,其现值也越小。因此,应合理分配各年投资额,在不影响技术方案正常实施的前提下,尽量减少建设初期投资额,加大建设后期投资比重。

2. 等额支付系列现金流量

(1) 等额支付系列现金流量

在工程经济活动中,多次支付是最常见的支付情形。多次支付是指现金流量在多个时点发生,而不是集中在某一个时点上。如果用 A_t 表示第 t 期末发生的现金流量大小,可正可负,用逐个折现的方法,可将多次支付现金流量换算成现值。若各年的现金流量 A_t 有如下特征,则可大大简化计算公式。

各年的现金流量序列是连续的,且数额相等,即:

$$A_t = A = 常数 \quad t = 1, 2, 3, \cdots\cdots, n$$

等额支付系列现金流量如图 2-4 所示。

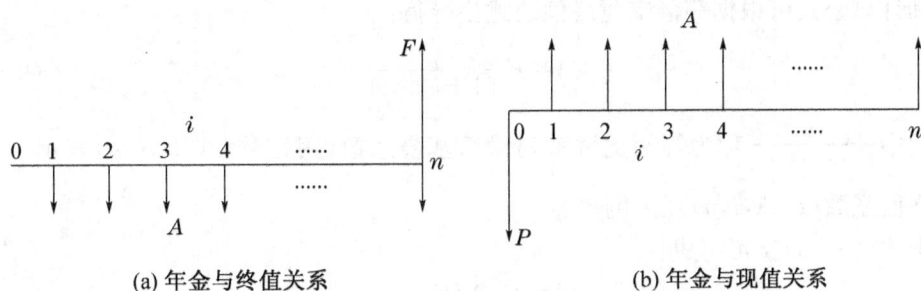

(a) 年金与终值关系　　　(b) 年金与现值关系

图 2-4　等额支付系列现金流量图

(2) 等额支付终值计算(年金终值)(已知 A,求 F)

由式(2-11)可得出等额支付系列现金流量的终值为:

$$F = \sum_{t=1}^{n} A_t (1+i)^{n-1} = A[(1+i)^{n-1} + (1+i)^{n-2} + \cdots\cdots + (1+i) + 1]$$

$$F = A \frac{(1+i)^n - 1}{i} \tag{2-15}$$

式中 $\dfrac{(1+i)^n - 1}{i}$ 称为等额支付系列终值系数或年金终值系数,用符号 $(F/A, i, n)$ 表示。则式(2-15)又可写成:

$$F = A(F/A, i, n) \tag{2-16}$$

【例 2-8】　某投资人若 10 年内每年末存 10 000 元,年利率 8%,问 10 年末本利和为多少?

解:由式(2-15)得:

$$F = A \frac{(1+i)^n - 1}{i} = 10\,000 \times \frac{(1+8\%)^{10} - 1}{8\%}$$

$$= 10\,000 \times 14.487 = 144\,870(元)$$

(3) 等额支付现值计算(年金现值)(已知 A,求 P)

由式(2-12)和式(2-15)可得:

$$P = F(1+i)^{-n} = A \frac{(1+i)^n - 1}{i(1+i)^n} \tag{2-17}$$

式中 $\dfrac{(1+i)^n-1}{i(1+i)^n}$ 称为等额支付系列现值系数或年金现值系数,用符号 $(P/A,i,n)$ 表示。则式(2-17)又可写成:

$$P=A(P/A,i,n) \tag{2-18}$$

【例2-9】 某投资项目,计算期5年,每年年末等额收回100万元,问在年利率为 10%时,开始须一次投资多少?

解:由式(2-17)得

$$P=A\frac{(1+i)^n-1}{i(1+i)^n}=100\times\frac{(1+10\%)^5-1}{10\%(1+10\%)^5}=100\times3.790\,8=379.08(万元)$$

(4) 偿债基金计算(已知 F,求 A)

其计算公式可根据等额支付终值公式推导得:

$$A=F\frac{i}{(1+i)^n-1} \tag{2-19}$$

式中 $\dfrac{i}{(1+i)^n-1}$ 称为等额支付系列偿债基金系数,用符号 $(A/F,i,n)$ 表示。它与 年金终值系数 $(F/A,i,n)$ 互为倒数。

则式(2-19)又可写成:

$$A=F(A/F,i,n) \tag{2-20}$$

【例2-10】 某企业5年后需要一笔50万元的资金用于固定资产的更新改造,如 果年利率为5%,问从现在开始该企业每年应存入银行多少?

解:根据式(2-19)和式(2-20)有:

$$A=F\frac{i}{(1+i)^n-1}=F(A/F,i,n)$$

$$=50\times(A/F,5\%,5)=50\times0.181\,0=9.05(万元)$$

即每年末应存入银行9.05万元。

(5) 资金回收计算(已知 P,求 A)

其计算公式可根据等额支付现值公式推导得:

$$A=P\frac{i\,(1+i)^n}{(1+i)^n-1} \tag{2-21}$$

式中 $\dfrac{i\,(1+i)^n}{(1+i)^n-1}$ 称为等额支付系列资金回收系数,用符号 $(A/P,i,n)$ 表示。它与 等额支付系列现值系数 $(A/P,i,n)$ 互为倒数。

则式(2-19)又可写成:

$$A=P(A/P,i,n) \tag{2-22}$$

【例2-11】 某项目投资100万元,计算8年内全部收回投资,如果年利率为5%, 问项目每年平均收益至少应达到多少?

解:根据式(2-21)和式(2-22)有:

$$A=P\frac{i\,(1+i)^n}{(1+i)^n-1}=P(A/P,i,n)=100\times0.154\,7=15.47(万元)$$

即每年平均收益至少应达到 15.47 万元才能保证在 8 年内将投资全部收回。

常用资金时间价值计算公式小结。以上介绍的 6 个基本公式在工程经济分析中经常用到,其中以复利终值(或现值)公式为最基本的公式,其他公式都是在此基础上经初等数学运算得到的。为便于理解和查阅,将这 6 个公式列于表 2-6 中。公式中的 6 个系数,可根据不同的 i 值和 n 值进行计算,也可以直接查复利系数表得到。

表 2-6　6 个基本资金时间价值复利公式

公式名称	已知项	欲求项	系数符号	公式	注意事项
一次支付终值	P	F	$P(F/P,i,n)$	$F=P(1+i)^n$	1. 计息期数为时点或时标,本期末即等于下期初。0 点就是第一期初,也叫零期;第一期末即等于第二期初;余类推。 2. P 是在第一计息期开始时(0 期)发生。 3. F 发生在考察期期末,即 n 期末。 4. 各期的等额支付 A,发生在各期期末。 5. 当问题包括 P 与 A 时,系列的第一个 A 与 P 隔一期。 6. 当问题包括 A 与 F 时,系列的最后一个 A 是与 F 同时发生。
一次支付现值	F	P	$F(P/F,i,n)$	$P=F(1+i)^{-n}$	
等额支付终值	A	F	$A(F/A,i,n)$	$F=A\dfrac{(1+i)^n-1}{i}$	
等额支付现值	A	P	$A(P/A,I,n)$	$P=A\dfrac{(1+i)^n-1}{i(1+i)^n}$	
偿债年金	F	A	$F(A/F,i,n)$	$A=F\dfrac{i}{(1+i)^n-1}$	
资金回收	P	A	$P(A/P,i,n)$	$A=P\dfrac{i(1+i)^n}{(1+i)^n-1}$	

以上 6 个公式是相互联系的,为便于记忆,整理公式中系数关系如下。

(1) 倒数关系:

$$(P/F,i,n)=\frac{1}{(F/P,i,n)}$$

$$(P/A,i,n)=\frac{1}{(A/P,i,n)}$$

$$(F/A,i,n)=\frac{1}{(A/F,i,n)}$$

(2) 乘积关系:

$$(F/P,i,n)(P/A,i,n)=(F/A,i,n)$$

$$(F/A,i,n)(A/P,i,n)=(F/P,i,n)$$

$$(A/F,i,n)(F/P,i,n)=(A/P,i,n)$$

(3) 特殊关系:

$$(A/F,i,n)+i=(A/P,i,n)$$

【基础训练】

一、单项选择题

1. 以信用方式筹集资金的动力在于利息和利率,其特点在于　　　　　　（　　）

　　A. 强制性　　　　　　B. 灵活性　　　　　C. 自愿性　　　　　D. 有偿性

2. 甲公司从银行借入 1 000 万元,年利率为 8%,单利计息,借期 4 年,到期一次还本付息,则该公司第四年末一次偿还的本利和为　　　　　　（　　）

　　A. 1 360 万元　　　B. 1 324 万元　　　C. 1 320 万元　　　D. 1 160 万元

3. 公司以单利方式一次性借入资金 2 000 万元,借款期限 3 年,年利率 8%,期满一次还本付息,则第三年末应偿还的本利和为　　　　　　（　　）

　　A. 2 160 万元　　　B. 2 240 万元　　　C. 2 480 万元　　　D. 2 519 万元

4. 某企业从金融机构借款 100 万元,月利率 1%,按月复利计息,每季度付息一次,则该企业一年需向金融机构支付利息　　　　　　（　　）

　　A. 12.00 万元　　　B. 12.12 万元　　　C. 12.55 万元　　　D. 12.68 万元

5. 考虑资金时间价值,两笔资金不可能等价的情形是　　　　　　（　　）

　　A. 金额相等,发生在不同时点

　　B. 金额相等,发生在相同时点

　　C. 金额不等,发生在不同时点

　　D. 金额不等,但分别发生在期初和期末

6. 关于现金流量图绘制规则的说法,正确的是　　　　　　（　　）

　　A. 对投资人来说,时间轴上方的箭线表示现金流出

　　B. 箭线长短与现金流量大小没有关系

　　C. 箭线与时间轴的交点表示现金流量发生的时点

　　D. 时间轴上的点通常表示该时间单位的起始时点

7. 某企业第 1 年年初和第 1 年年末分别向银行借款 30 万元,年利率均为 10%,复利计息,第 3～5 年年末等额本息偿还全部借款。则每年年末应偿还金额为　　（　　）

　　A. 20.94 万元　　　B. 23.03 万元　　　C. 27.87 万元　　　D. 31.57 万元

8. 某施工企业投资 200 万元购入一台施工机械,计划从购买日起的未来 6 年等额收回投资并获取收益,若基准收益率为 10%,复利计息,则每年末应获得的净现金流入为　　　　　　（　　）

　　A. $200×(A/P,10\%,6)$ 万元　　　　　B. $200×(F/P,10\%,6)$ 万元

　　C. $200×(A/P,10\%,7)$ 万元　　　　　D. $200×(F/P,10\%,7)$ 万元

9. 某借款年利率为 8%,半年复利计息一次,则该借款年有效利率比名义利率高　　　　　　（　　）

　　A. 0.16%　　　　　B. 1.25%　　　　　C. 4.16%　　　　　D. 0.64%

10. 某施工企业希望从银行借款 500 万元,借款期限 2 年,期满一次还本。经咨询有甲、乙、丙、丁四家银行愿意提供贷款,年利率均为 7%。其中,甲要求按月计算并支

付利息,乙要求按季度计算并支付利息,丙要求按半年计算并支付利息,丁要求按年计算并支付利息。则对该企业来说,借款实际利率最低的银行是　　　　　　　　(　　)

    A. 甲　　　　　　　B. 乙　　　　　　　C. 丙　　　　　　　D. 丁

二、多项选择题

1. 关于利率高低影响的说法,正确的有　　　　　　　　　　　　　　　　(　　)

    A. 利率的高低首先取决于社会平均利润率的高低,并随之变动

    B. 借出资本所承担的风险越大,利率越低

    C. 资本借出期间的不可预见因素越多,利率越高

    D. 社会平均利润率不变的情况下,借贷资本供过于求会导致利率上升

    E. 借出资本期限越长,利率越高

2. 关于现金流程图绘图规则的说法,正确的有　　　　　　　　　　　　(　　)

    A. 现金流量的性质对不同的人而言是相同的

    B. 箭线长短要能适当体现各时点现金流量数值大小的差异

    C. 箭线与时间轴的交点表示现金流量发生的时点

    D. 时间轴上的点通常表示该时间单位的起始时点

    E. 横轴是时间轴,向右延伸表示时间的延续

3. 关于年有效利率的说法,正确的有　　　　　　　　　　　　　　　　(　　)

    A. 当每年计息周期数大于 1 时,名义利率大于年有效利率

    B. 年有效利率比名义利率更能准确反映资金的时间价值

    C. 名义利率一定,计息周期越短,年有效利率与名义利率差异越小

    D. 名义利率为 r,一年内计息 m 次,则计息周期得率为 $r \cdot m$

    E. 当每年计息周期数等于 1 时,年有效利率等于名义利率

三、简答题

1. 什么是资金的时间价值?

2. 什么是现金流量图?它由哪些要素组成?应如何绘制?

3. 什么是现值、终值、时值、年金和折现?

单元 3 技术方案经济效果评价

扫一扫可见

本章电子资源

【单元概述】

　　工程经济分析的任务就是要根据所考察工程的预期目标和所拥有的资源条件,分析该工程的现金流量情况,选择合适的技术方案,以获得最佳的经济效果。这里的技术方案是广义的,既可以是工程建设中各种技术措施和方案(如工程设计、施工工艺、生产方案、设备更新、技术改造、新技术开发、工程材料利用、节能降耗、环境技术、工程安全和防护技术等措施和方案),也可以是建设相关企业的发展战略方案(如企业发展规划、生产经营、投资、技术发展等关乎企业生存发展的战略方案)。可以说技术方案是工程经济最直接的研究对象,而获得最佳的技术方案经济效果则是工程经济研究的目的。本单元的重点就是对技术方案进行经济效果评价。

【知识目标】

　　熟悉项目技术方案财务分析概念、特点、分析过程;熟悉技术方案比选的程序;掌握财务分析和经济效果评价的常用方法;掌握方案的评价指标及指标的评价标准。

【技能目标】

　　能够利用技术方案经济效果分析方法及指标解决建设项目在技术方案确定后项目投资的独立方案、多方案比选。

【导入案例】

方案选择

　　1992 年 7 月,巨人集团董事长史玉柱决定在珠海修建巨人大厦,原方案为 18 层,作为公司办公楼。然而,在政绩工程的诉求下,巨人大厦的投资方案被修改为建成中国第一高楼,所以设计楼层不断加码,从 38 层到 54 层再到 64 层,最终确定为 78 层,号称中国最高的楼宇。初步测算,需要投入 12 亿元才能完成该"最高楼宇",巨人集团每年的总产值为 3 亿多,该项目前期现金流投入巨大,工程若在 3 年内完成,每年建设期的投资将超过 4 个亿。然而,1996 年,巨人大厦资金告急,史玉柱将保健品的资金调往巨人大厦。1997 年初,巨人大厦因资金链断裂未能按期完工,只建至地面三层的巨人大厦停工,随后,巨人集团的财务危机爆发,史玉柱也随之从公众视野消失。

该项目的失败提醒我们,面对一个建设项目时,项目前期的可行性研究一定要充分,特别是在项目投资方案的比选或修改时一定要慎重,要分别从项目的盈利能力、偿债能力、财务生存能力等三个方面进行比较分析,才能保证项目的科学性和抗风险能力。

3.1　经济效果评价的内容

所谓经济效果评价就是根据国民经济与社会发展以及行业、地区发展规划的要求,在拟定的技术方案、财务效益与费用估算的基础上,采用科学的分析方法,对技术方案的财务可行性和经济合理性进行分析论证,为选择技术方案提供科学的决策依据。

3.1.1　经济效果评价的基本内容

经济效果评价的内容应根据技术方案的性质、目标、投资者、财务主体以及方案对经济与社会的影响程度等具体情况确定,一般包括方案盈利能力、偿债能力、财务生存能力等评价内容。

1. 技术方案的盈利能力

技术方案的盈利能力是指分析和测算拟定技术方案计算期的盈利能力和盈利水平。其主要分析指标包括方案财务内部收益率、财务净现值、资本金财务内部收益率、静态投资回收期、总投资收益率和资本金净利润率等,可根据拟定技术方案的特点及经济效果分析的目的和要求等选用。

2. 技术方案的偿债能力

技术方案的偿债能力是指分析和判断财务主体的偿债能力,其主要指标包括借款偿还期、利息备付率、偿债备付率、资产负债率、流动比率和速动比率等。

3. 技术方案的财务生存能力

财务生存能力分析也称资金平衡分析,是根据拟定技术方案的财务计划现金流量表,通过考察拟定技术方案计算期内各年的投资、融资和经营活动所产生的各项现金流入和流出,计算净现金流量和累计盈余资金,分析技术方案是否有足够的净现金流量维持正常运营,以实现财务可持续性。而财务可持续性应首先体现在有足够的经营净现金流量,这是财务可持续的基本条件;其次在整个运营期间,允许个别年份的净现金流量出现负值,但各年累计盈余资金不应出现负值,这是财务生存的必要条件。若出现负值,应进行短期借款,同时分析该短期借款的时间长短和数额大小,进一步判断拟定技术方案的财务生存能力。

在实际应用中,对于经营性方案,经济效果评价是从拟定技术方案的角度出发,根据国家现行财政、税收制度和现行市场价格,计算拟定技术方案的投资费用、成本与收入、税金等财务数据,通过编制财务分析报表,计算财务指标,分析拟定技术方案的盈利能力、偿债能力和财务生存能力,据此考察拟定技术方案的财务可行性和财务可接受性,明确拟定技术方案对财务主体及投资者的价值贡献,并得出经济效果评价的结论。投资者可根据拟定技术方案的经济效果评价结论、投资的财务状况和投资所承担的风险程度,决定拟定技术方案是否应该实施。对于非经营性方案,经济效果评价应主要分析拟定技术方案的财务生存能力。

3.1.2 经济效果评价方法

由于经济效果评价的目的在于确保决策的正确性和科学性,避免或最大限度地降低技术方案的投资风险,明确技术方案投资的经济效果水平,最大限度地提高技术方案投资的综合经济效果。因此,正确选择经济效果评价的方法是十分重要的。

1. 经济效果评价的基本方法

经济效果评价的基本方法包括确定性评价方法与不确定性评价方法两类。对同一个技术方案必须同时进行确定性评价和不确定性评价。

2. 按评价方法的性质分类

按评价方法的性质不同,经济效果评价分为定量分析和定性分析。

(1) 定量分析

定量分析是指对可度量因素的分析方法。在技术方案经济效果评价中考虑的定量分析因素包括资产价值、资本成本、有关销售额、成本等一系列可以以货币表示的一切费用和收益。

(2) 定性分析

定性分析是指对无法精确度量的重要因素实行的估量分析方法。

在技术方案经济效果评价中,应坚持定量分析与定性分析相结合,以定量分析为主的原则。

3. 按评价方法是否考虑时间因素分类

对定量分析,按其是否考虑时间因素又可分为静态分析和动态分析。

(1) 静态分析

静态分析是不考虑资金的时间因素,亦即不考虑时间因素对资金价值的影响,而对现金流量分别进行直接汇总来计算分析指标的方法。

(2) 动态分析

动态分析是在分析方案的经济效果时,对发生在不同时间的现金流量折现后来计算分析指标。在工程经济分析中,由于时间和利率的影响,对技术方案的每一笔现金流量都应该考虑它所发生的时间,以及时间因素对其价值的影响。动态分析能较全面地反映技术方案整个计算期的经济效果。

在技术方案经济效果评价中,应坚持动态分析与静态分析相结合,以动态分析为主的原则。

4. 按评价是否考虑融资分类

经济效果分析可分为融资前分析和融资后分析。一般宜先进行融资前分析,在融资前分析结论满足要求的情况下,初步设定融资方案,再进行融资后分析。

（1）融资前分析

融资前分析应考察技术方案整个计算期内现金流入和现金流出,编制技术方案投资现金流量表,计算技术方案投资内部收益率、净现值和静态投资回收期等指标。融资前分析排除了融资方案变化的影响,从技术方案投资总获利能力的角度,考察方案设计的合理性,应作为技术方案初步投资决策与融资方案研究的依据和基础。融资前分析应以动态分析为主,静态分析为辅。

（2）融资后分析

融资后分析应以融资前分析和初步的融资方案为基础,考察技术方案在拟定融资条件下的盈利能力、偿债能力和财务生存能力,判断技术方案在融资条件下的可行性。融资后分析用于比选融资方案,帮助投资者做出融资决策。融资后的盈利能力分析也应包括动态分析和静态分析。

5. 按技术方案评价的时间分类

按技术方案评价的时间可分为事前评价、事中评价和事后评价。

（1）事前评价

事前评价,是指在技术方案实施前为决策所进行的评价。显然,事前评价都有一定的预测性,因而也就有一定的不确定性和风险性。

（2）事中评价

事中评价,亦称跟踪评价,是指在技术方案实施过程中所进行的评价。这是由于在技术方案实施前所做的评价结论及评价所依据的外部条件（市场条件、投资环境等）的变化而需要进行修改,或因事前评价时考虑问题不周、失误,甚至根本未做事前评价,在建设中遇到困难,而不得不反过来重新进行评价,以决定原决策有无全部或局部修改的必要性。

（3）事后评价

事后评价,亦称后评价,是在技术方案实施完成后,总结评价技术方案决策的正确性,技术方案实施过程中项目管理的有效性等。

3.1.3　经济效果评价的程序

1. 熟悉技术方案的基本情况

熟悉技术方案的基本情况,包括投资目的、意义、要求、建设条件和投资环境,做好市场调查研究和预测、技术水平研究和设计方案。

2. 收集、整理和计算有关技术经济基础数据资料与参数

技术经济数据资料与参数是进行技术方案经济效果评价的基本依据,所以在进行经济效果评价之前,必须先收集、估计、测算和选定一系列有关的技术经济数据与参数。

主要包括以下几点。

（1）技术方案投入物和产出物的价格、费率、税率、汇率、计算期、生产负荷及基准收益率等。它们是重要的技术经济数据与参数，在对技术方案进行经济效果评价时，必须科学、合理地选用。

（2）技术方案建设期间分年度投资支出额和技术方案投资总额。技术方案投资包括建设投资和流动资金需要量。

（3）技术方案资金来源方式、数额、利率、偿还时间，以及分年还本付息数额。

（4）技术方案生产期间的分年产品成本。分别计算出总成本、经营成本、单位产品成本、固定成本和变动成本。

（5）技术方案生产期间的分年产品销售数量、营业收入、营业税金及附加、营业利润及其分配数额。

根据以上技术经济数据与参数分别估测出技术方案整个计算期（包括建设期和生产期）的财务数据。

3. 根据基础财务数据资料编制各基本财务报表

根据收集、整理的基础财务数据，编制资产负债表、利润表、现金流量表、所有者权益变动表和附记等基本财务报表。

4. 经济效果评价

运用财务报表的数据与相关参数，计算技术方案的各经济效果分析指标值，并进行经济可行性分析，得出结论。具体步骤如下：

（1）首先进行融资前的盈利能力分析，其结果体现技术方案本身设计的合理性，用于初步投资决策以及方案的比选。也就是说用于考察技术方案是否可行，是否值得去融资。这对技术方案投资者、债权人和政府管理部门都是有用的。

（2）如果第一步分析的结论是"可行"的，那么进一步去寻求适宜的资金来源和融资方案，就需要借助于对技术方案的融资后分析，即资本金盈利能力分析和偿债能力分析，投资者和债权人可据此作出最终的投融资决策。

3.1.4 经济效果评价方案

由于技术经济条件的不同，实现同一目的的技术方案也不同。因此，经济效果评价的基本对象就是实现预定目的的各种技术方案。评价方案的类型较多，但常见的主要有两类。

1. 独立型方案

独立型方案是指技术方案间互不干扰、在经济上互不相关的技术方案，即这些技术方案是彼此独立无关的，选择或放弃其中一个技术方案，并不影响其他技术方案的选择。显然，单一方案是独立型方案的特例。对独立型方案的评价选择，其实质就是在"做"与"不做"之间进行选择。因此，独立型方案在经济上是否可接受，取决于技术方案自身的经济性，即技术方案的经济指标是否达到或超过了预定的评价标准或水平。为此,只需通过计算技术方案的经济指标,并按照指标的判别准则加以检验就可做到。这种对技术方案自身的经济性的检验叫作"绝对经济效果检验",若技术方案通过了绝对经济效果检验,就认为技术方案在经济上是可行的,可以接受的,值得投资的,否则,应予拒绝。

例如,某投资人有现金 9 000 万元,A 方案需要投资 3 000 万元,B 方案需要投资 5 000 万元,则 A 与 B 方案对投资者来说是独立型方案。

2. 互斥型方案

互斥型方案又称排他型方案,在若干备选技术方案中,各个技术方案彼此可以相互代替,因此技术方案具有排他性,选择其中任何一个技术方案,则其他技术方案必然被排斥。互斥方案比选是工程经济评价工作的重要组成部分,也是寻求合理决策的必要手段。

方案的互斥性,使我们在若干技术方案中只能选择一个技术方案实施,由于每一个技术方案都具有同等可供选择的机会,为使资金发挥最大的效益,我们当然希望所选出的这一个技术方案是若干备选方案中经济性最优的。因此,互斥方案经济评价包含两部分内容:一是考察各个技术方案自身的经济效果,即进行"绝对经济效果检验";二是考察哪个技术方案相对经济效果最优,即"相对经济效果检验"。两种检验的目的和作用不同,通常缺一不可,从而确保所选技术方案不但可行而且最优。只有在众多互斥方案中必须选择其中之一时才可单独进行相对经济效果检验。但需要注意的是在进行相对经济效果检验时,不论使用哪种指标,都必须满足方案可比条件。

例如,某投资人有现金 9 000 万元,C 方案需要投资 6 000 万元,D 方案需要投资 7 000 万元,则 C 与 D 方案对投资者来说是互斥型方案。

3.1.5 技术方案的计算期

技术方案的计算期是指在经济效果评价中为进行动态分析所设定的期限,包括建设期和运营期。

1. 建设期

建设期是指技术方案从资金正式投入开始到技术方案建成投产为止所需要的时间。建设期应参照技术方案建设的合理工期或技术方案的建设进度计划合理确定。

2. 运营期

运营期分为投产期和达产期两个阶段。

(1)投产期是指技术方案投入生产,但生产能力尚未完全达到设计能力时的过渡阶段。

(2)达产期是指生产运营达到设计预期水平后的时间。

运营期一般应根据技术方案主要设施和设备的经济寿命期(或折旧年限)、产品寿命期、主要技术的寿命期等多种因素综合确定。行业有规定时,应从其规定。

综上可知,技术方案计算期的长短主要取决于技术方案本身的特性,因此无法对技术方案计算期作出统一规定。计算期不宜定得太长:一方面是因为按照现金流量折现的方法,把后期的净收益折为现值的数值相对较小,很难对经济效果分析结论产生有决定性的影响;另一方面由于时间越长,预测的数据会越不准确。

计算期较长的技术方案多以年为时间单位。对于计算期较短的技术方案,在较短的时间间隔内(如月、季、半年或其他非日历时间间隔)现金流水平有较大变化,可根据技术方案的具体情况选择合适的计算现金流量的时间单位。

由于折现评价指标受计算时间的影响,对需要比较的技术方案应取相同的计算期。

3.2 经济效果评价指标体系

技术方案的经济效果评价,一方面取决于基础数据的完整性和可靠性;另一方面取决于选取的评价指标体系的合理性,只有选取正确的评价指标体系,经济效果评价的结果才能与客观实际情况相吻合,才具有实际意义。一般来讲,技术方案的经济效果评价指标不是唯一的,在工程经济分析中,常用的经济效果评价指标体系如图3-1所示。

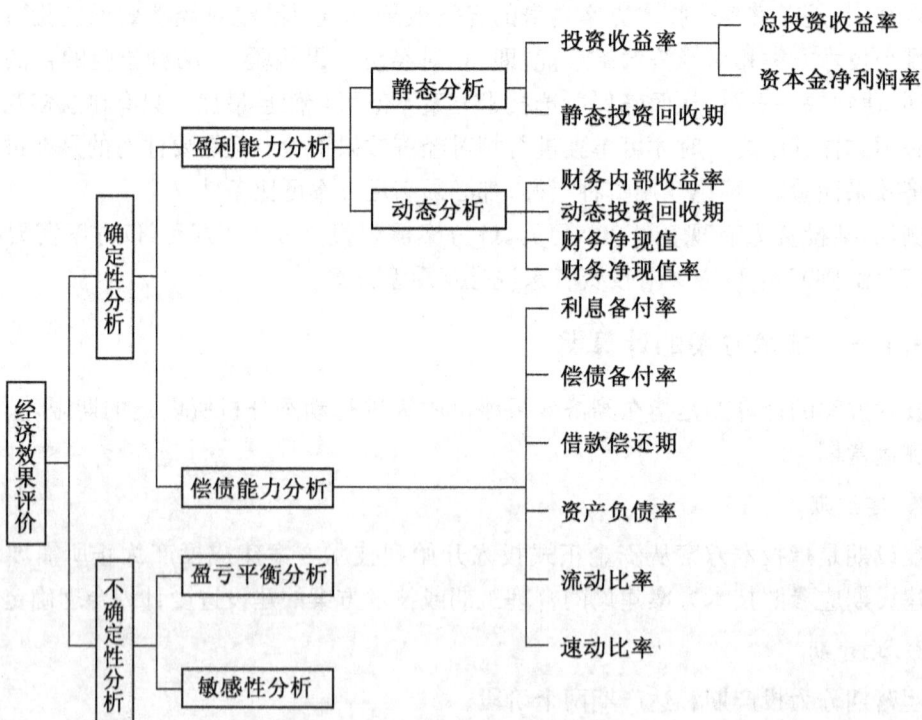

图3-1 经济效果评价指标体系

静态分析指标的最大特点是不考虑时间因素,计算简便。所以在对技术方案进行粗略评价,或对短期投资方案进行评价,或对逐年收益大致相等的技术方案进行评价时,静态分析指标还是可采用的。

动态分析指标强调利用复利方法计算资金时间价值,它将不同时间内资金的流入和流出,换算成同一时点的价值,从而为不同技术方案的经济比较提供了可比基础,并能反映技术方案在未来时期的发展变化情况。

总之,在进行技术方案经济效果评价时,应根据评价深度要求、可获得资料的多少以及评价方案本身所处的条件,选用多个不同的评价指标,这些指标有主有次,从不同侧面反映评价方案的经济效果。

3.2.1 投资收益率分析

1. 投资收益率的概念

投资收益率是衡量技术方案获利水平的评价指标,它是技术方案建成投产达到设计生产能力后一个正常生产年份的年净收益额与技术方案投资的比率。它表明技术方案在正常生产年份中,单位投资每年所创造的年净收益额。对生产期内各年的净收益额变化幅度较大的技术方案,可计算生产期年平均净收益额与技术方案投资的比率,其计算公式为:

$$R = \frac{A}{I} \times 100\% \tag{3-1}$$

式中:R——投资收益率;

$\quad A$——技术方案年净收益额或年平均净收益额;

$\quad I$——技术方案投资。

2. 判别准则

将计算出的投资收益率(R)与所确定的基准投资收益率(R_c)进行比较。若 $R \geqslant R_c$,则技术方案可以考虑接受;若 $R < R_c$,则技术方案是不可行的。

3. 应用式

根据分析的目的不同,投资收益率又具体分为总投资收益率(ROI)和资本金净利润率(ROE)。

(1)总投资收益率(ROI)

总投资收益率(ROI)表示总投资的盈利水平,按下式计算:

$$ROI = \frac{EBIT}{TI} \times 100\% \tag{3-2}$$

式中:$EBIT$——技术方案正常年份的年息税前利润或运营期内年平均息税前利润;

$\quad TI$——技术方案总投资(包括建设投资、建设期贷款利息和全部流动资金)。

公式中所需的财务数据,均可从相关的财务报表中获得。总投资收益率高于同行业的收益率参考值,表明用总投资收益率表示的技术方案盈利能力满足要求。

(2)资本金净利润率(ROE)

技术方案资本金净利润率(ROE)表示技术方案资本金的盈利水平,按下式计算:

$$ROE = \frac{NP}{EC} \times 100\% \tag{3-3}$$

式中:NP——技术方案正常年份的年净利润或运营期内年平均净利润,净利润=利润总额—所得税;

    EC——技术方案资本金。

公式中所需的财务数据,均可从相关的财务报表中获得。技术方案资本金净利润率高于同行业的净利润率参考值,表明用资本金净利润率表示的技术方案盈利能力满足要求。

总投资收益率(*ROI*)是用来衡量整个技术方案的获利能力,要求技术方案的总投资收益率应大于行业的平均投资收益率;总投资收益率越高,从技术方案所获得的收益就越多。而资本金净利润率(*ROE*)则是用来衡量技术方案资本金的获利能力,资本金净利润率越高,资本金所取得的利润就越多,权益投资盈利水平也就越高;反之,则情况相反。对于技术方案而言,若总投资收益率或资本金净利润率高于同期银行利率,适度举债是有利的;反之,过高的负债比率将损害企业和投资者的利益。由此可以看出,总投资收益率或资本金净利润率指标不仅可以用来衡量技术方案的获利能力,还可以作为技术方案筹资决策参考的依据。

4. 优劣

投资收益率(*R*)指标经济意义明确、直观,计算简便,在一定程度上反映了投资效果的优劣,可适用于各种投资规模。但不足的是没有考虑投资收益的时间因素,忽视了资金具有时间价值的重要性;指标的计算主观随意性太强,正常生产年份的选择比较困难,带有一定的不确定性和人为因素。

因此,以投资收益率指标作为主要的决策依据不太可靠,其主要用在技术方案制定的早期阶段或研究过程,且计算期较短、不具备综合分析所需详细资料的技术方案,尤其适用于工艺简单而生产情况变化不大的技术方案的选择和投资经济效果的评价。

3.2.2 投资回收期分析

1. 投资回收期的概念

投资回收期也称返本期,是反映技术方案投资回收能力的重要指标,分为静态投资回收期和动态投资回收期,通常只进行技术方案静态投资回收期计算分析。

技术方案静态投资回收期是在不考虑资金时间价值的条件下,以技术方案的净收益回收其总投资(包括建设投资和流动资金)所需要的时间,一般以年为单位。静态投资回收期宜从技术方案建设开始年算起,若从技术方案投产开始年算起,应予以特别注明。从建设开始年算起,静态投资回收期(P_t)的计算公式如下:

$$\sum_{t=0}^{P_t}(CI-CO)=0 \tag{3-4}$$

式中:P_t——技术方案静态投资回收期;

    CI——技术方案现金流入量;

    CO——技术方案现金流出量;

    $(CI-CO)_t$——技术方案第 *t* 年净现金流量。

2. 应用式

静态投资回收期可借助技术方案投资现金流量表,根据净现金流量计算,其具体计算又分以下两种情况：

（1）当技术方案实施后各年的净收益（即净现金流量）均相同时，静态投资回收期的计算公式如下：

$$P_t = I/A \tag{3-5}$$

式中：I——技术方案总投资；

　　A——技术方案每年的净收益，即 $A = (CI - CO)_t$。

【例 3-1】　某技术方案估计总投资 2 800 万元，技术方案实施后各年净收益为 320 万元，计算该技术方案的静态投资回收期。

解：根据式（3-5），可得：

$$P_t = 2\ 800/320 = 8.75（年）$$

在应用式（3-5）时应注意，由于技术方案的年净收益不等于年利润额，所以静态投资回收期不等于投资利润率的倒数。

（2）当技术方案实施后各年的净收益不相同时，静态投资回收期可根据累计净现金流量求得，也就是在技术方案投资现金流量表中累计净现金流量由负值变为零的时点。其计算公式为：

$$P_t = (T-1) + \frac{|A|}{B} \tag{3-6}$$

式中：T——技术方案各年累计净现金流量首次为正或零的年数；

　　A——技术方案第 $(T-1)$ 年累计净现金流量；

　　B——技术方案第 T 年的净现金流量。

【例 3-2】　某技术方案投资现金流量表的数据如表 3-1 所示，计算该技术方案的静态投资回收期。

解：根据式（3-6），可得：

$$P_t = (T-1) + \frac{|A|}{B} = (6-1) + \frac{|-200|}{500} = 5.4（年）$$

表 3-1　某技术方案投资现金流量表　　　　　　　　　单位：万元

计算期	0	1	2	3	4	5	6	7	8
1. 现金流入	—	—	—	800	1 200	1 200	1 200	1 200	1 200
2. 现金流出	—	600	900	500	700	700	700	700	700
3. 净现金流量	—	−600	−900	300	500	500	500	500	500
4. 累计净现金流量	—	−600	−1 500	−1 200	−700	−200	300	800	1 300

3. 判别准则

将计算出的静态投资回收期 P_t 与所确定的基准投资回收期 P_c 进行比较。若 $P_t \leqslant P_c$，表明技术方案投资能在规定的时间内收回，则技术方案可以考虑接受；若 $P_t > P_c$，则技术方案是不可行的。

4. 优劣

静态投资回收期指标容易理解,计算也比较简便,在一定程度上显示了资本的周转速度。显然,资本周转速度愈快,静态投资回收期愈短,风险愈小,技术方案抗风险能力强。因此在技术方案经济效果评价中一般都要求计算静态投资回收期,以反映技术方案原始投资的补偿速度和技术方案投资风险性。

对于那些技术上更新迅速的技术方案,或资金相当短缺的技术方案,或未来的情况很难预测而投资者又特别关心资金补偿的技术方案,采用静态投资回收期评价特别有实用意义。但不足的是,静态投资回收期没有全面考虑技术方案整个计算期内现金流量,即只考虑回收之前的效果,不能反映投资回收之后的情况,故无法准确衡量技术方案在整个计算期内的经济效果。所以,静态投资回收期作为技术方案选择和技术方案排队的评价准则是不可靠的,它只能作为辅助评价指标,或与其他评价指标结合应用。

3.2.3 财务净现值分析

1. 财务净现值的概念

财务净现值($FNPV$)是反映技术方案在计算期内盈利能力的动态评价指标。技术方案的财务净现值是指用一个预定的基准收益率(或设定的折现率)i_c,分别把整个计算期间内各年所发生的净现金流量都折现到技术方案开始实施时的现值之和。财务净现值计算公式为:

$$FNPV = \sum_{0}^{n} (CI - CO)_t (1 + i_c)^{-t} \tag{3-7}$$

式中:$FNPV$——财务净现值;

$(CI-CO)_t$——技术方案第 t 年的净现金流量(应注意"+"、"-"号);

i_c——基准收益率;

n——技术方案计算期。

可根据需要选择计算所得税前财务净现值或所得税后财务净现值。

2. 判别准则

财务净现值是评价技术方案盈利能力的绝对指标。当 $FNPV>0$ 时,说明该技术方案除了满足基准收益率要求的盈利之外,还能得到超额收益,换句话说,技术方案现金流入的现值和大于现金流出的现值和,该技术方案有收益,故该技术方案财务上可行;当 $FNPV=0$ 时,说明该技术方案基本能满足基准收益率要求的盈利水平,即技术方案现金流入的现值正好抵偿技术方案现金流出的现值,该技术方案财务上还是可行的;当 $FNPV<0$ 时,说明该技术方案不能满足基准收益率要求的盈利水平,即技术方案收益的现值不能抵偿支出的现值,该技术方案财务上不可行。

【例 3-3】 已知某技术方案有如下现金流量(表 3-2),设 $i_c=8\%$,试计算财务净现值($FNPV$)。

表 3-2 某技术方案净现金流量   单位:万元

年份	1	2	3	4	5	6	7
净现金流量(万元)	−4 200	−4 700	2 000	2 500	2 500	2 500	2 500

解:根据式(3-7),可以得到:

$$FNPV = -4\,200 \times \frac{1}{(1+8\%)} - 4\,700 \times \frac{1}{(1+8\%)^2} + 2\,000 \times \frac{1}{(1+8\%)^3} + 2\,500 \times$$

$$\frac{1}{(1+8\%)^4} + 2\,500 \times \frac{1}{(1+8\%)^5} + 2\,500 \times \frac{1}{(1+8\%)^6} + 2\,500 \times \frac{1}{(1+8\%)^7}$$

$$= -4\,200 \times 0.925\,9 - 4\,700 \times 0.857\,3 + 2\,000 \times 0.793\,8 + 2\,500 \times 0.735\,0 +$$

$$2\,500 \times 0.680\,6 + 2\,500 \times 0.630\,2 + 2\,500 \times 0.583\,5$$

$$= 242.76(万元)$$

由于 $FNPV = 242.76$ 万元 >0,所以该技术方案在经济上可行。

3. 优劣

财务净现值指标的优点是:考虑了资金的时间价值,并全面考虑了技术方案在整个计算期内现金流量的时间分布的状况;经济意义明确直观,能够直接以货币额表示技术方案的盈利水平;判断直观。不足之处是:必须首先确定一个符合经济现实的基准收益率,而基准收益率的确定往往是比较困难的;在互斥方案评价时,财务净现值必须慎重考虑互斥方案的寿命,如果互斥方案寿命不等,必须构造一个相同的分析期限,才能进行各个方案之间的比选;财务净现值也不能真正反映技术方案投资中单位投资的使用效率;不能直接说明在技术方案运营期间各年的经营成果;没有给出该投资过程确切的收益大小,不能反映投资的回收速度。

3.2.4 财务内部收益率分析

1. 财务内部收益率的概念

对具有常规现金流量(即在计算期内,开始时有支出而后才有收益,且方案的净现金流量序列的符号只改变一次的现金流量)的技术方案,其财务净现值的大小与折现率的高低有直接的关系。若已知某技术方案各年的净现金流量,则该技术方案的财务净现值就完全取决于所选用的折现率,即财务净现值是折现率的函数。其表达式如下:

$$FNPV(i) = \sum_{t=0}^{n} (CI - CO)_t (1+i)^{-t} \qquad (3-8)$$

工程经济中常规技术方案的财务净现值函数曲线在其定义域 $(-1 < i < +\infty)$ 内(对大多数工程经济实际问题来说是 $0 \leqslant i < \infty$),随着折现率的逐渐增大,财务净现值由大变小,由正变负,$FNPV$ 与 i 之间的关系一般如图 3-2 所示。

从图 3-2 可以看出,按照财务净现值的评价准则,只要 $FNPV(i) \geqslant 0$,技术方案就可接受。但由于 $FNPV(i)$ 是 i 的递减函数,故折现率 i 定得越高,技术方案被接受的可能性越小。那么,若 $FNPV(i) > 0$,则 i 最大可以大到多少,仍使技术方案可以接受

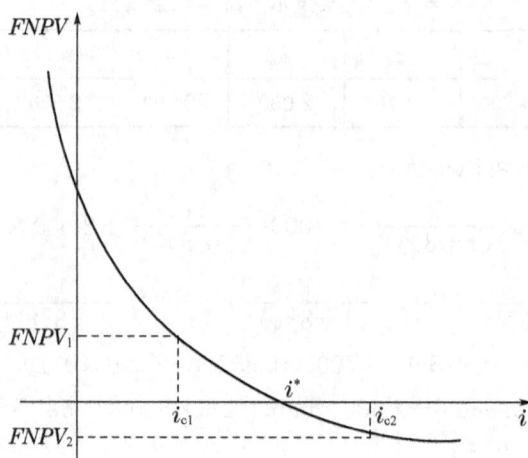

图 3-2　常规技术方案的净现值函数曲线

呢？很明显，i可以大到使 $FNPV(i)=0$，这时 $FNPV(i)$ 曲线与横轴相交，i 达到了其临界值 i^*，可以说 i^* 是财务净现值评价准则的一个分水岭。i^* 就是财务内部收益率（$FIRR$）。

对常规技术方案，财务内部收益率其实质就是使技术方案在计算期内各年净现金流量的现值累计等于零时的折现率。其数学表达式为：

$$FNPV(FIRR) = \sum_{t=0}^{n} (CI - CO)_t (1 + FIRR)^{-t} = 0 \qquad (3-9)$$

式中：$FIRR$——财务内部收益率。

财务内部收益率是一个未知的折现率，由式（3-9）可知，求方程式中的折现率需解高次方程，不易求解。在实际工作中，一般通过计算机直接计算，手算时可采用试算法确定财务内部收益率 $FIRR$。

2. 判断

财务内部收益率计算出来后，与基准收益率进行比较。若 $FIRR \geqslant i_c$，则技术方案在经济上可以接受；若 $FIRR < i_c$，则技术方案在经济上应予拒绝。技术方案投资财务内部收益率、技术方案资本金财务内部收益率和投资各方财务内部收益率可有不同判别基准。

3. 优劣

财务内部收益率（$FIRR$）指标考虑了资金的时间价值以及技术方案在整个计算期内的经济状况，不仅能反映投资过程的收益程度，而且 $FIRR$ 的大小不受外部参数影响，完全取决于技术方案投资过程净现金流量系列的情况。这种技术方案内部决定性，使它在应用中具有一个显著的优点，即避免了像财务净现值之类的指标那样须事先确定基准收益率这个难题，而只需要知道基准收益率的大致范围即可。但不足的是财务内部收益率计算比较麻烦，对于具有非常规现金流量的技术方案来讲，其财务内部收益率在某些情况下甚至不存在或存在多个内部收益率。

4. FIRR 与 FNPV 比较

对独立常规技术方案的评价,从图 3-2 可知,当 $FIRR \geqslant i_{c1}$ 时,根据 FIRR 评价的判断准则,技术方案可以接受;而 i_{c1} 对应的 $FNPV_1 \geqslant 0$,根据 FNPV 评价的判断准则,技术方案也可接受。当 $FIRR < i_{c2}$ 时,根据 FIRR 评价的判断准则,技术方案不能接受;i_{c2} 对应的 $FNPV_2 < 0$,根据 FNPV 评价的判断准则技术方案也不能接受。由此可见,对独立常规技术方案应用 FIRR 评价与应用 FNPV 评价均可,其结论是一致的。

FNPV 指标计算简便,显示出了技术方案现金流量的时间分配,但得不出投资过程收益程度大小,且受外部参数(i_c)的影响;FIRR 指标较为麻烦,但能反映投资过程的收益程度,而 FIRR 的大小不受外部参数影响,完全取决于投资过程现金流量。

5. 基准收益率的概念

基准收益率也称基准折现率,是企业或行业投资者以动态的观点所确定的、可接受的技术方案最低标准的收益水平。其在本质上体现了投资决策者对技术方案资金时间价值的判断和对技术方案风险程度的估计,是投资资金应当获得的最低盈利率水平,它是评价和判断技术方案在财务上是否可行和技术方案比选的主要依据。因此基准收益率确定得合理与否,对技术方案经济效果的评价结论有直接的影响,定得过高或过低都会导致投资决策的失误。所以基准收益率是一个重要的经济参数,而且根据不同角度编制的现金流量表,计算所需的基准收益率应有所不同。

6. 基准收益率的测定

(1)在政府投资项目以及按政府要求进行财务评价的建设项目中采用的行业财务基准收益率,应根据政府的政策导向进行确定。

(2)在企业各类技术方案的经济效果评价中参考选用的行业财务基准收益率,应在分析一定时期内国家和行业发展战略、发展规划、产业政策、资源供给、市场需求、资金时间价值、技术方案目标等情况的基础上,结合行业特点、行业资本构成情况等因素综合测定。

(3)在中国境外投资的技术方案财务基准收益率的测定,应首先考虑国家风险因素。

(4)投资者自行测定技术方案的最低可接受财务收益率,除了应考虑上述第(2)条中所涉及的因素外,还应根据自身的发展战略和经营策略、技术方案的特点与风险、资金成本、机会成本等因素综合测定。确定基准收益率的基础是资金成本和机会成本,而投资风险和通货膨胀则是必须考虑的影响因素。

3.2.5 偿债能力分析

举债经营已经成为现代企业经营的一个显著特点,企业偿债能力的大小,已成为判断和评价企业经营活动能力的一个标准。举债是筹措资金的重要途径,不仅企业自身要关心偿债能力的大小,债权人更为关心。

债务清偿能力分析,重点是分析判断财务主体——企业的偿债能力。由于金融机构贷款是贷给企业法人而不是贷给技术方案的,金融机构进行信贷决策时,一般应根据企业的整体资产负债结构和偿债能力决定信贷取舍。有时虽然技术方案自身无偿债能力,但是整个企业偿债能力强,金融机构也可能给予贷款;有时虽然技术方案有偿债能力,但企业整体信誉差、负债高、偿债能力弱,金融机构也可能不予贷款。因此,债务清偿能力评价,一定要分析债务资金的融资主体的清偿能力,而不是"技术方案"的清偿能力。对于企业融资方案,应以技术方案所依托的整个企业作为债务清偿能力的分析主体。为了考察企业的整体经济实力,分析融资主体的清偿能力,需要评价整个企业的财务状况和各种借款的综合偿债能力。为了满足债权人的要求,需要编制企业在拟实施技术方案建设期和投产后若干年的财务计划现金流量表、资产负债表、企业借款偿还计划表等报表,分析企业偿债能力。

1. 偿债资金来源

根据国家现行财税制度的规定,偿还贷款的资金来源主要包括可用于归还借款的利润、固定资产折旧、无形资产及其他资产摊销费和其他还款资金来源。

(1) 利润

用于归还贷款的利润,一般应是提取了盈余公积金、公益金后的未分配利润。如果是股份制企业需要向股东支付股利,那么应从未分配利润中扣除分配给投资者的利润,然后用来归还贷款。技术方案投产初期,如果用规定的资金来源归还贷款的缺口较大,也可暂不提取盈余公积金、公益金,但这段时间不宜过长,否则将影响到企业的扩展能力。

(2) 固定资产折旧

鉴于技术方案投产初期尚未面临固定资产更新的问题,作为固定资产重置准备金性质的折旧基金,在被提取以后暂时处于闲置状态。因此,为了有效地利用一切可能的资金来源以缩短还贷期限,加强企业的偿债能力,可以使用部分新增折旧基金作为偿还贷款的来源之一。一般地,投产初期可以利用的折旧基金占全部折旧基金的比例较大,随着生产时期的延伸,可利用的折旧基金比例逐步减小。最终,所有被用于归还贷款的折旧基金,应由未分配利润归还贷款后的余额垫回,以保证折旧基金从总体上不被挪作他用,在还清贷款后恢复其原有的经济属性。

(3) 无形资产及其他资产摊销费

摊销费是按现行的财务制度计入企业的总成本费用,但是企业在提取摊销费后,这笔资金没有具体的用途规定,具有"沉淀"性质,因此可以用来归还贷款。

(4) 其他还款资金

这是指按有关规定可以用减免的营业税金来作为偿还贷款的资金来源。进行预测时,如果没有明确的依据,可以暂不考虑。

技术方案在建设期借入的全部建设投资贷款本金及其在建设期的借款利息(即资本化利息)构成建设投资贷款总额,在技术方案投产后可由上述资金来源偿还。

在生产期内,建设投资和流动资金的贷款利息,按现行的财务制度,均应计入技术方案总成本费用中的财务费用。

2. 偿债能力分析主要指标

偿债能力指标主要有:借款偿还期、利息备付率、偿债备付率、资产负债率、流动比率和速动比率。

(1) 利息备付率(ICR)

① 概念

利息备付率也称已获利息倍数,指在技术方案借款偿还期内各年企业可用于支付利息的息税前利润(EBIT)与当期应付利息(PI)的比值。其表达式为:

$$ICR = \frac{EBIT}{PI} \tag{3-10}$$

式中:EBIT——息税前利润,即利润总额与计入总成本费用的利息费用之和;

PI——计入总成本费用的应付利息。

② 判别准则

利息备付率应分年计算,它从付息资金来源的充裕性角度反映企业偿付债务利息的能力,表示企业使用息税前利润偿付利息的保证倍率。正常情况下利息备付率应当大于 1,并结合债权人的要求确定。否则,表示企业的付息能力保障程度不足。尤其是当利息备付率低于 1 时,表示企业没有足够资金支付利息,偿债风险很大。参考国际经验和国内行业的具体情况,根据我国企业历史数据统计分析,一般情况下,利息备付率不宜低于 2,而且需要将该利息备付率指标与其他同类企业进行比较,来分析决定本企业的指标水平。

(2) 偿债备付率(DSCR)

① 概念

偿债备付率是指在技术方案借款偿还期内,各年可用于还本付息的资金($EBITDA - T_{AX}$)与当期应还本付息金额(PD)的比值。其表达式为:

$$DSCR = \frac{EBITDA - T_{AX}}{PD} \tag{3-11}$$

式中:EBITDA——企业息税前利润加折旧和摊销;

T_{AX}——企业所得税;

PD——应还本付息的金额,包括当期应还贷款本金额及计入总成本费用的全部利息。融资租赁费用可视同借款偿还;运营期内的短期借款本息也应纳入计算。

如果企业在运行期内有维持运营的投资,可用于还本付息的资金应扣除维持运营的投资。

② 判别准则

偿债备付率应分年计算,它表示企业可用于还本付息的资金偿还借款本息的保证倍率。正常情况偿债备付率应当大于 1,并结合债权人的要求确定。当指标小于 1 时,表示企业当年资金来源不足以偿付当期债务,需要通过短期借款偿付已到期债务。参考国际经验和国内行业的具体情况,根据我国企业历史数据统计分析,一般情况下,偿债备付率不宜低于 1.3。

【基础训练】

一、单项选择题

1. 对于非经营性技术方案,经济效果评价应主要分析拟定方案的　　　（　）
   - A. 盈利能力
   - B. 偿债能力
   - C. 财务生存能力
   - D. 抗风险能力

2. 将技术方案经济效果评价分为静态分析和动态分析的依据是　　　（　）
   - A. 评价方法是否考虑主观因素
   - B. 评价指标是否能够量化
   - C. 评价方法是否考虑时间因素
   - D. 经济效果评价是否考虑融资的影响

3. 下列工程经济效果评价指标中,属于盈利能力分析动态指标的是　　　（　）
   - A. 财务净现值
   - B. 投资收益率
   - C. 借款偿还期
   - D. 流动比率

4. 某项目建设投资 3 000 万元,全部流动资金 450 万元。项目投产期年息税前利润总额 500 万元,运营期正常年份的年平均息税前利润总额 800 万元,则该项目的总投资收益率为　　　（　）
   - A. 18.84%
   - B. 26.67%
   - C. 23.19%
   - D. 25.52%

5. 某技术方案总投资 1 500 万元,其中资本金 1 000 万元,运营期年平均利息 18 万元,年平均所得税 40.5 万元。若项目总投资收益率为 12%,则项目资本金净利润率为　　　（　）
   - A. 16.20%
   - B. 13.95%
   - C. 12.15%
   - D. 12.00%

6. 某项目各年净现金流量如下表,设基准收益率为 10%,则该项目的财务净现值和静态投资回收期分别为　　　（　）

年份	0	1	2	3	4	5
净现金流量(万元)	−160	50	50	50	50	50

   - A. 32.02 万元,3.2 年
   - B. 32.02 万元,4.2 年
   - C. 29.54 万元,4.2 年
   - D. 29.54 万元,3.2 年

7. 某企业拟新建一项目,有两个备选方案技术均可行。甲方案投资 5 000 万元,计算期 15 年,财务净现值为 200 万元;乙方案投资 8 000 万元,计算期 20 年,财务净现值为 300 万元。则关于两方案比选的说法,正确的是　　　（　）
   - A. 甲乙方案必须构造一个相同的分析期限才能比选
   - B. 甲方案投资少于乙方案,净现值大于零,故甲方按较优
   - C. 乙方案净现值大于甲方案,且都大于零,故乙方案较优
   - D. 甲方案计算期短,说明甲方案的投资回收速度快于乙方案

8. 技术方案的盈利能力越强,则该技术方案中越大的是　　　（　）
   - A. 投资回收期
   - B. 盈亏平衡量

  C. 速动比率   D. 财务净现值

9. 某技术方案的净现金流量见表。若基准收益率大于等于 0,则方案的净现值
                            ( )

某技术方案的净现金流表

计算期(年)	0	1	2	3	4	5
净现金流量(万元)		−300	−200	200	600	600

  A. 等于 900 万元   B. 大于 900 万元,小于 1 400 万元

  C. 小于 900 万元   D. 等于 1 400 万元

10. 对于特定的投资方案,若基准收益率增大,则投资方案评价指标的变化规律是
                            ( )

  A. 财务净现值与内部收益率均减小   B. 财务净现值与内部收益率均增大

  C. 财务净现值减小,内部收益率不变   D. 财务净现值增大,内部收益率减小

二、多项选择题

1. 下列经济效果评价指标中,属于盈利能力动态分析指标的有   ( )

  A. 总投资收益率   B. 财务净现值

  C. 资本金净利润率   D. 财务内部收益率

  E. 速度比率

2. 下列投资方案经济效果评价指标中,可用于偿债能力分析的有   ( )

  A. 利息备付率   B. 流动比率

  C. 投资收益率   D. 投资回收期

  E. 借款偿还期

3. 关于基准收益率的说法,正确的有   ( )

  A. 基准收益率是投资资金应获得的最低盈利水平

  B. 测定基准收益率应考虑资金成本因素

  C. 基准收益率取值高低应体现对项目风险程度的估计

  D. 测定基准收益率不需要考虑通货膨胀因素

  E. 债务资金比例高的项目应降低基准收益率取值

4. 根据我国现行财税制度,可以用来偿还贷款的资金来源有   ( )

  A. 固定资产折旧费   B. 无形资产摊销费

  C. 其他资产摊销费   D. 盈余公积金

  E. 减免的营业税金

三、简答题

1. 什么是投资回收期? 如何计算?

2. 什么是基准收益率? 应如何确定?

3. 什么是内部收益率? 有何经济含义?

4. 独立型方案与互斥型方案决算各有何特点?

单元 4　技术方案不确定性分析

扫一扫可见
本章电子资源

【单元概述】

计算分析因采用的费用和效益的基本数据的估计误差或无法预期的变动,对经济评价结果产生影响,包括盈亏平衡分析和敏感性分析。

【知识目标】

熟悉不确定性分析的概念、目的和意义;掌握盈亏平衡分析的方法;掌握敏感性分析的方法。

【技能目标】

能够利用不确定性分析的方法初步解决工程或企业生产中因不确定性因素造成的决策问题。

【导入案例】

方案是否可行?

某市拟兴建某桥梁预制厂,如果设计能力为年产值 30 m 预应力混凝土 T 梁 4 200 片,预计每道梁售价为 6 000 元,固定成本为 630 万元,单位产品可变成本为 3 000 元,若在正常生产条件下,生产能力可达设计能力的 90%。

问题:该方案是否可行?

4.1　不确定性分析

4.1.1　不确定性分析的含义

不确定性分析是技术方案经济效果评价中的一个重要内容。因为决策的主要依据之一是技术方案经济效果评价,而技术方案经济效果评价都是以一些确定的数据为基础,如技术方案总投资、建设期、年销售收入、年经营成本、年利率和设备残值等指标值,认为它们都是已知的、确定的,即使对某个指标值所做的估计或预测,也认为是可靠、有效的。但事实上,对技术方案经济效果的评价通常都是对技术方案未来经济效果的计算,一个拟实施技术方案的所有未来结果都是未知的。因为计算中所使用的数据大都是建立在分析人员对未来各种情况所作的预测与判断基础之上的,因此,不论用什么方法预测或估计,都会包含有许多不确定性因素,可以说不确定性是所有技术方案固有的内在特性。只是对不同的技术方案,这种不确定性的程度有大有小。为了尽量避免决策失误,我们需要了解各种内外部条件发生变化时对技术方案经济效果的影响程度,需要了解技术方案对各种内外部条件变化的承受能力。

不确定性不同于风险。风险是指不利事件发生的可能性,其中不利事件发生的概率是可以计量的;而不确定性是指人们在事先只知道所采取行动的所有可能后果,而不知道它们出现的可能性,或者两者均不知道,只能对两者做些粗略的估计,因此不确定性是难以计量的。

不确定性分析是指研究和分析当影响技术方案经济效果的各项主要因素发生变化时,拟实施技术方案的经济效果会发生什么样的变化,以便为正确决策服务的一项工作。不确定性分析是技术方案经济效果评价中一项重要工作,在拟实施技术方案未作出最终决策之前,均应进行技术方案不确定性分析。

4.1.2　不确定性因素产生的原因

产生不确定性因素的原因很多,一般情况下,产生不确定性的主要原因有以下几点:

(1) 所依据的基本数据不足或者统计偏差。这是指由于原始统计上的误差,统计样本点的不足,公式或模型的套用不合理等所造成的误差。比如说技术方案建设投资和流动资金是技术方案经济效果评价中重要的基础数据,但在实际中,往往会由于各种原因而高估或低估了它的数额,从而影响了技术方案经济效果评价的结果。

(2) 预测方法的局限,预测的假设不准确。

(3) 未来经济形势的变化。由于有通货膨胀的存在,会产生物价的波动,从而会影响技术方案经济效果评价中所用的价格,进而导致诸如年营业收入、年经营成本等数据与实际发生偏差;同样,由于市场供求结构的变化,会影响到产品的市场供求状况,进而对某些指标值产生影响。

(4) 技术进步。技术进步会引起产品和工艺的更新替代,这样根据原有技术条件和生产水平所估计出的年营业收入、年经营成本等指标就会与实际值发生偏差。

(5) 无法以定量来表示的定性因素的影响。

(6) 其他外部影响因素,如政府政策的变化,新的法律、法规的颁布,国际政治经济形势的变化等,均会对技术方案的经济效果产生一定的甚至是难以预料的影响。在评价中,如果我们想全面分析这些因素的变化对技术方案经济效果的影响是十分困难的,因此在实际工作中,我们往往要着重分析和把握那些对技术方案影响大的关键因素,以期取得较好的效果。

4.1.3 不确定性分析内容

由于上述种种原因,技术方案经济效果计算和评价所使用的计算参数,诸如投资、产量、价格、成本、利率、汇率、收益、建设期限、经济寿命等,总是不可避免地带有一定程度的不确定性。

不确定性的直接后果是使技术方案经济效果的实际值与评价值相偏离,从而给决策者带来风险。假定某技术方案的基准收益率 i_c 定为 8%,根据技术方案基础数据求出的技术方案财务内部收益率为 10%,由于内部收益率大于基准收益率,因此根据方案评价准则自然认为技术方案是可行的;但如果凭此就做出决策则是不够的,因为我们还没有考虑到不确定性问题,比如说如果在技术方案实施的过程中存在投资超支、建设工期拖长、生产能力达不到设计要求、原材料价格上涨、劳务费用增加、产品售价波动、市场需求量变化、贷款利率变动等,都可能使技术方案达不到预期的经济效果,导致财务内部收益率下降,甚至发生亏损。当内部收益率下降多于 2%,技术方案就会变成不可行,则技术方案就会有风险,如果不对这些进行分析,仅凭一些基础数据所做的确定性分析为依据来取舍技术方案,就可能会导致决策的失误。因此,为了有效地减少不确定性因素对技术方案经济效果的影响,提高技术方案的风险防范能力,进而提高技术方案决策的科学性和可靠性,除对技术方案进行确定性分析以外,还很有必要对技术方案进行不确定性分析。为此,应根据拟实施技术方案的具体情况,分析各种内外部条件发生变化或者测算数据误差对技术方案经济效果的影响程度,以估计技术方案可能承担不确定性的风险及其承受能力,确定技术方案在经济上的可靠性,并采取相应的对策,力争把风险减低到最小限度。这种对影响方案经济效果的不确定性因素进行的分析称为不确定性分析。

4.1.4 不确定性分析的方法

常用的不确定性分析方法有盈亏平衡分析和敏感性分析。

1. 盈亏平衡分析

盈亏平衡分析也称量本利分析,就是将技术方案投产后的产销量作为不确定因素,通过计算技术方案的盈亏平衡点的产销量,据此分析判断不确定性因素对技术方案经济效果的影响程度,说明技术方案实施的风险大小及技术方案承担风险的能力,为决策提供科学依据。根据生产成本及销售收入与产销量之间是否呈线性关系,盈亏平衡分析又可进一步分为线性盈亏平衡分析和非线性盈亏平衡分析。通常只要求线性盈亏平衡分析。

2. 敏感性分析

敏感性分析则是分析各种不确定性因素发生增减变化时,对技术方案经济效果评价指标的影响,并计算敏感度系数和临界点,找出敏感因素。

在具体应用时,要综合考虑技术方案的类型、特点、决策者的要求,相应的人力、财力,以及技术方案对经济的影响程度等来选择具体的分析方法。

概括起来,不确定性分析可分为盈亏平衡分析、敏感性分析和概率分析。其中盈亏平衡分析只用于财务评价,敏感性分析和概率分析可同时用于财务评价和国民经济评价。

4.2　盈亏平衡分析

4.2.1　总成本与固定成本、可变成本

根据成本费用与产量(或工程量)的关系可以将技术方案总成本费用分解为可变成本、固定成本和半可变(或半固定)成本。

1. 固定成本

固定成本是指在技术方案一定的产量范围内不受产品产量影响的成本,即不随产品产量的增减发生变化的各项成本费用,如工资及福利费(计件工资除外)、折旧费、修理费、无形资产及其他资产摊销费、其他费用等。

2. 可变成本

可变成本是随技术方案产品产量的增减而成正比例变化的各项成本,如原材料、燃料、动力费、包装费和计件工资等。

3. 半可变(或半固定)成本

半可变(或半固定)成本是指介于固定成本和可变成本之间,随技术方案产量增长而增长,但不成正比例变化的成本,如与生产批量有关的某些消耗性材料费用、工模具费及运输费等,这部分可变成本随产量变动一般是呈阶梯形曲线。由于半可变(或半固定)成本通常在总成本中所占比例很小,在技术方案经济效果分析中,为便于计算和分析,可以根据行业特点情况将产品半可变(或半固定)成本进一步分解成固定成本和可变成本。长期借款利息应视为固定成本;流动资金借款和短期借款利息可能部分与产品产量相关,其利息可视为半可变(或半固定)成本,为简化计算,一般也将其作为固定成本。

综上所述,技术方案总成本是固定成本与可变成本之和,它与产品产量的关系也可以近似地认为是线性关系,即:

$$C = C_F + C_u Q \tag{4-1}$$

式中:C——总成本;

C_F——固定成本;

C_u——单位产品变动成本;

Q——产量(或工程量)。

4.2.2 销售收入与营业税金及附加

1. 销售收入

技术方案的销售收入与产品销量的关系有两种情况：

（1）该技术方案的生产销售活动不会明显地影响市场供求状况，假定其他市场条件不变，产品价格不会随该技术方案的销量的变化而变化，可以看作一个常数，销售收入与销量呈线性关系。

（2）该技术方案的生产销售活动将明显地影响市场供求状况，随着该技术方案产品销量的增加，产品价格有所下降，这时销售收入与销量之间不再是线性关系。为简化计算，本书仅考虑销售收入与销量呈线性关系这种情况。

2. 营业税金及附加

由于单位产品的营业税金及附加是随产品的销售单价变化而变化的，为便于分析，将销售收入与营业税金及附加合并考虑。

经简化后，技术方案的销售收入是销量的线性函数，即：

$$S = p \times Q - T_u \times Q \tag{4-2}$$

式中：S——销售收入；

p——单位产品售价；

T_u——单位产品营业税金及附加（当投入产出都按不含税价格时，T_u不包括增值税）；

Q——销量。

4.2.3 量本利模型

1. 量本利模型

企业的经营活动，通常以生产数量为起点，而以利润为目标。在一定期间把成本总额分解简化成固定成本和变动成本两部分后，再同时考虑收入和利润，使成本、产销量和利润的关系统一于一个数学模型。这个数学模型的表达形式为：

$$B = S - C \tag{4-3}$$

式中：B——利润；

S——销售收入。

为简化数学模型，对线性盈亏平衡分析做了如下假设：

（1）生产量等于销售量，即当年生产的产品（或提供的服务，下同）当年销售出去；

（2）产销量变化，单位可变成本不变，总生产成本是产销量的线性函数；

（3）产销量变化，销售单价不变，销售收入是产销量的线性函数；

（4）只生产单一产品；或者生产多种产品，但可以换算为单一产品计算，不同产品的生产负荷率的变化应保持一致。

根据上述假设，将式（4-1）、式（4-2）代入式（4-3），可得：

$$B=p\times Q-C_u\times Q-T_u\times Q \qquad (4-4)$$

式中：Q——产销量（即生产量等于销售量）。

式（4-4）明确表达了量本利之间的数量关系，是基本的损益方程式。它含有相互联系的 6 个变量，给定其中 5 个，便可求出另一个变量的值。

2. 基本的量本利图

将式（4-4）的关系反映在直角坐标系中，即成为基本的量本利图，如图 4-1 所示。

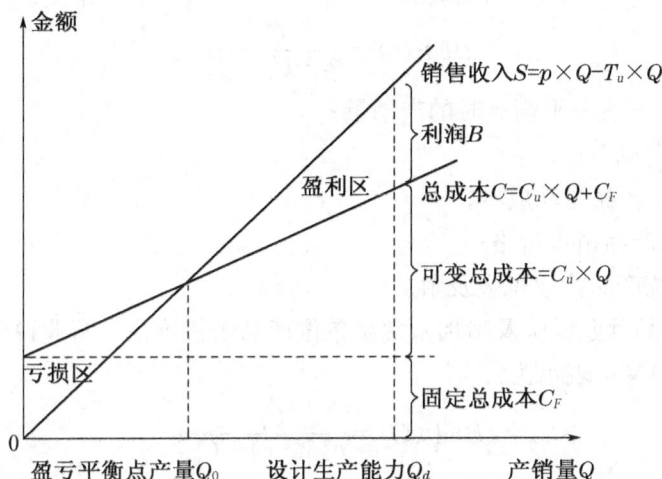

图 4-1 基本的量本利图

图 4-1 中的横坐标为产销量，纵坐标为金额（成本和销售收入）。假定在一定时期内，产品价格不变时，销售收入 S 随产销量的增加而增加，呈线性函数关系，在图形上就是以零为起点的斜线。产品总成本 C 是固定总成本和变动总成本之和，当单位产品的变动成本不变时，总成本也呈线性变化。

从图 4-1 可知，销售收入线与总成本线的交点是盈亏平衡点（BEP），也叫保本点。表明技术方案在此产销量下总收入与总成本相等，既没有利润，也不发生亏损。在此基础上，增加产销量，销售收入超过总成本，收入线与成本线之间的距离为利润值，形成盈利区；反之，形成亏损区。这种用图示表达量本利的相互关系，不仅形象直观，一目了然，而且容易理解。

盈亏平衡分析是通过计算技术方案达产年盈亏平衡点，分析技术方案成本与收入的平衡关系，判断技术方案对不确定性因素导致产销量变化的适应能力和抗风险能力。技术方案盈亏平衡点（BEP）的表达形式有多种。可以用绝对值表示，如以实物产销量、单位产品售价、单位产品的可变成本、年固定总成本以及年销售收入等表示的盈亏平衡点；也可以用相对值表示，如以生产能力利用率表示的盈亏平衡点。其中以产销量和生产能力利用率表示的盈亏平衡点应用最为广泛。盈亏平衡点一般采用公式计算，也可利用盈亏平衡图求得。

4.2.4 产销量(工程量)盈亏平衡分析的方法

从图 4-1 可见,当企业在小于 Q_0 的产销量下组织生产,则技术方案亏损;在大于 Q_0 的产销量下组织生产,则技术方案盈利。显然产销量 Q_0 是盈亏平衡点的一个重要表达。就单一产品技术方案来说,盈亏临界点的计算并不困难,一般是从销售收入等于总成本费用即盈亏平衡方程式中导出。由式(4-4)中利润 $B=0$,即可导出以产销量表示的盈亏平衡点 $BEP(Q)$,其计算式如下:

$$BEP(Q) = \frac{C_F}{p - C_u - T_u} \qquad (4-5)$$

式中:$BEP(Q)$——盈亏平衡点时的产销量;

　　C_F——固定成本;

　　C_u——单位产品变动成本;

　　p——单位产品销售价格;

　　T_u——单位产品营业税金及附加。

由于单位产品营业税金及附加常常是单位产品销售价格与营业税金及附加税率的乘积,故式(4-5)又可表示为:

$$BEP(Q) = \frac{C_F}{p(1-r) - C_u} \qquad (4-6)$$

式中:r——营业税金及附加的税率。

对技术方案运用盈亏平衡点分析时应注意:盈亏平衡点要按技术方案投产达到设计生产能力后正常年份的产销量、变动成本、固定成本、产品价格、营业税金及附加等数据来计算,而不能按计算期内的平均值计算。正常年份一般选择还款期间的第一个达产年和还款后的年份分别计算,以便分别给出最高和最低的盈亏平衡点区间范围。

【例 4-1】 某技术方案年设计生产能力为 10 万台,年固定成本为 1 200 万元,产品单台销售价格为 900 元,单台产品可变成本为 560 元,单台产品营业税金及附加为 120 元。试求盈亏平衡点的产销量。

解:根据式(4-5)可得:

$$BEP(Q) = \frac{12\,000\,000}{900 - 560 - 120} = 54\,545(台)$$

计算结果表明,当技术方案产销量低于 54 545 台时,技术方案亏损;当技术方案产销量大于 54 545 台时,技术方案盈利。

4.2.5 生产能力利用率盈亏平衡分析的方法

生产能力利用率表示的盈亏平衡点 $BEP(\%)$,是指盈亏平衡点产销量占技术方案正常产销量的比重。所谓正常产销量,是指正常市场和正常开工情况下,技术方案的产销数量。在技术方案评价中,一般用设计生产能力表示正常产销量。

$$BEP(\%) = \frac{BEP(Q)}{Q_d} \times 100\% \qquad (4-7)$$

式中：Q_d——正常产销量或技术方案设计生产能力。

进行技术方案评价时，生产能力利用率表示的盈亏平衡点常常根据正常年份的产品产销量、变动成本、固定成本、产品价格和营业税金及附加等数据来计算。即：

$$BEP(\%) = \frac{C_F}{S_n - C_V - T} \times 100\% \tag{4-8}$$

式中：$BEP(\%)$——盈亏平衡点时的生产能力利用率；

　　S_n——年营业收入；

　　C_V——年可变成本；

　　T——年营业税金及附加。

通过式(4-7)可得：

$$BEP(Q) = BEP(\%) \times Q_d \tag{4-9}$$

可见式(4-5)与式(4-8)是可以相互换算的，即产销量(工程量)表示的盈亏平衡点等于生产能力利用率表示的盈亏平衡点乘以设计生产能力。

【例 4-2】　数据同例 4-1，试计算生产能力利用率表示的盈亏平衡点。

解：根据式(4-8)可得：

$$BEP(\%) = \frac{1\,200}{(900 - 560 - 120) \times 10} \times 100\% = 54.55\%$$

计算结果表明，当技术方案生产能力利用率低于 54.55% 时，技术方案亏损；当技术方案生产能力利用率大于 54.55% 时，则技术方案盈利。

【例 4-3】　某公司生产某种结构件，设计年产销量为 3 万件，每件的售价为 300 元，单位产品的可变成本 120 元，单位产品营业税金及附加 40 元，年固定成本 280 万元。问题：

(1) 该公司不亏不盈时的最低年产销量是多少？

(2) 达到设计能力时盈利是多少？

(3) 年利润为 100 万元时的年产销量是多少？

解：(1) 计算该公司不亏不盈时的最低年产销量

根据式(4-5)可得：

$$BEP(Q) = \frac{2\,800\,000}{300 - 120 - 40} = 20\,000(件)$$

计算结果表明，当公司生产结构件产销量低于 20 000 件时，公司亏损；当公司产销量大于 20 000 件时，则公司盈利。

(2) 计算达到设计能力时的盈利

根据式(4-4)可得该公司的利润：

$$\begin{aligned}
B &= p \times Q - C_u \times Q - T_u \times Q \\
&= 300 \times 3 - 120 \times 3 - 280 - 40 \times 3 \\
&= 140(万元)
\end{aligned}$$

(3) 计算年利润为 100 万元时的年产销量

同样，根据式(4-4)可得：

$$Q = \frac{B + C_F}{p - C_u - T_u}$$

$$= \frac{1\,000\,000 + 2\,800\,000}{300 - 120 - 40} = 27\,143(件)$$

盈亏平衡点反映了技术方案对市场变化的适应能力和抗风险能力。从图 4-1 中可以看到,盈亏平衡点越低,达到此点的盈亏平衡产销量就越少,技术方案投产后盈利的可能性越大,适应市场变化的能力越强,抗风险能力也越强。

盈亏平衡分析虽然能够从市场适应性方面说明技术方案风险的大小,但并不能揭示产生技术方案风险的根源。因此,还需采用其他方法来帮助达到这个目标。

4.3 敏感性分析

在技术方案经济效果评价中,各类因素的变化对经济指标的影响程度是不相同的。有些因素可能仅发生较小幅度的变化就能引起经济效果评价指标发生大的变动;而另一些因素即使发生了较大幅度的变化,对经济效果评价指标的影响也不是太大。我们将前一类因素称为敏感性因素,后一类因素称为非敏感性因素。决策者有必要把握敏感性因素,分析方案的风险大小。

4.3.1 敏感性分析的内容

技术方案评价中的敏感性分析,就是在技术方案确定性分析的基础上,通过进一步分析、预测技术方案主要不确定因素的变化对技术方案经济效果评价指标(如财务内部收益率、财务净现值等)的影响,从中找出敏感因素,确定评价指标对该因素的敏感程度和技术方案对其变化的承受能力。敏感性分析有单因素敏感性分析和多因素敏感性分析两种。

单因素敏感性分析是对单一不确定因素变化对技术方案经济效果的影响进行分析,即假设各个不确定性因素之间相互独立,每次只考察一个因素变动,其他因素保持不变,以分析这个可变因素对经济效果评价指标的影响程度和敏感程度。为了找出关键的敏感性因素,通常只进行单因素敏感性分析。

多因素敏感性分析是假设两个或两个以上互相独立的不确定因素同时变化时,分析这些变化的因素对经济效果评价指标的影响程度和敏感程度。

4.3.2 单因素敏感性分析的步骤

单因素敏感性分析一般按以下步骤进行。

1. 确定分析指标

技术方案评价的各种经济效果指标,如财务净现值、财务内部收益率、静态投资回收期等,都可以作为敏感性分析的指标。

　　分析指标的确定与进行分析的目标和任务有关，一般是根据技术方案的特点、实际需求情况和指标的重要程度来选择。

　　如果主要分析技术方案状态和参数变化对技术方案投资回收快慢的影响，则可选用静态投资回收期作为分析指标；如果主要分析产品价格波动对技术方案超额净收益的影响，则可选用财务净现值作为分析指标；如果主要分析投资大小对技术方案资金回收能力的影响，则可选用财务内部收益率指标等。

　　由于敏感性分析是在确定性经济效果分析的基础上进行的，一般而言，敏感性分析的指标应与确定性经济效果评价指标一致，不应超出确定性经济效果评价指标范围而另立新的分析指标。当确定性经济效果评价指标比较多时，敏感性分析可以围绕其中一个或若干个最重要的指标进行。

　　2. 选择需要分析的不确定性因素

　　影响技术方案经济效果评价指标的不确定性因素很多，但事实上没有必要对所有的不确定因素都进行敏感性分析，而只需选择一些主要的影响因素。在选择需要分析的不确定性因素时主要考虑以下两条原则：

　　第一，预计这些因素在其可能变动的范围内对经济效果评价指标的影响较大；

　　第二，对在确定性经济效果分析中采用该因素的数据的准确性把握不大。

　　选定不确定性因素时应当把这两条原则结合起来进行。对于一般技术方案来说，通常从以下几方面选择敏感性分析中的影响因素。

　　（1）从收益方面来看，主要包括产销量与销售价格、汇率。许多产品，其生产和销售受国内外市场供求关系变化的影响较大，市场供求难以预测，价格波动也较大，而这种变化不是技术方案本身所能控制的，因此产销量与销售价格、汇率是主要的不确定性因素。

　　（2）从费用方面来看，包括成本（特别是与人工费、原材料、燃料、动力费及技术水平有关的变动成本）、建设投资、流动资金占用、折现率、汇率等。

　　（3）从时间方面来看，包括技术方案建设期、生产期，生产期又可考虑投产期和正常生产期。

　　此外，选择的因素要与选定的分析指标相联系。否则，当不确定性因素变化一定幅度时，并不能反映评价指标的相应变化，达不到敏感性分析的目的。比如折现率因素对静态评价指标不起作用。

　　3. 分析每个不确定性因素的波动程度及其对分析指标可能带来的增减变化情况

　　首先，对所选定的不确定性因素，应根据实际情况设定这些因素的变动幅度，其他因素固定不变。因素的变动可以按照一定的变化幅度（如±5％、±10％、±15％、±20％等，对于建设工期可采用延长或压缩一段时间表示）改变它的数值。

　　其次，计算不确定性因素每次变动对技术方案经济效果评价指标的影响。

　　对每一因素的每一变动，均重复以上计算，然后，把因素变动及相应指标变动结果用敏感性分析表和敏感性分析图的形式表示出来，以便于测定敏感因素。

4. 确定敏感性因素

敏感性分析的目的在于寻求敏感因素,这可以通过计算敏感度系数和临界点来判断。

(1) 敏感度系数(S_{AF})

敏感度系数表示技术方案经济效果评价指标对不确定因素的敏感程度。计算公式为:

$$S_{AF} = \frac{\Delta A/A}{\Delta F/F} \qquad (4-10)$$

式中:S_{AF}——敏感度系数;

$\Delta F/F$——不确定性因素 F 的变化率(%);

$\Delta A/A$——不确定性因素 F 发生 ΔF 变化时,评价指标 A 的相应变化率(%)。

计算敏感度系数判别敏感因素的方法是一种相对测定法,即根据不同因素相对变化对技术方案经济效果评价指标影响的大小,可以得到各个因素的敏感性程度排序。

$S_{AF} > 0$,表示评价指标与不确定因素同方向变化;$S_{AF} < 0$,表示评价指标与不确定因素反方向变化。

$|S_{AF}|$ 越大,表明评价指标 A 对于不确定因素 F 越敏感;反之,则不敏感。据此可以找出哪些因素是最关键的因素。

敏感度系数提供了各不确定因素变动率与评价指标变动率之间的比例,但不能直接显示变化后评价指标的值。为了弥补这种不足,有时需要编制敏感性分析表,列示各因素变动率及相应的评价指标值,如表4-1所示。

表4-1 单因素变化对×××评价指标的影响 　　　单位:万元

变化幅度 项目	−20%	−10%	0	10%	20%	平均 +1%	平均 −1%
投资额							
产品价格							
经营成本							
……							

敏感性分析表的缺点是不能连续表示变量之间的关系,为此人们又设计了敏感分析图,见图4-2。图中横轴代表各不确定因素变动百分比,纵轴代表评价指标(以财务净现值为例)。根据原来的评价指标值和不确定因素变动后的评价指标值,画出直线。这条直线反映不确定因素不同变化水平时所对应的评价指标值。每一条直线的斜率反映技术方案经济效果评价指标对该不确定因素的敏感程度,斜率越大敏感度越高。一张图可以同时反映多个因素的敏感性分析结果。

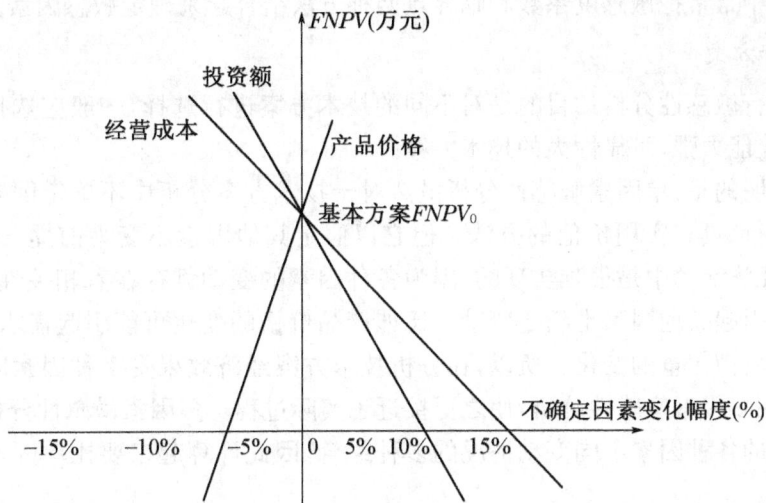

图 4 - 2 单因素敏感性分析示意图

（2）临界点

临界点是指技术方案允许不确定因素向不利方向变化的极限值（见图 4 - 3）。超过极限，技术方案的经济效果指标将不可行。例如当产品价格下降到某一值时，财务内部收益率将刚好等于基准收益率，此点称为产品价格下降的临界点。临界点可用临界点百分比或者临界值分别表示某一变量的变化达到一定的百分比或者一定数值时，技术方案的经济效果指标将从可行转变为不可行。临界点可用专用软件的财务函数计算，也可由敏感性分析图直接求得近似值。采用图解法时，每条直线与判断基准线的相交点所对应的横坐标上不确定因素变化率即为该因素的临界点。利用临界点判别敏感因素的方法是一种绝对测定法，技术方案能否接受的判据是各经济效果评价指标能否达到临界值。如果某因素可能出现的变动幅度超过最大允许变动幅度，则表明该因素是技术方案的敏感因素。把临界点与未来实际可能发生的变化幅度相比较，就可大致分析该技术方案的风险情况。

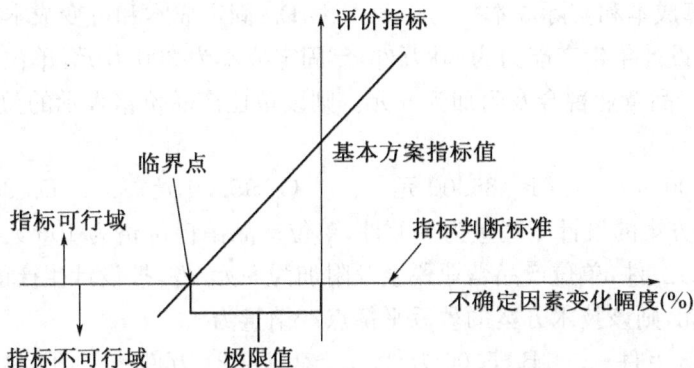

图 4 - 3 单因素敏感性分析临界点示意图

在实践中常常把敏感度系数和临界点两种方法结合起来确定敏感因素。

5. 选择方案

如果进行敏感性分析的目的是对不同的技术方案进行选择,一般应选择敏感程度小、承受风险能力强、可靠性大的技术方案。

需要说明的是:单因素敏感性分析虽然对于技术方案分析中不确定因素的处理是一种简便易行、具有实用价值的方法。但它以假定其他因素不变为前提,这种假定条件,在实际经济活动中是很难实现的,因为各种因素的变动都存在着相关性,一个因素的变动往往引起其他因素也随之变动。比如产品价格的变化可能引起需求量的变化,从而引起市场销售量的变化。所以,在分析技术方案经济效果受多种因素同时变化的影响时,要用多因素敏感性分析,使之更接近于实际过程。多因素敏感性分析由于要考虑可能发生的各种因素不同变动情况的多种组合,因此计算起来要比单因素敏感性分析复杂得多。

综上所述,敏感性分析在一定程度上对不确定因素的变动对技术方案经济效果的影响作了定量的描述,有助于搞清技术方案对不确定因素的不利变动所能容许的风险程度,有助于鉴别何者是敏感因素,从而能够及早排除对那些无足轻重的变动因素的注意力,把进一步深入调查研究的重点集中在那些敏感因素上,或者针对敏感因素制定出管理和应变对策,以达到尽量减少风险、增加决策可靠性的目的。但敏感性分析也有其局限性,它主要依靠分析人员凭借主观经验来分析判断,难免存在片面性。在技术方案的计算期内,各不确定性因素相应发生变动幅度的概率不会相同,这意味着技术方案承受风险的大小不同。而敏感性分析在分析某一因素的变动时,并不能说明不确定因素发生变动的可能性是大还是小。对于此类问题,还要借助于概率分析等方法。

【基础训练】

一、单项选择题

1. 为了进行盈亏平衡分析,需要将技术方案的运行成本划分为　　　　　　( )

　　A. 历史成本和现时成本　　　　B. 过去成本和现在成本

　　C. 预算成本和实际成本　　　　D. 固定成本和可变成本

2. 某项目设计年生产能力为 50 万件,年固定成本为 300 万元,单位产品可变成本为 80 元,单位产品营业税金及附加为 5 元。则以单位产品价格表示的盈亏平衡点是多少元　　　　　　( )

　　A. 91.00 元　　B. 86.00 元　　C. 95.00 元　　D. 85.00 元

3. 某技术方案的设计年产量为 8 万件,单位产品销售价格为 100 元/件,单位产品可变成本为 20 元/件,单位产品营业税金及附加为 5 元/件,按设计生产能力生产时,年利润为 200 万元,则该技术方案的盈亏平衡点产销量为　　　　　　( )

　　A. 5.33 万件　　B. 5.00 万件　　C. 4.21 万件　　D. 4.00 万件

4. 某技术方案年设计生产能力为 20 万吨,年固定成本 2200 万元,产品销售单价为 1200 元/吨,每吨产品的可变成本为 800 元,每吨产品应纳营业税金及附加为 180

元,则该产品不亏不盈的年产销量是 （   ）

    A. 10.00 万吨   B. 3.55 万吨   C. 5.50 万吨   D. 20.00 万吨

5. 关于技术方案敏感性分析的说法,正确的是 （   ）

    A. 敏感性分析只能分析单一不确定因素变化对技术方案经济效果的影响

    B. 敏感度系数越大,表明评价指标对不确定因素越不敏感

    C. 敏感性分析必须考虑所有不确定因素对评价指标的影响

    D. 敏感分析的局限性是依靠分析人员主观经验分析判断,有可能存在片面性

6. 单因素敏感分析过程包括:① 确定敏感因素;② 确定分析指标;③ 选择需要分析的不确定性因素;④ 分析每个不确定因素的波动程度及其对分析指标可能带来的增减变化情况。正确的排列顺序是 （   ）

    A. ③②④①   B. ①②③④   C. ②④③①   D. ②③④①

7. 关于敏感度系数 S_{AF} 的说法,正确的是 （   ）

    A. S_{AF} 越大,表示评价指标 A 对于不确定因素 F 越敏感

    B. $S_{AF} > 0$ 表示评价指标 A 与不确定因素 F 同方向变化

    C. S_{AF} 表示不确定因素 F 的变化额与评价指标 A 的变化额之间的比例

    D. S_{AF} 可以直接显示不确定因素 F 变化后评价指标 A 的值

8. 某项目采用净现值指标进行敏感性分析,有关数据见下表,则各因素的敏感程度由大到小的顺序是 （   ）

因素 ＼ 变化幅度	-10%	0	$+10\%$
建设投资(万元)	623	564	505
营业收入(万元)	393	564	735
经营成本(万元)	612	564	516

    A. 建设投资——营业收入——经营成本

    B. 营业收入——经营成本——建设投资

    C. 营业收入——建设投资——经营成本

    D. 经营成本——营业收入——建设投资

二、多项选择题

1. 项目盈亏平衡分析中,若其他条件不变,可以降低盈亏平衡点产量的途径有 （   ）

    A. 提高设计生产能力   B. 降低产品售价

    C. 提高营业税金及附加率   D. 降低固定成本

    E. 降低单位产品变动成本

2. 若选定静态评价指标进行技术方案敏感性分析,可以选择作为不确定因素的是 （   ）

    A. 投资额   B. 产品销售量

C. 产品单价   D. 折现率

E. 生产成本

3. 某技术方案经济评价指标对甲、乙、丙三个不确定因素的敏感度系数分别为 -0.1、0.05、0.09,据此可以得出的结论有   （   ）

A. 经济评价指标对于甲因素最敏感

B. 甲因素下降 10％,方案达到盈亏平衡

C. 经济评价指标与丙因素反方向变化

D. 经济评价指标对于乙因素最不敏感

E. 丙因素上升 9％,方案由可行转为不可行

三、简答题

1. 什么是盈亏平衡分析? 盈亏平衡点有哪几种表现形式?

2. 敏感性分析分哪几种?

3. 敏感性分析的步骤分为哪几步?

4. 为什么要对项目进行不确定性分析?

单元 5 技术方案现金流量表

扫一扫可见
本章电子资源

【单元概述】

技术方案主要是通过经济效果评价来分析判断技术方案的经济性,而技术方案的经济效果评价又主要是通过相应现金流量表来实现的。随着经济效果评价的主体和考察的角度不同,评价分析的系统范围也不同,相应的现金流入和现金流出同样也不尽相同。

【知识目标】

熟悉技术方案各现金流量表的结构;掌握技术方案各现金流量表的财务计算指标;掌握技术方案各现金流量表的构成要素。

【技能目标】

能够从技术方案各现金流量表中提取各项数据,进行基本要素的计算。

【导入案例】

企业当年营业利润

某施工企业 2016 年度工程结算收入为 1 000 万元,营业成本和营业税金及附加为 300 万元,管理费用 200 万元,财务费用为 100 万元。其他业务收入为 200 万元,投资收益 150 万元,营业外收入为 100 万元,营业外支出为 80 万元,所得税为 100 万元。

问题:企业当年营业利润为多少万元?

5.1 技术方案现金流量表

技术方案现金流量表由现金流入、现金流出和净现金流量构成,其具体内容随技术方案经济效果评价的角度、范围和方法不同而不同,其中主要有投资现金流量表、资本金现金流量表、投资各方现金流量表和财务计划现金流量表。

5.1.1 投资现金流量表

投资现金流量表是以技术方案为一独立系统进行设置的。它以技术方案建设所需的总投资作为计算基础,反映技术方案在整个计算期(包括建设期和生产运营期)内现金的流入和流出,其现金流量表构成如表5-1所示。通过投资现金流量表可计算技术方案的财务内部收益率、财务净现值和静态投资回收期等经济效果评价指标,并可考察技术方案融资前的盈利能力,为各个方案进行比较建立共同的基础。根据需要,可从所得税前(即息税前)和(或)所得税后(即息税后)两个角度进行考察,选择计算所得税前和(或)所得税后指标。但要注意,这里所指的"所得税"是根据息税前利润(计算时其原则上不受融资方案变动的影响,即不受利息多少的影响)乘以所得税率计算的,称为"调整所得税"。这区别于"利润与利润分配表"、"资本金现金流量表"和"财务计划现金流量表"中的所得税。

表5-1 投资现金流量表 单位:万元

序号	项目	合计	计算期					
			1	2	3	4	……	n
1	现金流入							
1.1	营业收入							
1.2	补贴收入							
1.3	回收固定资产余值							
1.4	回收流动资金							
2	现金流出							
2.1	建设投资							
2.2	流动资金							
2.3	经营成本							
2.4	营业税金及附加							
2.5	维持运营投资							
3	所得税前净现金流量(1—2)							
4	累计税前净现金流量							
5	调整所得税							
6	所得税后净现金流量(3—5)							
7	累计所得税后净现金流量							

计算指标: 所得税前 所得税后
投资财务内部收益率(%):
投资财务净现值($i_c=$%):
投资回收期:

5.1.2　资本金现金流量表

资本金现金流量表是从技术方案权益投资者整体（即项目法人）角度出发，以技术方案资本金作为计算的基础，把借款本金偿还和利息支付作为现金流出，用以计算资本金财务内部收益率，反映在一定融资方案下投资者权益投资的获利能力，用以比选融资方案，为投资者投资决策、融资决策提供依据。资本金现金流量构成如表 5 - 2 所示。

表 5 - 2　资本金现金流量表　　　　　　　　　　　单位：万元

序号	项目	合计	计算期					
			1	2	3	4	……	n
1	现金流入							
1.1	营业收入							
1.2	补贴收入							
1.3	回收固定资产余值							
1.4	回收流动资金							
2	现金流出							
2.1	技术方案资本金							
2.2	借款本金偿还							
2.3	借款利息支付							
2.4	经营成本							
2.5	营业税金及附加							
2.6	所得税							
2.7	维持运营投资							
3	净现金流量(1—2)							

计算指标：
资本金财务内部收益率(%)：

注：技术方案资本金包括用于建设投资、建设期利息和流动资金的资金。

5.1.3　投资各方现金流量表

投资各方现金流量表是分别从技术方案各个投资者的角度出发，以投资者的出资额作为计算的基础，用以计算技术方案投资各方财务内部收益率。投资各方现金流量构成如表 5 - 3 所示。一般情况下，技术方案投资各方按股本比例分配利润和分担亏损及风险，因此投资各方的利益一般是均等的，没有必要计算投资各方的财务内部收益率。只有技术方案投资者中各方有股权之外的不对等的利益分配时（契约式的合作企业常常会有这种情况），投资各方的收益率才会有差异，此时常常需要计算投资各方的财务内部收益率,以看出各方收益是否均衡,或者其非均衡性是否在一个合理的水平,有助于促成技术方案投资各方在合作谈判中达成平等互利的协议。

表 5-3　投资各方现金流量表　　　　单位:万元

序号	项目	合计	计算期					
			1	2	3	4	……	n
1	现金流入							
1.1	实分利润							
1.2	资产处置收益分配							
1.3	租赁费收入							
1.4	技术转让或使用收入							
1.5	其他现金收入							
2	现金流出							
2.1	实缴资本							
2.2	租赁资产支出							
2.3	其他现金流入							
3	净现金流量(1—2)							

计算指标:
投资各方财务内部收益率(%):

表 5-3 可按不同投资方分别编制,以下几点说明:

(1) 投资各方现金流量表既适用于内资企业,也适用于外资企业;既适用于合资企业,也适用于合作企业。

(2) 投资各方现金流量表中现金流入是指出资方因该技术方案的实施将实际获得的各种收入;现金流出是指出资方因该技术方案的实施将实际投入的各种支出。表中科目应根据技术方案具体情况调整。

① 实分利润是指投资者由技术方案获取的利润。

② 资产处置收益分配是指对有明确的合营期限或合资期限的技术方案,在期满时对资产余值按股比或约定比例的分配。

③ 租赁费收入是指出资方将自己的资产租赁给技术方案使用所获得的收入,此时应将资产价值作为现金流出,列为租赁资产支出科目。

④ 技术转让或使用收入是指出资方将专利或专有技术转让或允许该技术方案使用所获得的收入。

5.1.4　财务计划现金流量表

财务计划现金流量表反映技术方案计算期各年的投资、融资及经营活动的现金流入和流出,用于计算累计盈余资金,分析技术方案的财务生存能力。财务计划现金流量构成如表 5-4 所示。

表 5-4　财务计划现金流量表　　　　　　　单位：万元

序号	项目	合计	计算期					
			1	2	3	4	……	n
1	经营活动净现金流量(1.1—1.2)							
1.1	现金流入							
1.1.1	营业收入							
1.1.2	增值税销项税额							
1.1.3	补贴收入							
1.2	现金流出							
1.2.1	经营成本							
1.2.2	增值税进项税额							
1.2.3	营业税金及附加							
1.2.4	增值税							
1.2.5	所得税							
1.2.6	其他流出							
2	投资活动净现金流量(2.1—2.2)							
2.1	现金流入							
2.2	现金流出							
2.2.1	建设投资							
2.2.2	维持运营投资							
2.2.3	流动资金							
2.2.4	其他流出							
3	筹资活动净现金流量(3.1—3.2)							
3.1	现金流入							
3.1.1	技术方案资本金投入							
3.1.2	建设投资借款							
3.1.3	流动资金借款							
3.1.4	债券							
3.1.5	短期借款							
2.1.6	其他流入							
3.2	现金流出							
3.2.1	各种利息支出							
3.2.2	偿还债务本金							
3.2.3	应付利润(股利分配)							
3.2.4	其他流出							
4	净现金流量(1+2+3)							
5	累计盈余资金							

5.2 技术方案现金流量表的构成要素

在工程经济分析中,经济效果评价指标起着重要的作用,而经济效果评价的主要指标实际上又是通过技术方案现金流量表计算导出的。从表5-1～表5-4可知,必须在明确考察角度和系统范围的前提下正确区分现金流入与现金流出。对于一般性技术方案经济效果评价来说,投资、经营成本、营业收入和税金等经济量本身既是经济指标,又是导出其他经济效果评价指标的依据,所以它们是构成技术方案现金流量的基本要素,也是进行工程经济分析最重要的基础数据。

5.2.1 营业收入

1. 营业收入

营业收入是指技术方案实施后各年销售产品或提供服务所获得的收入。即:

$$营业收入＝产品销售量(或服务量)×产品单价(或服务单价) \qquad (5-1)$$

主副产品(或不同等级产品)的销售收入应全部计入营业收入;所提供的不同类型服务收入也应同时计入营业收入。营业收入是现金流量表中现金流入的主体,也是利润表的主要科目。营业收入是经济效果分析的重要数据,其估算的准确性极大地影响着技术方案经济效果的评价。因此,营业收入的计算既需要在正确估计各年生产能力利用率(或称生产负荷或开工率)基础之上的年产品销售量(或服务量),也需要合理确定产品(或服务)的价格。

(1) 产品年销售量(或服务量)的确定

在技术方案营业收入估算中,应首先根据市场需求预测确定技术方案产品(或服务量)的市场份额,进而合理确定企业的生产规模,再根据企业的设计生产能力和各年的运营负荷确定年产量(服务量)。为计算简便,假定年生产量即为年销售量,不考虑库存,即当期的产出(扣除自用量后)当期全部销售,也就是当期产品产量等于当期销售量。但须注意年销售量应按投产期与达产期分别测算。

技术方案各年运营负荷一般开始投产时负荷较低,以后各年逐步提高,提高的幅度应根据技术的成熟度、市场的开发程度、产品的寿命期、需求量的增减变化等因素,结合行业和技术方案特点,通过制定运营计划合理确定。有些技术方案的产出寿命期较短、更新快,达到一定负荷后,在适当的年份开始减少产量,甚至适时终止生产。

(2) 产品(或服务)价格的选择

经济效果分析采用以市场价格体系为基础的预测价格,有要求时可考虑价格变动因素。它取决于产品的销售去向和市场需求,故应考虑国内外产品价格变化趋势来确定产品价格水平。产品销售价格一般采用出厂价格,即:

$$产品出厂价格＝目标市场价格－运杂费 \qquad (5-2)$$

① 对国内市场销售的产品可在现行市场价格的基础上换算为产品的出厂价格;也

可根据预计成本、利润和税金确定价格。

② 对于供出口的产品,应先按国际目标市场价格扣减海外运杂费并考虑其他因素影响后,确定离岸价格,然后换算为出厂价格;如果其销售价格选择离岸价格,则应同时将由技术方案所在地到口岸的运杂费计入成本。

③ 对适用增值税的技术方案,运营期经济效果评价所用的价格可以是含增值税的价格,也可以是不含增值税的价格,但需要在分析中予以说明。

总之,在选择产品(或服务)的价格时,要分析所采用的价格基点、价格体系、价格预测方法,特别应对采用价格的合理性进行说明。

(3) 生产多种产品和提供多项服务的营业收入计算

对生产多种产品和提供多项服务的,应分别计算各种产品及服务的营业收入。对不便于按详细的品种分类计算营业收入的,可采取折算为标准产品(或服务)的方法计算营业收入。

2. 补贴收入

某些经营性的公益事业、基础设施技术方案,如城市轨道交通项目、垃圾处理项目、污水处理项目等,政府在项目运营期给予一定数额的财政补助,以维持正常运营,使投资者能获得合理的投资收益。对这类技术方案应按有关规定估算企业可能得到与收益相关的政府补助,包括先征后返的增值税、按销量或工作量等依据国家规定的补助定额计算并按期给予的定额补贴,以及属于财政扶持而给予的其他形式的补贴等,应按相关规定合理估算,记作补贴收入。(与资产相关的政府补助不在此处核算,与资产相关的政府补助是指企业取得的、用于购建或以其他方式形成长期资产的政府补助)

补贴收入同营业收入一样,应列入技术方案投资现金流量表、资本金现金流量表和财务计划现金流量表。以上补贴收入,应根据财政、税务部门的规定,分别计入或不计入应税收入。

5.2.2 投资

投资是投资主体为了特定的目的,以达到预期收益的价值垫付行为。技术方案经济效果评价中的总投资是建设投资、建设期利息和流动资金之和。

1. 建设投资

建设投资是指技术方案按拟定建设规模(分期实施的技术方案为分期建设规模)、产品方案、建设内容进行建设所需的投入。在技术方案建成后按有关规定建设投资中的各分项将分别形成固定资产、无形资产和其他资产。形成的固定资产原值可用于计算折旧费,技术方案寿命期结束时,固定资产的残余价值(一般指当时市场上可实现的预测价值)对于投资者来说是一项在期末可回收的现金流入。形成的无形资产和其他资产原值可用于计算摊销费。

建设投资的分期使用计划应根据技术方案进度计划安排,应明确各期投资额以及其中的外汇和人民币额度。

2. 建设期利息

在建设投资分年计划的基础上可设定初步融资方案，对采用债务融资的技术方案应估算建设期利息。建设期利息系指筹措债务资金时在建设期内发生并按规定允许在投产后计入固定资产原值的利息，即资本化利息。

建设期利息包括银行借款和其他债务资金的利息，以及其他融资费用。其他融资费用是指某些债务融资中发生的手续费、承诺费、管理费、信贷保险费等融资费用，一般情况下应将其单独计算并计入建设期利息。

分期建成投产的技术方案，应按各期投产时间分别停止借款费用的资本化，此后发生的借款利息应计入总成本费用。

3. 流动资金

流动资金系指运营期内长期占用并周转使用的营运资金，不包括运营中需要的临时性营运资金。

流动资金的估算基础是经营成本和商业信用等，它是流动资产与流动负债的差额。流动资产的构成要素一般包括存货、库存现金、应收账款和预付账款；流动负债的构成要素一般只考虑应付账款和预收账款。

投产第一年所需的流动资金应在技术方案投产前安排，为了简化计算，技术方案经济效果评价中流动资金可从投产第一年开始安排。

在技术方案寿命期结束时，投入的流动资金应予以回收。

4. 技术方案资本金

（1）技术方案资本金的特点

技术方案的资本金（即技术方案权益资金）是指在技术方案总投资中，由投资者认缴的出资额，对技术方案来说是非债务性资金，技术方案权益投资者整体（即项目法人）不承担这部分资金的任何利息和债务；投资者可按其出资的比例依法享有所有者权益，也可转让其出资，但一般不得以任何方式抽回。

资本金是确定技术方案产权关系的依据，也是技术方案获得债务资金的信用基础，因为技术方案的资本金后于负债受偿，可以降低债权人债权回收风险。资本金没有固定的按期还本付息压力。股利是否支付和支付多少，视技术方案投产运营后的实际经营效果而定，因此，项目法人的财务负担较小。

技术方案资本金主要强调的是作为技术方案实体而不是企业所注册的资金。注册资金是指企业实体在工商行政管理部门登记认缴的注册资金，通常指营业执照登记的资金总额，即会计上的"实收资本"或"股本"，是企业投资者按比例投入的资金。在我国注册资金又称为企业资本金。因此，技术方案资本金是有别于注册资金的。

（2）技术方案资本金的出资方式

技术方案的资本金是由技术方案的发起人、股权投资人以获得技术方案财产权和控制权的方式投入的资金。资本金出资形态可以是现金，也可以是实物、工业产权（商标权、专利权）、非专利技术、土地使用权、资源开采权作价出资，但必须经过有资格的资产评估机构评估作价。通常企业未分配利润以及从税后利润提取的公积金可投资于技术方案，成为技术方案的资本金。以工业产权和非专利技术作价出资的比例一般不超过技术方案资本金总额的 20％（经特别批准，部分高新技术企业可以达到 35％以上）。为了使技术方案保持合理的资产结构，应根据投资各方及技术方案的具体情况选择技术方案资本金的出资方式，以保证技术方案能顺利建设并在建成后能正常运营。

5. 技术方案资本金现金流量表中投资借款的处理

从技术方案投资主体的角度看，技术方案投资借款是现金流入，但同时将借款用于技术方案投资则构成同一时点、相同数额的现金流出，二者相抵，对净现金流量的计算无影响。因此，在技术方案资本金现金流量表中投资只计技术方案资本金。另一方面，现金流入又是因技术方案全部投资所获得，故应将借款本金的偿还及利息支付计入现金流出。

6. 维持运营投资

某些技术方案在运营期需要进行一定的固定资产投资才能得以维持正常运营，例如设备更新费用、油田的开发费用、矿山的井巷开拓延伸费用等。不同类型和不同行业的技术方案投资的内容可能不同，但发生维持运营投资时应估算其投资费用，并在现金流量表中将其作为现金流出，参与财务内部收益率等指标的计算。同时，也应反映在财务计划现金流量表中，参与财务生存能力分析。

维持运营投资是否能予以资本化，按照《企业会计准则——固定资产》，取决于其是否能为企业带来经济利益且该固定资产的成本是否能够可靠地计量。技术方案经济效果评价中，如果该投资投入延长了固定资产的使用寿命，或使产品质量实质性提高，或成本实质性降低等，使可能流入企业的经济利益增加，那么该维持运营投资应予以资本化，即应计入固定资产原值，并计提折旧。否则该投资只能费用化，不形成新的固定资产原值。

5.2.3 总成本

在技术方案运营期内，各年的总成本费用按生产要素构成如式(5-3)所示。
总成本费用＝外购原材料、燃料及动力费＋工资及福利费＋修理费＋折旧费＋
摊销费＋财务费用(利息支出)＋其他费用   (5-3)
式中各分项的内容和估算要点如下：

1. 外购原材料、燃料及动力费

对耗用量大的主要原材料、燃料及动力应分别按照其年消耗量和供应单价进行估算，然后汇总。即：

外购原材料、燃料及动力费＝Σ年消耗量×原材料、燃料及动力供应单价(5-4)
其他耗用量不大，但是种类繁多的原材料、燃料及动力成本可以参照类似企业统计资料计算的其他材料、燃料及动力占主要原材料、燃料及动力成本的比率进行估算。
原材料、燃料及动力价格是在选定价格体系下的预测价格，该价格应按到厂价格计,并考虑运输及仓储损耗。采用的价格时点和价格体系应与营业收入的估算一致。外购原材料和燃料及动力费估算要充分体现行业特点和技术方案具体情况。

2. 工资及福利费

工资及福利费是指企业为获得职工提供的服务而给予各种形式的报酬以及其他相关支出,通常包括职工工资、奖金、津贴和补贴,职工福利费,以及医疗、养老、失业、工伤、生育等社会保险费和住房公积金中由职工个人缴付的部分。工资及福利费一般按照技术方案建成投产后各年所需的职工总数即劳动定员数和人均年工资及福利费水平测算,即:

$$工资及福利费 = 企业职工定员数 \times 人均年工资及福利费 \qquad (5-5)$$

确定工资及福利费水平时需考虑技术方案性质、技术方案地点、行业特点等因素。依托老企业的技术方案,还要考虑原企业工资水平。

也可按照不同人员类型和层次分别估算不同档次职工的工资及福利费,然后汇总;同时可以根据工资及福利费的历史数据并结合工资及福利费的现行增长趋势确定一个合理的年增长率,在各年的工资及福利费水平中反映出这种增长趋势。

3. 修理费

修理费是指为保持固定资产的正常运转和使用,充分发挥使用效能,对其进行必要修理所发生的费用。按修理范围的大小和修理时间间隔的长短可以分为大修理和中小修理。技术方案评价中可直接按固定资产原值(扣除所含的建设期利息)或折旧额的一定百分数估算,百分数的选取应考虑行业的技术方案特点,修理费可按下列公式之一计算:

$$修理费 = 固定资产原值 \times 计提比率(\%) \qquad (5-6)$$

$$修理费 = 固定资产折旧额 \times 计提比率(\%) \qquad (5-7)$$

修理费允许直接在成本中列支,如果当期发生的修理费用数额较大,可采用预提或摊销的办法。在生产运营的各年中,修理费率的取值,一般采用固定值。根据技术方案特点也可以间断性地调整修理费率,开始取较低值,以后取较高值。

4. 折旧费

折旧是指在固定资产的使用过程中,随着资产损耗而逐渐转移到产品成本费用中的那部分价值。固定资产的损耗分有形损耗和无形损耗两种。有形损耗是指固定资产由于使用和自然力影响而引起的使用价值和价值的损失,也称为实际损耗或物理损耗;无形损耗是指机器设备由于技术进步而引起的价值损失。固定资产由于损耗而转移到产品中去的那部分价值,在实际工作中称为折旧费或折旧额,它是构成产品成本的一个重要组成部分。

将折旧费计入成本费用是企业回收固定资产投资的一种手段。按照国家规定的折旧制度,企业把已发生的资本性支出转移到产品成本费用中去,然后通过产品的销售,逐步回收初始的投资费用。折旧费的多少反映了固定资产价值逐次摊入产品成本的多少和固定资产回收的快慢,但这不能代表企业实际的支出。折旧只是一种会计手段,是为便于会计上计算所得税和利润额。一般来说,企业总希望多提和快提折旧费,以便少交和慢交所得税；而政府则要防止企业的这种倾向，以保证正常的税收来源。

根据我国财务会计制度有关规定，计提折旧的固定资产范围包括：企业的房屋、建筑物；在用的机器设备、仪器仪表、运输车辆、工器具；季节性停用和在修理停用的设备；以经营租赁方式租出的固定资产；以融资租赁方式租入的固定资产。

（1）影响固定资产折旧额的主要因素

① 固定资产原值

固定资产原值是指固定资产的原始价值或重置价值。它包含固定资产的购置费、运费以及安装调试费。

② 固定资产净残值

固定资产净残值是指固定资产报废后所能换取的剩余价值扣除清理费。一般为原始价值的 3%～5%。

③ 折旧年限

固定资产的折旧年限是指固定资产的预期使用年限。财政部对各类固定资产折旧的最短年限做了如下规定：房屋、建筑物为 10～55 年；火车、轮船机械设备和其他生产设备为 10～15 年；电子设备、火车、轮船以外的运输工具以及与生产经营业务有关的器具工具、家具等为 5 年；轻工、机械、电子等行业的折旧年限一般可确定为 8～15 年；港口、铁路、矿山等项目的折旧年限可选择 30 年或 30 年以上。各行业应依据财政部的相关规定确定折旧年限。

（2）折旧的计算方法

我国现行的固定资产折旧方法一般分为两大类：一类是匀速折旧法，主要包括平均年限法和工作量法；另一类是加速折旧法，主要包括双倍余额递减法和年数总和法。

① 平均年限法

平均年限法也称直线折旧法，是按固定资产的预计使用年限平均分摊折旧额的方法，其计提固定资产折旧额与固定资产使用年限成正比例变动。其计算公式为：

$$年折旧率＝（1－预计净残值率）/折旧年限 \qquad (5-8)$$
$$年折旧额＝固定资产原值×年折旧率 \qquad (5-9)$$

式中，净残值率按 3%～5% 确定。

平均年限法把固定资产的全部损耗价值在其经济使用年限内平均计提折旧。一般常年均衡使用或基本上均衡使用的固定资产，如房屋、建筑物和不受季节影响的动力、传导、加工和维修设备等，都可以采用平均年限法。

【例 5-1】　通用机械设备的资产原值为 250 万元，折旧年限为 10 年，净残值率为 5%，求按平均年限法的年折旧额。

解：年折旧率＝（1－5%）/10＝9.5%

年折旧额＝250×9.5%＝23.75（万元）

可得，10 年的累计折旧额＝23.75×10＝237.5（万元）。

② 工作量法

工作量法是按实际工作时间或完成的工作量的比例计算折旧的方法。该方法适用于各时期使用程度不同的大型机械、设备的计提折旧,此方法是平均年限法的延伸。

实行工作量法的企业主要采用以下两种具体计提方式。

一是按照行驶里程计算固定资产折旧额。它是以固定资产折旧总额除以预计使用期限内可以完成的总行驶里程,求得每行驶里程折旧额的方法。使用这种方法时,每行驶里程的折旧额是相同的。

计算公式如下:

$$单位里程折旧额=原始价值\times(1-预计净残值率)/总行驶里程 \qquad (5-10)$$

$$年折旧额=单位里程折旧额\times年行驶里程 \qquad (5-11)$$

【例 5-2】 某公司拥有一艘轮船,原始价值为 300 万元,预计残值为 135 000 元,清理费用为 15 000 元,预计可行驶 80 000 千米,第一年行驶 10 000 千米,第二年行驶 15 000 千米。试用工作量法计算上述两年的折旧额。

解:每千米折旧额=(3 000 000-135 000+15 000)÷800 000=3.6(元)

第一年应计提折旧额=100 000×3.6=36(万元)

第二年应计提折旧额=150 000×3.6=54(万元)

二是按照工作小时计算固定资产折旧额。它是以固定资产折旧总额除以预计使用期限内可以完成的总工作小时,求得每工作小时折旧额的方法。使用这种方法时,每工作小时的折旧额是相同的。

计算公式如下:

$$每工作小时折旧额=原始价值\times(1-预计净残值率)/预计总工作小时 \qquad (5-12)$$

$$年折旧额=每工作小时折旧额\times年工作小时 \qquad (5-13)$$

【例 5-3】 某大型设备原始价值 40 万元,折旧年限定为 8 年,预计月平均工作 250 小时,预计净残值率为 3%。该设备某月实际工作 280 小时,则用工作量法计算的该月折旧额是多少?

解:单位工作量(每小时)折旧额=400 000×(1-3%)÷(250×12×8)=16.167(元)

该月实际完成的工作量折旧额=16.167×280=4526.76(元)

③ 双倍余额递减法

双倍余额递减法是按固定资产账面净值和固定折旧率计算的方法。这种方法是加速折旧的一种方法,它使固定资产使用初期提取折旧较多,在后期提取较少,使固定资产价值在使用年限内尽早得到补偿。随着固定资产净值的逐年减少,各年计提的折旧额也逐年递减。

计算公式如下:

$$年折旧率=2/折旧年限\times100\% \qquad (5-14)$$

$$年折旧额=固定资产净值\times年折旧率 \qquad (5-15)$$

$$最后两年折旧额=(固定资产净值-预计净残值)/2 \qquad (5-16)$$

就固定资产净值而言,由于每年的折旧率固定不变,而作为折旧依据的固定资产账面净值却逐年递减,因此折旧额在起初的几年较大,后来的几年则较小,这也是加速折旧法的最显著特征。另外需注意,实行双倍余额递减法,应当在其固定资产折旧年限到期前两年内,将固定资产净值扣除预计净残值后的净额平均摊销,即最后两年改用直线折旧法计算折旧。

【例5-4】 数据同【例5-1】,采用双倍余额递减法,求年折旧额。

解:年折旧率=2/10×100%=20%,年折旧额每年不同,如表5-5所示;最后两年折旧额=(41.9-250×5%)/2=14.7(万元)。

表5-5 双倍余额递减法计算固定资产折旧额 单位:万元

年份	期初账面余额	折旧率(%)	折旧额	累计折旧额
1	250	20	50	50
2	200	20	40	90
3	160	20	32	122
4	128	20	25.6	147.6
5	102.4	20	20.5	168.1
6	81.9	20	16.4	184.5
7	65.5	20	13.1	197.6
8	52.4	20	10.5	208.1
9	41.9	—	14.7	222.8
10	27.2	—	14.7	237.5

④ 年数总和法

年数总和法是计算固定资产的另一种加速折旧法,它是以固定资产原值减去预计净残值后的余额为基数,按逐年递减的折旧率进行折旧的方法,其每年折旧率不同。计算公式如下:

年折旧率=(折旧年限-已使用年限)/[折旧年限×(折旧年限+1)/2]×100%

$$(5-17)$$

年折旧额=(固定资产原值-预计净残值)×年折旧率 $\qquad(5-18)$

【例5-5】 数据同【例5-1】,采用年数总和法,求年折旧率和年折旧额。

解:固定资产原值-预计净残值=250×(1-5%)=237.5(万元)

第一年年折旧率=(10-0)/[10×(10+1)/2]=18.18%

第一年年折旧额=237.5×18.18%=43.2(万元)

各年折旧额均不同,如表5-6所示。

表5-6 年数总和法计算固定资产折旧额 单位:万元

年份	折旧率(%)	年折旧额	累计折旧额
1	18.18	43.2	43.2
2	16.36	38.9	82.1

年份	折旧率(%)	年折旧额	累计折旧额
3	14.54	34.5	116.6
4	12.73	30.2	146.8
5	10.91	25.9	172.7
6	9.09	21.6	194.3
7	7.27	17.3	211.6
8	5.45	13	224.6
9	3.64	8.6	233.2
10	1.82	4.3	237.5

可以看出,对于例 5-3 同样的数据,无论是采用平均年限法、双倍余额递减法,还是年数总和法,其折旧总额都为 237.5 万元。

采用加速折旧法,提高了折旧率,从而加速补偿固定资产的损耗。从总量来看,其折旧总额没有因加速折旧而改变,改变的只是折旧额计入成本费用的时间。

由于折旧是所得税的一项重要扣除项目,加速折旧虽没有改变折旧期内应纳税所得额和应纳税额的总量,但加速折旧使资金的回收速度阶段性地加快,使纳税人应纳税额在前期减少、后期增加,因而实际上推迟了缴纳税款的时间。因此,准予采用加速折旧法,实际上是国家给予的一种特殊的缓税或延期纳税的优惠。

5. 摊销费

摊销费是指无形资产和其他资产在技术方案投产后一定期限内分期摊销的费用。

按照有关规定,无形资产从开始使用之日起,在有效使用期限内平均摊入成本。法律和合同规定了法定有效期限或者受益年限的,摊销年限从其规定,否则摊销年限应注意符合税法的要求。无形资产的摊销一般采用平均年限法,不计残值。

其他资产的摊销可以采用平均年限法,不计残值,摊销年限应注意符合税法的要求。

6. 利息支出

按照会计法规,企业为筹集所需资金而发生的费用称为借款费用,又称财务费用,包括利息支出(减利息收入)、汇兑损失(减汇兑收益)以及相关的手续费等。在技术方案的经济效果分析中,通常只考虑利息支出。利息支出的估算包括长期借款利息、流动资金借款利息和短期借款利息三部分。建设投资贷款在生产期间的利息支出应根据不同的还款方式和条件采用不同的计息方法;流动资金借款利息按照每年年初借款余额和预计的年利率计算。需要引起注意的是,在生产运营期利息是可以进入总成本的,因而每年计算的利息不再参与以后各年利息的计算。

7. 其他费用

其他费用包括其他制造费用、其他管理费用和其他营业费用这三项,系指制造费用、管理费用和营业费用中分别扣除工资及福利费、折旧费、摊销费、修理费以后的其余部分,应计入生产总成本费用的其他所有费用。产品出口退税和减免税项目按规定不能抵扣的进项税额也可包括在内。

5.2.4 经营成本

经营成本是工程经济分析中的专用术语,用于技术方案经济效果评价的现金流量分析。

在经济效果评价中,现金流量表反映技术方案在计算期内逐年发生的现金流入和流出。由于建设投资已按其发生的时间作为一次性支出被计入现金流出,在技术方案建成后建设投资形成固定资产、无形资产和其他资产。折旧是建设投资所形成的固定资产的补偿价值,如将折旧随成本计入现金流出,会造成现金流出的重复计算。同样,由于无形资产及其他资产摊销费也是建设投资所形成资产的补偿价值,只是技术方案内部的现金转移,而非现金支出,故为避免重复计算也不予考虑。贷款利息是使用借贷资金所要付出的代价,对于技术方案来说是实际的现金流出,但在评价技术方案总投资的经济效果时,并不考虑资金来源问题,故在这种情况下也不考虑贷款利息的支出。在资本金现金流量表中由于已将利息支出单列,因此经营成本中也不包括利息支出。由此可见,经营成本作为技术方案现金流量表中运营期现金流出的主体部分,是从技术方案本身考察的,在一定期间(通常为一年)内由于生产和销售产品及提供服务而实际发生的现金支出。按下式计算:

$$经营成本＝总成本费用－折旧费－摊销费－利息支出 \tag{5-19}$$

或

$$经营成本＝外购原材料、燃料及动力费＋工资及福利费＋修理费＋其他费用 \tag{5-20}$$

经营成本与融资方案无关。因此在完成建设投资和营业收入估算后,就可以估算经营成本,为技术方案融资前分析提供数据。

经营成本估算的行业性很强,不同行业在成本构成科目和名称上都可能有较大的不同。估算应按行业规定,没有规定的也应注意反映行业特点。

5.2.5 税金

税金是国家凭借政治权利参与国民收入分配和再分配的一种货币形式。在技术方案经济效果评价中合理计算各种税费,是正确计算技术方案效益与费用的重要基础。

技术方案经济效果评价涉及的税费主要包括关税、增值税、营业税、消费税、所得税、资源税、城市维护建设税和教育费附加等,有些行业还包括土地增值税。

税金一般属于财务现金流出。在进行税金计算时应说明税种、税基、税率、计税额等,这些内容应根据相关税法和技术方案的具体情况确定。

1. 营业税

营业税是对提供应税劳务、转让无形资产或者销售不动产的单位和个人征收的税金。交通运输、建筑、金融保险、邮电通信、文化体育、娱乐、服务等行业应按规定计算营业税。在经济效果评价中,营业税按应税营业额乘以规定营业税税率计算,即:

$$应纳营业税额=营业额×税率 \quad (5-21)$$

营业税是价内税,包含在营业收入之内。

目前我国正在进行营业税改征增值税(简称"营改增")的改革。2012 年 1 月 1 日,我国在上海的"1+6"行业率先进行营改增试点。其中,"1"为陆路、水路、航空、管道运输在内的交通运输业,"6"包括研发、信息技术、文化创意、物流辅助、有形动产租赁、鉴证咨询等部分现代服务业;2012 年 8 月 1 日起,国务院将试点由上海分批扩大至北京、天津、江苏、浙江、安徽、福建、湖北、广东 8 个省、直辖市及宁波、厦门、深圳 3 个计划单列市;2013 年 8 月 1 日起在其余 22 个省(区、市)全面推行营改增试点。从 2014 年 1 月 1 日起,铁路运输和邮政服务业已纳入营业税改征增值税试点。随着改革的不断深入,营业税里占比较高的行业,如不动产转让、建筑、金融、生活服务业等,也将逐步进入营改增的行业。

2. 消费税

消费税是针对特定消费品征收的税金。在经济效果评价中,对适用消费税的产品,消费税实行从价定率、从量定额,或者从价定率和从量定额复合计税(简称复合计税)的办法接计算应纳税额。应纳税额计算公式如下:

(1) 实行从价定率办法

$$应纳消费税额=销售额×比例税率 \quad (5-22)$$

(2) 实行从量定额办法

$$应纳消费税额=销售数量×定额税率 \quad (5-23)$$

(3) 实行复合计税办法

$$应纳消费税额=销售额×比例税率+销售数量×定额税率 \quad (5-24)$$

3. 资源税

资源税是国家对开采特定矿产品或者生产盐的单位和个人征收的税种。根据资源不同,资源税分别实行从价定率和从量定额的办法计算应纳税额。

(1) 对原油和天然气采用从价定率的方法征税,税率确定为 5% 至 10%。

$$应纳消费税额=销售额×比例税率 \quad (5-25)$$

(2) 其他资源领域实行从量定额办法,即按应课税矿产的产量乘以单位税额计算。

$$应纳资源税额=课税数量×单位税额 \quad (5-26)$$

采用从量定额的资源税征税制度,造成资源税与实际价格变化脱离,不能很好地反映资源稀缺程度和环境损害成本。目前政府正在大力推进简政放权,大力推进经济体制改革,一部分资源产品的开采权将会引进民间资本和外资等。在这种情况下,必须通过资源税从价定率的税制改革,以适应民资和外资等社会资本进入资源开发开采领域的新形势,进而保障资源产品相关收益为全民共享。

4. 土地增值税

土地增值税是对有偿转让房地产取得的增值额征收的税种。房地产开发项目应按

规定计算土地增值税。土地增值税按四级超率累进税率计算,公式如下:

$$土地增值税税额＝增值额×适用税率 \qquad (5-27)$$

适用税率根据增值额是否超过扣除项目金额的比率多少确定。

5.城市维护建设税和教育费附加

城市维护建设税是一种为了加强城市的维护建设,扩大和稳定城市维护建设资金来源的地方附加税;教育费附加是国家为发展地方教育事业,计征用于教育的政府性基金,是地方收取的专项费用。

城市维护建设税和教育费附加,以增值税、营业税和消费税为税基乘以相应的税率计算。其中:城市维护建设税税率根据技术方案所在地分市区,县、镇和县、镇以外三个不同等级;教育费附加率为 3%。城市维护建设税和教育费附加分别与增值税、营业税和消费税同时缴纳。

《中华人民共和国营业税暂行条例》(国务院令第 540 号)第十四条规定:"纳税人提供应税劳务应当向其机构所在地或者居住地的主管税务机关申报纳税。但是,纳税人提供的建筑业劳务以及国务院财政、税务主管部门规定的其他应税劳务,应当向应税劳务发生地的主管税务机关申报纳税。"因此,建筑业企业到非企业所在地提供建筑劳务的,其营业税的纳税地点应在劳务发生地,城建税的适用税率即为建筑劳务所在地所属行政区划对应税率。即按建筑施工的所在地点所属是城市,还是农村纳税,而不是按企业所在地纳税。

在经济效果分析中,营业税、消费税、土地增值税、资源税和城市维护建设税、教育费附加均可包含在营业税金及附加中。

6.增值税

增值税是对销售货物或者提供加工、修理修配劳务以及进口货物的单位和个人征收的税金。增值税是价外税,纳税人交税,最终由消费者负担,因此与纳税人的经营成本和经营利润无关。经济效果分析应按税法规定计算增值税,计算公式如下:

$$应纳增值税额＝当期销项税额－当期进项税额 \qquad (5-28)$$

在式(5-28)中,销项税额为纳税人销售货物或者应税劳务,按照销售额和规定的增值税率计算并向购买方收取的增值税额。计算公式:

$$当期销项税额＝销售额×增值税率 \qquad (5-29)$$

进项税额为纳税人购进货物或者接受应税劳务,支付或者负担的增值税额。对允许抵扣购置固定资产的进项税额,应注意相关的规定。

但须注意:当采用含(增值)税价格计算销售收入和原材料、燃料及动力成本时,现金流量表中应单列增值税科目;采用不含(增值)税价格计算时,现金流量表中不包括增值税科目。计算时应明确说明采用何种计价方式,同时注意涉及出口退税(增值税)时的计算及与相关报表的联系。

7.关税

关税是以进出口的应税货物为纳税对象的税种。技术方案经济效果评价中涉及引进设备、技术和进口原材料时,应按有关税法和国家的税收优惠政策,正确估算进口关税。进口货物关税以从价计征、从量计征或者国家规定的其他方式征收。

(1)从价计征时,应纳税额计算公式如下:

$$应纳关税额＝完税价格×关税税率 \qquad (5-30)$$

(2)从量计征时,应纳税额计算公式如下:

$$应纳关税额＝货物数量×单位税额 \qquad (5-31)$$

我国仅对少数货物征收出口关税,而对大部分货物免征出口关税。若技术方案的出口产品属征税货物,应按规定估算出口关税。

【基础训练】

一、单项选择题

1. 在资本金现金流量表中,列入现金流出项目的是 （ ）
    A. 政府补贴　　　　　　　　　　B. 借款本金偿还
    C. 回收固定资产余值　　　　　　D. 增值税销项税额

2. 资本金现金流量表是以技术方案资本金作为计算的基础,编制的角度是（ ）
    A. 项目发起人　　　　　　　　　B. 债务人
    C. 项目法人　　　　　　　　　　D. 债权人

3. 可根据计算累计盈余资金,分析技术方案财务生存能力的现金流量表是（ ）
    A. 财务计划现金流量表　　　　　B. 投资方各方现金流量表
    C. 资本金现金流量表　　　　　　D. 投资现金流量表

4. 以技术方案建设所需的总投资作为计算基础,反映技术方案在整个计算期内现金流入和流出的现金流量表是 （ ）
    A. 资本现金流量表　　　　　　　B. 投资现金流量表
    C. 投资各方现金流量表　　　　　D. 财务计划现金流量表

5. 某垃圾处理项目得到政府 300 万元的财政补贴,则这 300 万元应计入财务计划现金流量表中的 （ ）
    A. 经营活动净现金流量　　　　　B. 投资活动净现金流量
    C. 筹资活动净现金流量　　　　　D. 营业收入

6. 建设单位针对某项目建设投资向银行借款,可借期限 5 年,项目建设期 2 年,建成后即投入运行,借款合同约定在借款期限 5 年内每年年末等额偿还本息,则该建设单位在第 3～5 年所偿还的建设投资借款利息应计入各年的 （ ）
    A. 经营成本　　　　　　　　　　B. 管理费用
    C. 建设期利息　　　　　　　　　D. 财务费用

7. 某施工机械预算价格为 200 万元,预计可使用 10 年,每年平均工作 250 个台班,预计净残值 40 万元。按工作量法计算折旧,则该机械台班折旧费为 （ ）
    A. 0.8 万元　　　　　　　　　　B. 0.64 万元
    C. 0.06 万元　　　　　　　　　　D. 0.064 万元

二、多项选择题

1. 资本金现金流量表中,作为现金流出的项目的有 （ ）

　　A. 借款本金偿还　　　　　　　B. 回收固定资产余值

　　C. 借款利息支付　　　　　　　D. 经营成本

　　E. 回收流动资金

2. 项目经济评价时,若以总成本费用为基础计算经营成本,应从总成本费用中扣除的费用项目有 （ ）

　　A. 折旧费用　　　　　　　　　B. 销售费用

　　C. 摊销费　　　　　　　　　　D. 管理费用

　　E. 利息支出

3. 下列成本费用中,属于经营成本的有 （ ）

　　A. 修理费　　　　　　　　　　B. 折旧费

　　C. 外购原材料费　　　　　　　D. 外购燃料及动力费

　　E. 利息支出

4. 如果计划在固定资产投入使用的前期提取较多的折旧,后期提取较少的折旧,适合采用的折旧方法有 （ ）

　　A. 工作台班法　　　　　　　　B. 行驶里程法

　　C. 双倍余额递减法　　　　　　D. 平均年限法

　　E. 年数总和法

三、简答题

1. 什么固定资产折旧? 影响固定资产折旧的因素有哪些?

2. 固定资产折旧的方式哪几种? 各有什么特点?

3. 技术方案现金流量表共分为哪几种? 各自编制的角度是什么?

单元 6　价值工程

扫一扫可见

本章电子资源

【单元概述】

阐述价值工程的基本原理以及利用价值工程原理分析问题、解决问题的方法。价值工程原理的应用对于降低工程造价、优化工程方案有显著作用,是现代建设工程经济学不可缺少的组成部分。

【知识目标】

熟悉价值工程的概念、特点、分析过程;熟悉价值工程对象的选择和信息资料收集;掌握价值工程功能分析和评价的常用方法;掌握新方案的评价方法。

【技能目标】

能够利用价值工程分析方法解决或改善期望值大的工程技术、设计、施工中遇到的问题。

【导入案例】

某厂有 3 层混砖结构住宅 14 幢。随着企业的不断发展壮大,职工人数逐年增加,职工住房条件日益紧张。为改善职工居住条件,该厂决定在原有住宅区内新建住宅,现提供两个方案如下:

方案甲:在对原住宅楼实施大修理的基础上加层。工程内容包括:屋顶地面翻修、内墙粉刷、外墙抹灰,增加厨房、厕所,改造给排水工程,增建两层住房。工程需投资 50 万元,工期 4 个月,施工期间住户需全部迁出。工程完工后,可增加住户 18 户,原有绿化林木 50% 被破坏。

方案乙:拆除旧住宅,建设新住宅。工程内容包括:拆除原有住宅两栋,可新建一栋,新建住宅每栋 60 套,每套 80m²,工程需投资 100 万元,工期 8 个月,施工期间住户需全部迁出。工程完工后,可增加住户 18 户,原有绿化林木全部被破坏。

请应用合适的分析方法,分析以上两个方案,哪个最优?

6.1 概 述

价值工程(Value Engineering,VE)又称价值分析(Value Analysis,VA),是一种把功能与成本、技术与经济结合起来进行技术经济评价的方法。它不仅广泛应用于产品设计和产品开发,而且也应用于工程建设中。

价值工程活动的开展旨在通过对分析对象的功能和成本进行分析,以对象的最低寿命期成本,可靠地实现必要功能,以获取最佳的社会效益和经济效益。

6.1.1 价值工程的产生与发展

1. 价值工程的产生

价值工程是一种新兴的科学管理技术,是降低成本提高经济效益的一种有效方法,于20世纪40年代起源于美国。第二次世界大战结束前不久,美国的军事工业发展很快,造成原材料供应紧缺,一些重要的材料很难买到。当时在美国通用电气公司有位名叫麦尔斯(L. D. Miles)的采购员,他的任务是为该公司寻找和取得军工生产用材料。麦尔斯研究发现,采购某种材料的目的并不在于该材料的本身,而在于材料的功能。在一定条件下,虽然买不到某一种指定的材料,但可以找到具有同样功能的材料来代替,仍然可以满足其使用效果。当时轰动一时的所谓"石棉板事件"就是一个典型的例子。该公司汽车装配厂急需一种耐火材料——石棉板,由于这种材料价格很高而且奇缺。麦尔斯想:只要材料的功能(作用)一样,能不能用一种价格较低的材料代替呢? 他开始考虑为什么要用石棉板? 其作用是什么? 经过调查,原来汽车装配中的涂料容易漏洒在地板上,涂料的溶剂又是易燃品,根据美国消防法规定,该类企业作业时地板上必须铺上一层石棉板,以防火灾。麦尔斯弄清这种材料的功能后,找到了一种价格便宜且能满足防火要求的防火纸来代替石棉板,经过试用和检验,美国消防部门通过了这一代用材料。

麦尔斯从研究代用材料开始,逐渐摸索出一套特殊的工作方法,把技术设计和经济分析结合起来考虑问题,用技术与经济价值统一对比的标准衡量问题,又进一步把这种分析思想和方法推广到研究产品开发、设计、制造及经营管理等方面,逐渐总结出一套比较系统和科学的方法。1947年,麦尔斯以《价值分析》为题发表了研究成果,"价值工程"正式产生。

从事产品设计、开发的工程师都希望他设计的产品技术先进、性能可靠、外观新颖、价格低廉,在市场竞争中获得成功。达到这一目标是要有一定条件的,产品要受用户欢迎必须具备以下两个条件:

第一,产品应具有一定的功能,可以满足用户的某种需求;

第二,产品价格便宜,低于消费者愿意支付的代价。消费者总是试图用较低的价格买到性能较好的产品。价值分析正是针对消费者的这种心理,围绕产品物美价廉进行分析以提高产品的价值。

2. 价值工程的发展

价值工程产生后,立即引起了美国军工部门和大企业的浓厚兴趣,以后又逐步推广到民用部门。

1952年麦尔斯举办了首批价值分析研究班,在他的领导下进行了有关VA的基础训练,这些专门从事价值分析的人员在后来工作中所创造的一系列重大成果,为在更多的产业界推行价值分析产生了重要影响。

1954年,美国海军部首先制定了推行价值工程的计划。美国海军舰船局首先用这种方法指导新产品设计,并把价值分析改名为价值工程。1956年正式用于签订订货合同,即在合同中规定,承包厂商可以采取价值工程方法,在保证功能的前提下,改进产品或工程项目,把节约下来的费用的20%～30%归承包商。这种带有刺激性的条款有力地促进了价值工程的推广,美国海军部在应用价值工程的第一年节约了3 500万美元。据报道由于采用价值工程,美国国防部在1963年财政年度节约支出7 200万美元,1964年财政年度节约开支2.5亿美元,1965年财政年度节约开支3.27亿美元,到了1969年,就连美国航天局这个最不考虑成本的部门也开始培训人员着手推行价值工程。

1961年,麦尔斯在《价值分析》的基础上进一步加以系统化,出版了专著《价值分析与价值工程技术》(Techniques of Value Analysis and Engineering),1972年又出了修订版并被译成十多种文字在国外出版。

由于国际市场的扩大和科学技术的发展,企业之间的竞争日益加强,价值工程的经济效果是十分明显的,因而价值工程在企业界得到迅速发展。20世纪50年代,美国福特汽车公司竞争不过通用汽车公司,面临着失败倒闭的危险,麦克纳马拉组成一个班子,大力开展价值工程活动,使福特汽车公司很快就扭亏为盈,因而麦克纳马拉也就成为福特汽车公司第一个非福特家族成员的高层人士。在军工企业大力推广价值工程之时,民用产品也自发地应用价值工程,在美国内政部垦荒局系统、建筑施工系统、邮政科研工程系统、卫生系统等得到广泛应用。

价值工程不仅为工程技术有关部门所关心,也成为当时美国政府所关注的内容之一。1977年美国参议院第172号决议案中大量列举了价值工程应用效果,说明这是节约能量、改善服务和节省资金的有效方法,并呼吁各部门尽可能采用价值工程。1979年美网价值工程师协会(SAVE)举行年会,卡特总统在给年会的贺信中说:"价值工程是工业和政府各部门降低成本、节约能源、改善服务和提高生产率的一种行之有效的分析方法。"

1955年,日本派出一个成本管理考察团到美国,了解到价值工程十分有效,就引进采用。他们把价值工程与全面质量管理结合起来,形成具有日本特色的管理方法。1960年,价值工程首先在日本的物资和采购部门得到应用,而后又发展到老产品更新、新产品设计、系统分析等方面。1965年,日本成立了价值工程师协会(SJVE),使价值工程得到了迅速推广。

价值工程在传入日本后,又传到了西欧、东欧、苏联等一些国家,他们有的还制定了关于价值工程的国家标准,成立了价值工程或价值分析的学会或协会;在政府技术经济部门和企业界推广应用价值工程,也都得到不同程度的发展并收到显著成效。

我国运用价值工程是 20 世纪 70 年代末开始的。1984 年国家经委将价值工程作为十八种现代化管理方法之一,向全国推广。1987 年国家标准局颁布了第一个价值工程国家标准——《价值工程基本术语和一般工作程序》。

【知识链接】

价值工程迅速发展的背景与原因

价值工程从产生至今,仅仅几十年的时间,它之所以能够迅速推广和发展,不是偶然的,而是有它的客观背景和内在原因的。

价值工程首先在美国产生并迅速发展起来。二次大战中,美国政府向企业订购军火,所注重的是武器的性能和交货期,这种不顾成本、浪费资源的现象一直持续到战后。战后,无论政府还是其他用户都不会以成本补偿方式支付生产费用。价值工程在美国得到迅速发展,其历史背景和经济条件在于:一方面,随着国际市场的扩大和科技的发展,企业之间的竞争日益加剧,促使企业必须运用价值工程来提高产品竞争能力;另一方面,美国由于扩军备战,发动战争,尖端武器和核竞赛要求增加军工生产,而国内人民的反抗又不允许国防开支无限上升。

价值工程在其他国家也得到了飞速发展。一是在 20 世纪六七十年代各国工业有了新发展,使得材料供应日趋紧张,如何解决材料奇缺的问题成为资本主义各国的重要课题,价值工程的应运而生,为研究材料代用、产品改型、设计改进等问题提供了系统方法;二是国际交通运输日益发达,资本主义竞争更为激烈,产品要立足市场,不但要降低成本、售价,还要实现同样的功能,因而价值工程代替了以往的那种点滴节约,达到了竞争要求的新方法;三是科技飞速发展,新材料、新工艺不断涌现,为设计人员改进旧方法,采用新材料、新工艺,提供了现实的可能性。

价值工程之所以能得到迅速推广,是因为它给企业带来了较好的经济效益,其内在的原因主要有两方面:一方面是传统的管理方式强调分系统,分工各搞一套,造成人为的割裂,管理人员注重经营效果,侧重产品产量和成本,而技术人员只管技术设计,侧重产品性能方面的考虑,加上设计者个人考虑,自然会提高设计标准,特别是诸如保险系数、安全系数等标准,这就形成了技术与经济脱节的状态。而价值工程则着眼于从两方面挖潜达到最佳经济效益,是符合现代化生产和现代科技发展规律的有效方法。另一方面,传统的人才培训方法也是分割的、孤立式的,而价值工程则是二者合理的结合,以求得最佳价值。

总之,价值工程是随着现代化工业产品和科学技术的发展,随着人类经营管理思想的进步而在实践中创立和发展起来的。

3. 价值工程在我国的推广及应用

我国自 1978 年引进价值工程至今已有近三十年的历史。价值工程首先在机械工业部门得到应用,1981 年 8 月原国家第一机械工业部以一机企字(81)1047 号文件发出了《关于积极推行价值工程的通知》,要求机械工业企业和科研单位应努力学习和掌握价值工程的原理与方法,从实际出发,用实事求是的科学态度,积极推行价值工程,努力把价值工程贯穿到科研、设计、制造工艺和销售服务的全过程。1982 年 10 月,我国创办了唯一的价值工程专业性刊物《价值工程通讯》,后更名《价值工程》。1984 年国家经委将价值工程作为 18 种现代化管理方法之一向全国推广。1986 年由国家标准局组织制定了《中华人民共和国价值工程国家标准》(征求意见稿),1987 年国家标准局颁布了第一个价值工程标准《价值工程基本术语和一般工作程序》,1988 年 5 月,我国成立了价值工程的全国学术团体——中国企业管理协会价值工程研究会,并把《价值工程》杂志作为会刊。

政府及领导的重视与关注,使价值工程得以迅速发展。价值工程自 1978 年引入我国后,很快就引起了科技教育界的重视。通过宣传、培训进一步被一些工业企业所采用,均取得了明显的效果,从而引起了政府有关部门的重视。政府有关部门的关心与支持给价值工程在我国的应用注入了动力。特别是 1988 年,江泽民同志精辟的题词"价值工程常用常新"对价值工程的发展具有深远意义。1989 年 4 月原国家经委副主任、中国企业管理协会会长袁宝华同志提出"要像推广全面质量管理一样推广应用价值工程",促进了价值工程的推广与应用。

几十年来,一些高等院校、学术团体通过教材、刊物、讲座、培训等方式陆续介绍价值工程的原理与方法及其在国内外有关行业的应用,许多部门、行业和地方以及企业、大专院校、行业协会和专业学会纷纷成立价值工程学会、研究会,通过会议、学习班、讨论等方式组织宣传推广,同时还编写出版了数十种价值工程的专著,开展了国际价值工程学术交流活动,有效地推动了价值工程在我国的推广应用。

4. 在建设工程中实施价值工程的意义

在建设工程中,工程设计决定建筑产品的目标成本,目标成本是否合理,直接影响产品的效益。在施工图确定以前,确定目标成本可以指导施工成本控制,降低建筑工程的实际成本,提高经济效益。建筑工程在设计阶段实施价值工程的意义有:

(1) 可以使建筑产品的功能更合理。工程设计实质上就是对建筑产品的功能进行设计,而价值工程的核心就是功能分析。通过实施价值工程,可以使设计人员更准确地了解用户所需和建筑产品各项功能之间的比重,同时还可以考虑设计专家、建筑材料和设备制造专家、施工单位及其他专家的建议,从而使设计更加合理。

(2) 可以有效地控制工程造价。价值工程需要对研究对象的功能与成本之间的关系进行系统分析。设计人员参与价值工程,就可以避免在设计过程中只重视功能而忽视成本的倾向,在明确功能的前提下,发挥设计人员的创造精神,提出各种实现功能的方案,从中选取最合理的方案。这样既保证了用户所需功能的实现,又有效地控制了工程造价。

（3）可以节约社会资源。价值工程着眼于寿命周期成本，即研究对象在其寿命期内所发生的全部费用。对于建设工程而言，寿命周期成本包括工程造价和工程使用成本。价值工程的目的是以研究对象的最低寿命周期成本，可靠地实现使用者所需功能。实施价值工程，既可以避免一味地降低工程造价而导致研究对象功能水平偏低的现象，也可以避免一味地提高使用成本而导致功能水平偏高的现象，使工程造价、使用成本及建筑产品功能合理匹配，节约社会资源。

6.1.2　价值工程概念

按照国家标准局发布的国标《价值工程基本术语和一般工作程序》（GB 8223—87）的定义，价值工程定义为：通过各相关领域的协作，对所研究对象的功能与费用进行系统分析，不断创新，旨在提高所研究对象价值的思想方法和管理技术。价值工程，就是以最低的寿命周期成本实现一定的产品或作业的必要功能，而致力于功能分析的有组织的活动。价值工程这一定义，涉及价值工程的三个基本概念，即价值、功能和寿命周期成本。

1. 价值（Value）—V

价值工程中所说的"价值"有其特定的含义，与哲学、政治经济学、经济学等学科关于价值的概念有所不同。价值工程中的"价值"就是一种"评价事物有益程度的尺度"。价值高说明该事物的有益程度高、效益大、好处多；价值低则说明有益程度低、效益差、好处少。例如，人们在购买商品时，总是希望"物美而价廉"，即花费最少的代价换取最多、最好的商品。价值工程把"价值"定义为"对象所具有的功能与获得该功能的全部费用之比"，即它不是对象的使用价值，也不是对象的交换价值，而是对象的比较价值。设对象（如产品、工艺、劳务等）的功能为 F，其成本为 C，价值为 V，则可利用下列公式计算价值：

$$V = F/C \tag{6-1}$$

2. 功能（Function）—F

功能是指产品的效用、能力等，即产品所负的职能或者说产品所具有的性能。

价值工程中的功能是对象能够满足某种需求的一种属性。任何产品都具有功能，如住宅的功能是提供居住空间，建筑物基础的功能是承受荷载等。

功能是产品的最本质属性，因为产品具备了功能才能使用和存在。人们购买产品实际上是购买产品所具有的功能，以满足其需求。例如，人们购买住房，实质是需求住房的"提供生活空间"的功能。价值工程的特点之一就是研究并切实保证用户需求的功能。

产品成本与功能有直接关系，如果有不必要功能或过剩功能，就会产生不必要的成本，用户为此就要付出多余的费用。因此必须把产品的必要和不必要功能区分开来，从而消除不必要功能，使用户避免支付不必要的费用。

3. 寿命周期成本(Life Cycle Cost)或费用(Cost)—C

任何事物都有其产生、发展和消亡的过程。事物从产生到其结束为止,即为事物的寿命周期。就建筑产品而言,其寿命周期是指从规划、勘察、设计、施工、使用、维修,直到报废为止的整个时期。

寿命周期成本(寿命周期费用),是指产品在整个寿命周期过程中发生的全部费用。它包括生产成 C_1 和使用及维护成本 C_2 两部分之和,即

$$C = C_1 + C_2 \tag{6-2}$$

产品的寿命周期费用和产品的功能有关,如图 6-1 所示。

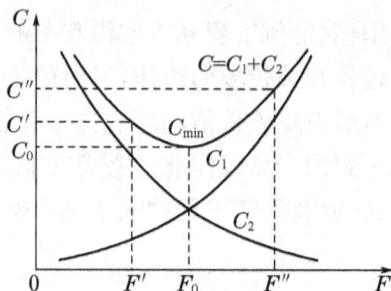

图 6-1 寿命周期费用曲线

在一定范围内,产品的生产成本和使用及维护成本存在着此消彼长的关系。随着产品功能水平的提高,从图 6-1 可以看出,产品的使用及维护成本 C_2 降低,但是产品的生产成本 C_1 在增高;反之,产品功能水平降低,其生产成本 C_1 降低,但使用及维护成本 C_2 会增加。随着建筑产品的功能水平提高,建筑产品的使用费用降低,但是建设费用增高;反之,使用费用增高,建设费用降低。一座精心设计施工的住宅,其质量得到保证,使用过程中发生的维修费用就一定比较低;相反,粗心设计并且施工中偷工减料,建造的住宅质量一定低劣,使用过程中的维修费用就一定较高。因此当功能水平逐步提高时,寿命周期费用(成本)$C = C_1 + C_2$ 呈马鞍形变化,寿命周期成本为最小值 C_{min} 时,所对应的功能水平是仅从成本方面考虑的最适宜功能水平。

【知识链接】

寿命周期

建筑产品的寿命包括两种:一种是自然寿命,另一种是经济寿命。所谓自然寿命一般是指建筑产品的有效使用期,即交付使用后到其功能再不能修复使用为止这段时间。所谓经济寿命则是指在建筑产品的有效使用期内,由于科学技术进步、经济发展和人口发展等因素的影响,导致建筑产品若再使用下去在经济上不合算,因此提前废弃不用。在大规模的经济建设中,为了建设高层楼房或其他用途,常常把自然寿命尚未完结的建筑物推倒重建的事情发生。因此,测定建筑产品的寿命周期,不能只考虑建筑产品的自然寿命,还要考虑它的经济寿命。除测算建筑产品的有效使用期之外,还应考虑技术进

步、当地经济发展、人口发展的速度,测算建筑产品的经济寿命,把自然寿命和经济寿命结合起来加以测定。

建设项目的全寿命周期涵盖了从建设项目前期可行性研究、投资决策开始,经过项目工程的设计、招投标、施工安装、竣工投产,直至建设项目生产期末的全过程。因此,对建设项目的评价,应充分考虑该建设项目在整个寿命周期内的成本费用。

6.1.3 价值工程的特点

由价值工程的概念可知,价值工程涉及价值、功能和寿命周期成本等三个基本要素,它具有以下特点。

1. 价值工程的目标,是以最低的寿命周期成本,使产品具备它所必须具备的功能

产品的寿命周期成本由生产成本和使用及维护成本组成。产品生产成本 C_1 是指发生在生产企业内部的成本,也是用户购买产品的费用,包括产品的科研、实验、设计、试制、生产、销售等费用及税金等;而产品使用及维护成本 C_2 是指用户在使用过程中支付的各种费用的总和,它包括使用过程中的能耗费用、维修费用、人工费用、管理费用等,有时还包括报废拆除所需费用(扣除残值)。

通过前面对"寿命周期费用曲线"的分析,不难得出:产品的寿命周期成本与其功能是辩证统一的关系。寿命周期成本的降低,不仅关系生产企业的利益,同时也是满足用户的要求并与社会节约程度密切相关。因此,价值工程的活动应贯穿于生产和使用的全过程,要兼顾生产者和用户的利益,以获得最佳的社会综合效益。

价值工程不是单纯地强调提高功能,也不是片面地要求降低成本,而是致力于功能与成本的合理结合。这就划清了"偷工减料"的界线,因为它的前提是确保必要的功能;同时,也克服了只顾功能而不计成本的盲目做法。

2. 价值工程的核心,是对产品进行功能分析

价值工程中的功能是指对象能够满足某种要求的一种属性,具体来说功能就是某种特定效能、功用或效用。对于一个具体的产品来说,"它是干什么用的?"问题答案就是产品的功能。任何产品都具备相应的功能。假如产品不具备功能则产品就将失去存在的价值。例如手表有计时、显时的功能,电冰箱具有冷藏、冷冻的功能,住宅的功能是提供居住空间等。用户向生产企业购买产品,是要求生产企业提供这种产品的功能,而不是产品的具体结构。企业生产的目的,也是通过生产获得用户所期望的功能,而结构、材质等是实现这些功能的手段,目的是主要的,手段可以广泛选择。因此,价值工程分析产品,首先不是分析它的结构,而是分析它的功能,是在分析功能的基础之上,再去研究结构、材质等问题,以达到保证用户所需功能的同时降低成本,实现价值提高的目的。

3. 价值工程将产品价值、功能和成本作为一个整体同时来考虑

在现实中,人们一般对产品(或作业)有"性价比"的要求,"性"就是反映产品(或作业)的性能和质量水平,即功能水平;"价"就是反映产品(或作业)的成本水平。价值工

程并不是单纯追求低成本水平,也不片面追求高功能、多功能水平,而是力求正确处理好功能与成本的对立统一关系,提高它们之间的比值水平,研究产品功能和成本的最佳配置。因此,价值工程对价值、功能、成本的考虑,不是片面和孤立的,而是在确保产品功能的基础上综合考虑生产成本和使用及维护成本,兼顾生产者和用户的利益,创造出总体价值最高的产品。

4. 价值工程强调不断改革和创新

价值工程强调不断改革和创新,开拓新构思和新途径,获得新方案,创造新功能载体,从而简化产品结构,节约原材料,提高产品的技术经济效益。

5. 价值工程要求将功能定量化

价值工程要求将功能定量化,即将功能转化为能够与成本直接相比的量化值。

6. 价值工程是以集体智慧开展的有计划、有组织、有领导的管理活动

由于价值工程研究的问题涉及产品的整个寿命周期,涉及面广,研究过程复杂,如提高产品价值涉及产品的设计、生产、采购和销售等过程。这不能靠个别人员和个别部门,而要经过许多部门和环节的配合,才能收到良好的效果。因此,企业在开展价值工程活动时,必须集中人才,要组织科研、设计、生产、管理、采购、供销、财务,甚至用户等各方面有经验的人员参加,以适当的组织形式组成一个智力结构合理的集体,共同研究,发挥集体智慧、经验和积极性,排除片面性和盲目性,博采众长,有计划、有领导、有组织地开展活动,以达到提高方案价值的目的。

7. 价值工程活动更侧重在产品的研制与设计阶段进行

价值工程活动更侧重在产品的研制与设计阶段,以寻求技术突破,取得最佳的综合效果。在产品形成的各个阶段都可以应用价值工程提高产品的价值。但应注意,在不同的阶段进行价值工程活动,其经济效果的提高幅度却大不相同。对于大型复杂的产品,应用价值工程的重点是在产品的研究设计阶段。

6.1.4 提高价值的途径

由于价值工程以提高产品价值为目的,这既是用户的需要,又是生产经营者追求的目标,两者的根本利益是一致的。因此,企业应当研究产品功能与成本的最佳匹配。价值工程的基本原理公式 $V=F/C$,不仅深刻地反映出产品价值与产品功能和实现此功能所耗成本之间的关系,而且也为如何提高价值提供了以下五种途径。

1. 双向型

在提高产品功能的同时,又降低产品成本,这是提高价值最为理想的途径,也是对资源最有效的利用。但对生产者要求较高,往往要借助技术的突破和管理的改善才能实现。例如:重庆轻轨较新线一期工程,根据自身的城市特点,引进跨座式单轨技术。其梁轨一体化的构造,决定了施工要求的高精度,易造成工程返工甚至 PC 轨道梁报废的难题。在国外长期以来均采用"先墩后梁"的模式组织建设,缺点是建设周期太长。

为实现建设目标,重庆轻轨在项目上打破常规,成功运用了"墩梁并举"的技术与管理模式。大幅缩短了工期(仅有 4 年工期,远少于常规 7～10 年的工期);各项精度水平均有大幅提高,确保了建设质量;减少了资金积压时间,降低了工程融资成本,降低了工程总造价;同时,减少了占用城市道路施工的时间,方便了市民出行,减少了堵车,既节省宝贵的资源,又降低了环境污染。

2. 改进型

在产品成本不变的条件下,通过改进设计,提高产品的功能,提高利用资源的成果或效用(如提高产品的性能、可靠性、寿命、维修性),增加某些用户希望的功能等,达到提高产品价值的目的。例如:人防工程,若仅仅考虑战时的隐蔽功能,平时闲置不用,将需要投入大量的人力、财力予以维护。若在设计时,考虑战时能发挥隐蔽功能,平时能发挥多种功能,则可将人防工程平时利用为地下商场、地下停车场等。这些都大大提高了人防工程的功能,并增加了经济效益。

3. 节约型

在保持产品功能不变的前提下,通过降低成本达到提高价值的目的。从发展趋势上说,科学技术水平以及劳动生产率是在不断提高的,因此消耗在某种功能水平上的产品或系统的费用应不断降低。新设计、新材料、新结构、新技术、新的施工方法和新型高效管理方法,无疑会提高劳动生产率,在功能不发生变化的条件下,降低产品或系统的费用。例如:某市一电影院,由于夏季气温高,需设计空调系统降温,以满足人们舒适度的要求。经过相关人员价值分析,决定采用人防地道风降温系统替代机械制冷系统。该系统实施后,在满足电影院空调要求的前提下,不仅降低了造价,而且节约了运行费和维修费。

4. 投资型

产品功能有较大幅度提高,产品成本有较少提高。即成本虽然增加了一些,但功能的提高超过了成本的提高,因此价值还是提高了。例如:电视塔,主要功能是发射电视和广播节目,若只考虑塔的单一功能,塔建成后只能用来发射电视和广播节目,每年国家还要拿出数百万元对塔及内部设备进行维护和更新,经济效益差。但从价值工程应用来看,若利用塔的高度,在塔上部增加综合利用机房,可为气象、环保、交通、消防、通信等部门服务;在塔的上部增加观景厅和旋转餐厅等。工程造价虽增加了一些,但功能大增,每年的综合服务和游览收入显著增加,既可加快投资回收,又可实现"以塔养塔"。

5. 牺牲型

在产品功能略有下降、产品成本大幅度降低的情况下,也可达到提高产品价值的目的。这是一种灵活的企业经营策略,去除一些用户不需要的功能,从而较大幅度地降低费用,能够更好地满足用户的要求。例如:老年人手机,在保证接听拨打电话这一基本功能的基础上,根据老年人的实际需求,采用保留或增加有别于普通手机的大字体、大按键、大音量、一键亲情拨号、收音机、一键求救、手电筒、监护定位、助听等功能,减少普通手机的办公、游戏、拍照、多媒体娱乐、数据应用等功能,从总体来看老年手机功能比普通手机降低了些,但仍能满足老年顾客对手机特定功能的要求,而整体生产成本却大大地降低了。在实际中,对这种牺牲型途径要持慎重态度。

总之,在产品形成的各个阶段都可以应用价值工程提高产品的价值。但在不同的阶段进行价值工程活动,其经济效果的提高幅度却是大不相同的。对于建设工程,应用价值工程的重点是在规划和设计阶段,因为这两个阶段是提高技术方案经济效果的关键环节。一旦设计完成并施工,建设工程的价值就基本决定了,这时再进行价值工程分析就变得更加复杂,不仅原来的许多工作成果要付诸东流,而且更改可能会造成很大的浪费,使价值工程活动的技术经济效果大大下降。当然,在施工阶段建造师也可开展大量价值工程活动,以寻求技术、经济、管理的突破,获得最佳的综合效果。如对施工项目展开价值工程活动,可以更加明确业主的要求,更加熟悉设计要求、结构特点和项目所在地的自然地理条件,从而更利于施工方案的制订,更能有效地组织和控制项目施工;通过价值工程活动,可以在保证质量的前提下,为用户节约投资,提高功能,降低寿命周期成本,从而赢得业主的信任,有利于甲乙双方关系的和谐与协作,同时提高自身的社会知名度,增强市场竞争能力;通过对施工项目进行价值工程活动,对提高项目组织的素质,改善内部组织管理,降低不合理消耗等,也有积极的直接影响。

目前,价值工程在我国建筑业中的应用还处于比较初级的阶段。但从世界范围来看,建筑业一直是价值工程实践的热点领域,究其原因是它能适应建筑业发展的自身需求,在降低工程成本、保证业主投资效益方面具有显著的功效。根据美国建筑业应用价值工程的统计结果表明:一般情况下应用价值工程可以降低整个建设项目初始投资 5%～10%左右,同时可以降低项目建成后的运行费用 5%～10%。而在某些情况下这一节约的比例更是可以高达 35%以上。而整个价值工程研究的投入经费仅为项目建设成本的 0.1%～0.3%。因此,推动价值工程在我国建筑业中的发展和应用,不仅可以获得良好的经济效益,而且也可以提高我国建筑业的整体经营管理水平。

6.2 价值工程的工作程序

6.2.1 价值工程的一般工作程序

价值工程也像其他技术一样具有自己独特的一套工程程序。在工作过程中,价值工程实质上就是针对产品的功能和成本提出问题、分析问题、解决问题的过程。针对价值工程的研究对象,整个活动是围绕着 7 个基本问题的明确和解决系统地展开的。这 7 个问题决定了价值工程的一般工作程序:

(1)价值工程的对象是什么?

(2)它是干什么用的?

(3)其成本是多少?

(4)其价值是多少?

（5）有无其他方案实现同样的功能？

（6）新方案成本是多少？

（7）新方案能满足要求吗？

按顺序回答和解决这 7 个问题的过程，就是价值工程的工作程序和步骤，见表 6-1。即选定对象收集情报资料，进行功能分析，提出改进方案，分析和评价方案，实施方案，评价活动成果。

表 6-1 价值工程的工作程序

工作阶段	设计程序	工作步骤		对应问题
		基本步骤	详细步骤	
准备阶段	制定工作计划	确定目标	1. 工作对象选择	1. 价值工程的研究对象是什么
			2. 信息资料搜集	
分析阶段	功能评价	功能分析	3. 功能定义	2. 这是干什么用的
			4. 功能整理	
		功能评析	5. 功能成本分析	3. 成本是多少
			6. 功能评价	4. 价值是多少
			7. 确定改进范围	
创新阶段	初步设计	制定创新方案	8. 方案创造	5. 有无其他方法实现同样功能
	评价各设计方案，改进、优化方案		9. 概略评价	6. 新方案的成本是多少
			10. 调整完善	
			11. 详细评价	
	方案书面化		12. 提出方案	7. 新方案能满足功能的要求吗
实施阶段	检查实施情况并评价活动成果	方案实施与成果评价	13. 方案审批	8. 偏离目标了吗
			14. 方案实施与检查	
			15. 成果评价	

由于价值工程的应用范围广泛，其活动形式也不尽相同，因此在实际应用中，可参照工作程序，根据对象的具体情况，应用价值工程的基本原理和思想方法，考虑具体的实施措施和方法步骤。但是对象选择、功能分析、功能评价和方案创新与评价是工作程序的关键内容，体现了价值工程的基本原理和思想，是不可缺少的。

6.2.2 价值分析（VE）对象选择

价值工程是就某个具体对象开展的有针对性的分析评价和改进，有了对象才有分析的具体内容和目标。对企业而言，凡是为获取功能而发生费用的事物，都可以作为价值工程的研究对象，如产品、工艺、工程、服务或它们的组成部分等。

价值工程的对象选择的过程就是逐步收缩研究范围、寻找目标、确定主攻方向的过程。因为生产建设中的技术经济问题很多，涉及的范围也很广，为了节省资金，提高效率，只能精选其中的一部分来实现，并非企业生产的全部产品，也不一定是构成产品的全部零部件。因此，能否正确选择对象是价值工程收效大小与成败的关键。

1. 对象选择的一般原则

一般来说，选择价值工程的对象需遵循以下原则：

（1）从设计上考虑

从设计上考虑，应当选择结构复杂、性能和技术指标差距大、质量大、尺寸大、材料贵的产品进行价值工程活动，可使产品结构性能、技术水平得到优化，从而提高产品价值。

（2）从生产上考虑

从生产上考虑，对量多面广、关键部件、工艺复杂、原材料和能源消耗高、废品率高的产品或零部件，特别是对量多、产值比重大的产品，只要成本下降，所取得的经济效果就大。

（3）从市场销售角度考虑

选择用户意见多、系统配套差、维修能力低、竞争力差、利润率低、寿命周期较长、市场上畅销但竞争激烈的产品或零部件；选择产量大的（由于大批量生产，故小小的改变可引起成本大幅度的变化）；选择工艺复杂的（易导致次品增加）；选择新产品、新工艺等。

（4）从成本方面考虑

从成本方面考虑，应当选择成本高于同类或功能相似产品、成本比重大的产品。

根据以上原则，对生产企业，有以下情况之一者，应优先选择为价值工程的研究对象：

① 结构复杂或落后的产品；
② 制造工艺多或制造方法落后及手工劳动较多的产品；
③ 原材料种类繁多和互换材料较多的产品；
④ 在总成本中所占比重大的产品。

对由各组成部分组成的产品，应优先选择以下部分作为价值工程的对象：

① 造价高的组成部分；
② 占产品成本比重大的组成部分；
③ 数量多的组成部分；
④ 体积或质量大的组成部分；
⑤ 加工工序多的组成部分；
⑥ 废品率高和关键性的组成部分。

2. 对象选择的方法

（1）经验分析法

经验分析法又称为因素分析法，是指根据价值工程对象选择应考虑的各种因素，凭

· 90 ·

借分析人员的经验集体研究确定选择对象的一种方法。该方法是一种定性分析方法，依据分析人员经验作出选择，简便易行。特别是在被研究对象彼此相差比较大以及时间紧迫的情况下比较适用。该方法的缺点是缺乏定量依据、准确性较差。

（2）ABC法

ABC法又称为重点选择法或不均匀分布定律法，是一种按零部件成本在整个产品成本中所占比重的大小选择对象的方法。这种方法由意大利经济学家帕累托提出，其基本原理为"关键的少数和次要的多数"，抓住关键的少数可以解决问题的大部分。处理任何事情都要分清主次轻重，区别关键的少数和次要的多数，根据不同情况进行分析。

通过成本分析发现：在一件产品中，占零件数10％左右的零件，其成本往往占整个产品的60％~70％，这类零件归入A类；占零件数20％左右的零件，其成本也占整个产品的20％，这类零件归入B类；占零件数70％左右的零件，其成本仅占整个产品的10％~20％，这类零件归入C类。如图6-2所示。

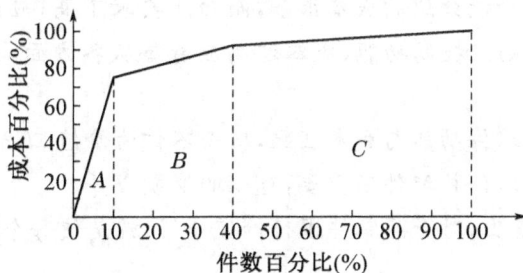

图6-2 ABC法分析曲线图

其中A类零件是我们主要研究的对象，B类选前几个，C类则不选。

ABC法的优点是能抓住重点，把数量少而成本大的零部件或工序选为VE对象，利于集中精力，重点突破，取得较大成果。但缺点是在实际工作中，由于成本分配不合理，常会出现有的零部件功能比较次要而成本高，而有的零部件功能比较重要但成本却低，致使后一种零部件不能被选为VE对象，提高功能水平。

（3）强制确定法

强制确定法（Forced Decision Method），简称FD法，又称价值系数判别法。它是以产品或功能重要程度作为选择价值工程对象的一种分析方法。具体做法是：先求出分析对象的成本系数、功能系数，然后得出价值系数，以揭示出分析对象的功能与成本之间是否相符。不相符、价值低的则被选为价值工程的研究对象。这种方法在功能评价和方案评价中也有应用。一般采用的方法有直接打分法、对比求和评分法等。

强制确定法从功能和成本两方面综合考虑，使用简便，不仅能明确揭示出价值工程的研究对象，而且具有数量概念。但这种方法是人为打分，不能准确反映功能差距的大小，只适用于部件间功能差别不大且比较均匀的对象，而且一次分析的部件数量也不能太多，以不超过10个为宜。在零部件很多时，可以先用ABC法、经验分析法选出重点部件,然后再用强制确定法细选;也可用逐层分析法,从部件选起,然后在重点部件中选出重点零件。

(4)百分比分析法

这是一种通过分析某种费用或资源对企业的某个技术经济指标的影响程度的大小(百分比),来选择价值工程对象的方法。

【知识链接】

价值系数

价值系数 V =功能重要性系数 F /成本系数 C

运用强制确定法时,价值系数 V 的计算结果有以下四种情况:

(1) $V>1$,说明该功能比较重要,但分配的成本较少,应具体分析,可能功能与成本分配已较理想,或者有不必要的功能,或者应该提高成本。

(2) $V<1$,说明该功能分配的成本很多,而功能要求不高,应该作为价值工程活动的研究对象,功能不足则应提高功能,成本过高应着重从各方面降低成本,使成本与功能比例趋于合理。

(3) $V=1$,说明该零件功能与成本匹配,从而不作为价值工程活动的选择对象。

(4) $V=0$,说明该零件构配件不重要,可以取消或合并。

从以上分析可以看出,对产品零件进行价值分析,就是使每个零件的价值系数尽可能趋近于1。

3. 信息资料收集

价值工程所需的信息资料,应视具体情况而定。对于一般工程产品(或作业)分析来说,应收集以下几方面的信息资料:

(1)用户方面的信息资料。如用户性质、经济能力;使用产品的目的、使用环境、使用条件;所要求的功能和性能;对产品外观要求,如造型、体积、色彩等;对产品价格、交货期、构配件供应、技术服务等方面的要求等。

(2)市场方面的信息资料。如产品产销量的演变及目前产销情况、市场需求量及市场占有率的预测;产品竞争的情况,目前有哪些竞争企业和产品,其产量、质量、价格、销售服务、成本、利润、经营特点、管理水平等情况;同类企业和同类产品的发展计划、拟增投资额、规模大小、重新布点、扩建改建或合并调整情况等。

(3)技术方面的信息资料。如与产品有关的学术研究或科研成果、新结构、新工艺、新材料、新技术以及标准化方面的资料;该产品研制设计的历史及演变、本企业产品及国内外同类产品有关的技术资料等。

(4)经济方面的信息资料。包括产品及构配件的工时定额、材料消耗定额、机械设备定额、各种费用定额、企业历年来各种有关成本费用数据、国内外其他厂家与价值工程对象有关的成本费用资料等。

（5）本企业的基本资料。包括企业的内部供应、生产、组织，以及产品成本等方面的资料，如生产批量、生产能力、施工方法、工艺装备、生产节拍、检验方法、废次品率、运输方式等。

（6）环境保护方面的信息资料。包括环境保护的现状，"三废"状况、处理方法和国家法规标准，改善环境和劳动条件，减少粉尘、有害液体和气体外泄、减少噪声污染、减轻劳动强度、保障人身安全等相关信息等。

（7）外协方面的信息资料。如原材料及外协或外购件种类、质量、数量、交货期、价格、材料利用率等情报；供应与协作部门的布局、生产经营情况、技术水平、价格、成本、利润等；运输方式及运输经营情况等。

（8）政府和社会有关部门的法规、条例等方面信息资料。国家有关法律、法规、条例、政策、环境保护、防止公害等有关影响产品的资料。

信息资料的收集不是一项简单的工作，应收集何种信息资料很难完全列举出来。但收集的信息资料要求准确可靠，并且要求经过归纳、鉴别、分析、整理，剔除无效资料，使用有效资料，以利于价值工程活动的分析研究。

6.3　功能分析与评价

6.3.1　功能分析

功能分析通过分析对象资料，正确表达分析对象的功能并予以满足，明确功能的特征要求，从而弄清产品与部件各功能之间的关系，去掉不合理的功能，使产品功能结构更合理，以达到降低产品成本的目的。

例如，美国一个价值工程小组，对海军登陆舰艇上的储油设备进行功能分析。该设备是用不锈钢特制的方形容器，它的功能是能储存 900 L 汽油，成本为 520 美元。价值分析人员了解到市场上有两种铁制的储油圆桶，一种是 1 100 L 容量，30 美元一只；另一种是 230 L 容量，6 美元一只。如果采用大的只需用一只，采用小的需要 4 只，再加上管道零件，80 美元就够了。根据设备的功能是储油，他们用市场上的铁制圆桶代替特制不锈钢方形容器，成本从 520 美元下降到了 80 美元。

又如要设计一个实验室，在实验室里放置一架功能强大的 X 光机，用来探测铸钢金属内部损伤。为了不让实验室周围的地方受 X 光射线的波及，设计了一座 2 m 厚，3 m 高的钢筋砼防护墙，建筑费用估计在 50 000 元。经过功能分析，了解到这堵墙的功能是防护，外观的需求极小，因此建议改用土墙。这样不但满足了防护功能，而且让建筑费降低到 5 000 元，仅为原设计的十分之一。可见通过功能分析大大降低了成本。

1. 功能分类

一种产品或零部件不只有一种功能，有时往往有几种功能，为了确定各种功能的性质及重要程度就需要进行分类。功能的分类如下：

（1）按功能重要程度分为基本功能（Basic Function）和辅助功能（Supporting Function）

基本功能是指产品或其零部件要达到使用目的所不能或缺的功能，是产品及零部件的本质属性，是它们得以存在的条件，同时也是用户购买产品的原因，基本功能是决定产品类型的功能，基本功能变了产品的类型也要改变。辅助功能是除了产品的基本功能外，出于各种原因附加给产品的功能，是为了更好地实现基本功能的服务功能。

例如，住宅的基本功能就是居住，柱子的基本功能就是承受上部构件传递来的荷载，非承重墙的基本功能就是围护和分隔空间等。住宅的辅助功能可以是投资、储藏等，柱子的辅助功能可以是装饰等，非承重墙的辅助功能可以是隔声、隔热等。再如，对于台灯，其基本功能是为了照明，其次还要求造型美观、光线柔和、适宜的色彩等辅助功能。但是，如果有人将台灯作为摆设，那么显而易见，此时的台灯本质上属于装饰用品，之前的辅助功能则变成基本功能。

（2）按功能性质特点分为使用功能（Use Function）和美学功能（Aesthetic Function）

使用功能是用户在工作或应用中产品所提供的功能，或者说是产品所具有的与技术经济用途直接有关的功能，多表现为内在质量、性能指标等。美学功能也叫品位功能，是指与使用者的精神感觉主观意识有关的功能，如贵重功能、欣赏功能等。不同种类的产品要求不同。如机电产品应注重使用功能，美学功能重要性相对差一些；服装、鞋帽等产品一方面需要耐穿等使用功能，另一方面要求产品的式样、颜色等美学功能；各种工艺品，主要需要美学功能。

建筑产品的使用功能一般包括可靠性、安全性和维修性等，其美学功能一般包括造型、色彩、图案等。无论是使用功能还是美学功能，都是通过基本功能和辅助功能来实现的。建筑产品构配件的使用功能和美学功能要根据产品的特点而有所侧重，有的产品应突出其使用功能，如地下电缆、地下管道等；有的应突出其美学功能，如塑料墙纸、陶瓷壁画等。当然，有的产品二者功能兼而有之。

（3）按用户的需求分为必要功能（Necessary Function）和不必要功能（Unnecessary Function）

必要功能就是为了满足使用者的要求而必须具备的功能，这部分功能必须保证充分可靠地予以实现。不必要功能即是与满足使用者的需求无关的功能，不必要功能的存在，势必产生不必要的费用，增加用户的经济负担，还会造成社会资源的浪费。不必要功能包括三类：一是多余功能，二是重复功能，三是过剩功能。

例如，一户三口之家，在同一个楼层买了两套住宅，可是打通后，出现两个厨房，其中有一个厨房就是不必要的功能，可以进行改造。

（4）按功能量化标准分为不足功能（Insufficient Function）和过剩功能（Plethoric Function）

不足功能是指必要功能的功能水平未达到用户所需求的程度，若发现有不足功能，应设法补足。过剩功能是超过使用者需求的功能。例如，某机器本来需要 5.5 kW 电动机，却配备了 7.5 kW 的电动机，功能过剩常常表现为"大材小用"。相反，若实际需要 7.5 kW 的电动机,却配备了 5.5 kW 的电动机,那就是功能不足的问题了。

总之,用户购买一项产品,目的不是为了获得产品本身,而是通过购买该项产品来获得其所需要的功能。因此,价值工程中的功能,一般是指必要功能。价值工程对产品的分析,首先是对其功能的分析,通过功能分析,弄清哪些功能是必要的,哪些功能是不必要的,从而在创新方案中去掉不必要的功能,补充不足的功能,使产品的功能结构更加合理,达到可靠地实现使用者所需功能的目的。

2. 功能定义

任何产品都具有使用价值,即功能。功能定义就是以准确、简洁的语言对产品的功能加以描述,以区别各产品之间的特性。功能分析要对产品的每项功能给予准确的功能定义,有利于明确所要求的功能,使功能评价容易进行,进一步扩大设计思路。功能定义要抓住功能的实质,对功能从不同的角度进行分析。这里要求描述的是"功能",而不是对象的结构、外形和材质。功能定义的过程就是解剖分析的过程。

功能定义要注意以下几点:

(1) 使用简洁语言。常采用"两词法"(即动宾词组法——动词+名词),来简明扼要地表述,见表 6-2。

表 6-2　"两词法"表示功能定义

手表	指示	时间	基础	承担	荷载
杯子	盛	水	屋面	阻挡	风雨
电线	传输	电流	窗户	采	光
传动轴	传递	扭矩	脚手架	提供	工作面
日光灯	照	明	润滑油	减少	摩擦

(2) 尽量准确。使用词汇要反映功能的本质。

(3) 适当抽象,以不违反准确性原则为度。

(4) 全面。可参照产品的结构从上到下、从主到次顺序分析定义。

3. 功能整理

功能整理是把下过定义的功能,按照它们之间的逻辑关系进行系统的整理,最后形成一个功能系统图,从而可以比较直观地看出分析对象所具备的功能类别,各类功能之间的关系和位置,以及原来的设计思路。

功能整理的目的是确认必要功能,发现不必要的功能,确认功能定义的准确性,明确功能领域。例如,白炽灯的开关功能之一是构成回路,其目的是流通电流,流通电流的目的是加热灯丝,加热灯丝的目的是为了发光。若反过来说,则每个功能如能实现必须有其手段来保证,如白炽灯能发光,手段是必须加热灯丝,加热灯丝的手段必须是流通电流,流通电流的手段又必须通过开关构成回路。

进行功能整理的步骤是:明确基本功能、辅助功能和最基本功能;明确各功能之间的相互关系。产品的各个功能之间是相互配合、相互联系的,为实现产品的整体功能发挥各自的作用。各个功能之间存在着并列关系或者上下的位置关系,要通过功能整理予以确定。

例如,住宅的最基本功能是居住,为实现该项功能,住宅必须具有遮风避雨、御寒防暑、采光、通风、隔声、防潮等功能,这些功能之间是属于并列关系的,都是实现居住功能的手段,因而居住是上位功能,上述所列的并列功能是居住的下位功能,即上位功能是目的,下位功能是手段。

但上下位关系是相对的。例如,为达到居住的目的必须通风,则居住是目的,是上位功能,通风是手段,是下位功能;为达到通风的目的,必须组织自然通风,则通风又是目的,是上位功能,组织自然通风是手段,是下位功能;为达到自然通风的目的,必须提供进出风口,则组织自然通风又是目的,是上位功能,提供进出风口是手段,是下位功能,等等。将上述逻辑关系用图表示出来,即可得到上下位功能关系图,将上述各功能按并列和上下位功能关系以一定的顺序排列出来,即形成功能系统图,如图 6-3 所示。

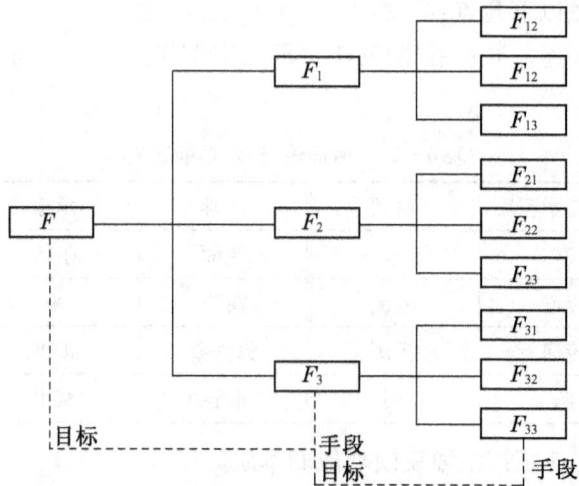

图 6-3 功能系统图

通过绘制功能系统图,可以清楚地看出每个功能在全部功能中的作用和地位,使各功能之间的关系系统化,便于发现不必要的功能,为功能评价、方案创新奠定基础。

6.3.2 功能评价

功能评价是在功能定义和功能整理完成之后,在已定性确定问题的基础上进一步作定量的确定,即评定功能的价值。功能价值 V 的计算方法可分为两大类,即功能成本法与功能指数法。下面仅介绍功能成本法。

1. 功能评价的程序

价值工程的成本有两种,一种是现实成本,是指目前的实际成本;另一种是目标成本。功能评价就是找出实现功能的最低费用作为功能的目标成本,以功能目标成本为基准,通过与功能现实成本的比较,求出两者的比值(功能价值)和两者的差异值(改善期望值),然后选择功能价值低、改善期望值大的功能作为价值工程活动的重点对象。功能评价的程序如图6-4所示。

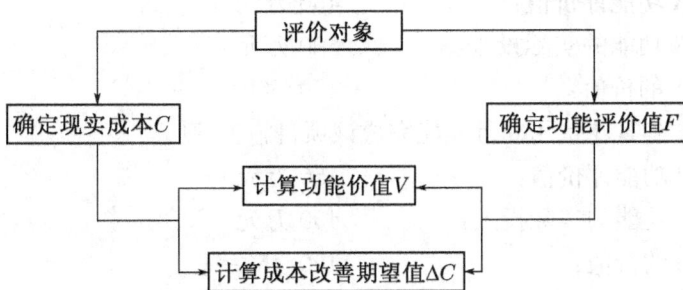

图 6 - 4　功能评价程序图

2. 功能现实成本(C)的计算

功能现实成本的计算与一般传统的成本核算既有相同点,也有不同之处。两者相同点是指它们在成本费用的构成项目上是完全相同的;而两者的不同之处在于功能现实成本的计算是以对象的功能为单位,而传统的成本核算是以产品或构配件为单位。因此,在计算功能现实成本时,就需要根据传统的成本核算资料,将产品或构配件的现实成本换算成功能的现实成本。具体地讲,当一个构配件只具有一个功能时,该构配件的成本就是它本身的功能成本;当一项功能要由多个构配件共同实现时,该功能的成本就等于这些构配件的成本之和。当一个构配件具有多项功能或同时与多项功能有关时,就需要将构配件成本分摊给各项有关功能,至于分摊的方法和分摊的比例,可根据具体情况决定。

3. 功能目标成本(F)的计算

对象的目标成本,又称功能评价值F,是指可靠地实现用户要求功能的最低成本,可以根据图纸和定额,也可根据国内外先进水平或根据市场竞争的价格等来确定。它可以理解为是企业有把握,或者说应该达到的实现用户要求功能的最低成本。从企业目标的角度来看,功能评价值可以看成是企业预期的、理想的成本目标值,常用功能重要性系数评价法计算。

4. 计算功能价值V,分析成本功能的合理匹配程度

应用功能成本法计算功能价值V,是通过一定的测算方法,测定实现应有功能所必须消耗的最低成本,同时计算为实现应有功能所耗费的现实成本,经过分析、对比,求得对象的价值系数和成本降低期望值,确定价值工程的改进对象。其表达式如下:

$$V_i = \frac{F_i}{C_i} \tag{6-3}$$

式中:V_i——第i个评价对象的价值系数;

　　F_i——第i个评价对象的功能评价值(目标成本);

　　C_i——第i个评价对象的现实成本。

【例6-1】 某项目施工方案 A 的生产成本 500 万元;在相同条件下,其他项目生产成本 450 万元。这可以表示为:

施工方案 A 功能评价值: 450 万元

施工方案 A 功能的实际投入: 500 万元

施工方案 A 的价值: 450/500＝0.9

如果施工方案 B 花费 450 万元能完成该项目施工,则

施工方案 B 功能评价值: 450 万元

施工方案 B 功能的实际投入: 450 万元

施工方案 B 的价值: 450/450＝1

从例 6-1 可以看出,最恰当的价值应该为 1,因为满足用户要求的功能最理想最值得的投入与实际投入一致。但在一般情况下价值往往小于 1,因为技术不断进步,"低成本"战略将日趋被重视,竞争也将更激烈。随之,同一产品的功能评价值也将降低。

根据式(6-3),功能的价值系数不外以下几种结果:

$V_i=1$,表示功能评价值等于功能现实成本。这表明评价对象的功能现实成本与实现功能所必需的最低成本大致相当,说明评价对象的价值为最佳,一般无须改进。

$V_i<1$,此时功能现实成本大于功能评价值。表明评价对象的现实成本偏高,而功能要求不高,一种可能是存在着过剩的功能;另一种可能是功能虽无过剩,但实现功能的条件或方法不佳,以致使实现功能的成本大于功能的实际需要。这两种情况都应列入功能改进的范围,并且以剔除过剩功能及降低目标成本为改进方向,使成本与功能比例趋于合理。

$V_i>1$,说明该评价对象的功能比较重要,但分配的成本较少,即功能现实成本低于功能评价值。应具体分析,可能功能与成本分配已较理想,或者有不必要的功能,或者应该提高成本。

$V_i=0$ 时,因为只有分子为 0,或分母为 ∞ 时,才能是 $V=0$。根据上述对功能评价值 F 的定义,分子不应为 0,而分母也不会为 ∞,要进一步分析。如果是不必要的功能,则取消该评价对象;但如果是最不重要的必要功能,要根据实际情况处理。

5. 确定价值工程对象的改进范围

从以上分析可以看出,对产品进行价值分析,就是使产品每个构配件的价值系数尽可能趋近于 1。为此,确定的改进对象是:

(1) F_i/C_i 值低的功能

计算出来的 $V_i<1$ 的功能区域,基本上都应进行改进,特别是 V_i 值比 1 小得较多的功能区域,力求使 $V_i=1$。

(2) $\Delta C_i=(C_i-F_i)$ 值大的功能

ΔC_i 是成本降低期望值,也是成本应降低的绝对值。当 n 个功能区域的价值系数同样低时,就要优先选择 ΔC_i 数值大的功能区域作为重点对象。

(3) 复杂的功能

复杂的功能区域,说明其功能是通过很多构配件(或作业)来实现的,通常复杂的功

能区域其价值系数也较低。

（4）问题多的功能

尽管在功能系统图上的任何一级改进都可以达到提高价值的目的，但是改进的多少、取得效果的大小却是不同的。越接近功能系统图的末端，改进的余地越小，越只能作结构上的小改小革；相反，越接近功能系统图的前端，功能改进就可以越大，就越有可能作原理上的改变，从而带来显著效益。

6.3.3 创新阶段

1. 方案创造

方案创造是从提高对象的功能价值出发，在正确的功能分析和评价的基础上，针对应改进的具体目标，通过创造性的思维活动，提出能够可靠地实现必要功能的新方案。

方案创造的理论依据是功能载体具有替代性。方案创造的方法很多，如头脑风暴法、歌顿法（模糊目标法）、专家意见法（德尔菲法）、专家检查法等。总的精神是要充分发挥各有关人员的智慧，集思广益，多提方案，从而为方案评价创造条件。

2. 方案评价

方案评价是在方案创造的基础上对若干新构思的方案进行技术、经济、社会和环境效果等方面的评价，以便于选择最佳方案。方案评价分为概略评价和详细评价两个阶段。

概略评价是对新构思方案进行初步研究，其目的是从众多的方案中进行粗略的筛选，以减少详细评价的工作量，使精力集中于优秀方案的评价。

详细评价是对经过筛选后的少数方案再具体化，通过进一步的调查、研究和评价，最后选出最令人满意的方案。其评价结论是方案审批的依据。

方案评价不论概略评价和详细评价都包括技术评价、经济评价、社会评价和环境评价四方面。其中，技术评价围绕功能进行，内容是方案能否实现所需功能以及实现程度，包括：功能实现程度（性能、质量、寿命等）、可靠性、可维修性、可操作性、安全性、系统协调性、环境协调性等。经济评价围绕经济效果进行，内容是以成本为代表的经济可行性，包括费用的节省、对企业或公众产生的效益，同时还应考虑产品的市场情况，同类竞争企业、竞争产品，产品盈利的多少和能保持盈利的年限。社会评价围绕社会效果进行，内容是方案对社会有利或有害的影响。环境评价围绕环境效果进行，内容是方案对环境的影响，如污染、噪声、能源消耗等。最后进行综合评价，选出最佳方案。

6.3.4 实施阶段

通过综合评价选出的方案，送决策部门审批后便可实施。为了保证方案顺利实施，应做到四个落实：

（1）组织落实，即要把具体的实施方案落实到职能部门和有关人员。

（2）经费落实，即要把实施方案所需经费的来源和使用安排落实好。

（3）物质落实，即要把实施方案所需的物资、装备等落实好。

（4）时间落实，即要把实施方案的起止时间及各阶段的时间妥善安排好。

在方案实施过程中，应该对方案的实施情况进行检查，发现问题及时解决。方案实施完成后，要进行总结评价和验收。

【基础训练】

一、单项选择题

1. 价值工程活动中，计算产品成本的方法是以产品的什么属性为中心分析成本的事前成本计算方法 （   ）

    A. 功能   B. 质量

    C. 价格   D. 性能

2. 在价值工程活动中，描述某一个产品零部件"是干什么用的？"属于 （   ）

    A. 产品功能分析   B. 产品结构分析

    C. 对象选择   D. 产品设计

3. 价值工程的核心是对产品进行 （   ）

    A. 功能分析   B. 成本分析

    C. 信息搜集   D. 方案创新

4. 关于价值工程中功能的价值系数的说法，正确的是 （   ）

    A. 价值系数越大越好

    B. 价值系数大于 1 表示评价对象存在多余功能

    C. 价值系数等于 1 表示评价对象的价值为最佳

    D. 价值系数小于 1 表示现实成本较低，而功能要求较高

5. 某分项工程施工采用方案 A 的成本为 5 万元，在相同条件下，采用其他方案的合理成本为 4.5 万元。对方案实施价值工程，可以认为方案 A 的价值系数为 （   ）

    A. 0.90   B. 0.10

    C. 0.53   D. 1.11

6. 如住宅必须具备遮风、避雨、保温、隔热、采光、通风、防潮、抗震等功能，这些功能属于 （   ）

    A. 总体功能   B. 并列功能

    C. 局部功能   D. 上下位功能

7. 原计划用煤渣打一地坪，造价 50 万元以上，后经分析用工程废渣代替煤渣，既保持了原有的坚实功能，又能节省投资 20 万元，根据价值工程原理，此次提高价值的途径为 （   ）

    A. 投资型   B. 节约型

    C. 双向型   D. 牺牲型

二、多项选择题

1. 价值工程中，不符合用户要求的功能成为不必要功能，包括 （   ）

A. 辅助功能   B. 多余功能

C. 重复功能   D. 次要功能

E. 过剩功能

2. 造成价值工程活动对象的价值系数 V 小于 1 的可能原因有   (   )

A. 评价对象的现实成本偏低   B. 功能现实成本大于功能价值

C. 实现功能的条件或方法不佳   D. 可能存在着过剩的功能

E. 可能存在着不足的功能

3. 价值工程涉及价值、功能、寿命周期成本三个基本要素,其特点包括   (   )

A. 价值工程的核心是对产品进行功能分析

B. 价值工程要求将功能定量化,即将功能转化为能够与成本直接相比的量化值

C. 价值工程的目标是以最低的生产成本使产品具备其所必须具备的功能

D. 价值工程是以集体的智慧开展的有计划、有组织的管理活动

E. 价值工程中的价值是指对象的使用价值,而不是交换价值

4. 在价值工程中,关于功能与成本的论述正确的是   (   )

A. 功能水平越高,生产成本越高

B. 当生产成本高于使用成本时,产品功能不足

C. 功能水平越低,总成本越低

D. 当生产成本等于使用成本时,功能水平最佳

E. 当使用成本过高时,产品功能不足

5. 在价值工程中,提高产品价值的途径有   (   )

A. 产品成本不变,提高功能水平   B. 产品功能不变,降低成本

C. 降低产品成本,提高功能水平   D. 产品功能下降,成本提高

E. 功能小提高,成本大提高

三、简答题

1. 什么是价值工程? 价值工程中的价值的含义是什么? 提高价值有哪些途径?

2. 价值工程的工作程序是什么? 每个程序都解决什么问题?

3. 什么是功能? 功能如何分类?

单元 7　设备更新分析

【单元概述】

　　阐述了设备更新和设备租赁的经济分析方法,并介绍了如何利用经济分析来解决工程实践中方案选择的问题。设备更新既是企业内部的需要,也是外部环境的要求;既是企业技术改造的重要内容,也是现代建设工程经济学中不可缺少的组成部分。

【知识目标】

　　熟悉设备经济寿命的概念及意义;熟悉设备更新和租赁的经济分析;掌握设备经济寿命确定的计算方法;掌握设备更新方案的评价方法。

【技能目标】

　　能够通过计算确定设备的经济寿命;能够利用设备更新、设备租赁的经济分析进行方案的选择。

【导入案例】

　　由于市场需求量增加,某钢铁集团公司高速线材生产线面临两种选择:第一方案是在保留现有生产线 A 的基础上,5 年后再上一条生产线 B;第二方案是放弃现在的生产线 A,直接上一条新的生产线 C 来保证原有的生产能力。

　　生产线 A 是 15 年前建造的,其剩余寿命估计为 5 年,到期残值为 100 万元,该生产线目前市场上的残值估价为 500 万元。生产线今后第一年的经营成本为 20 万元,以后每年等额增加 5 万元。生产线 B 总投资 6 000 万元,寿命期为 20 年,到期残值为 1 000 万元,每年经营成本为 10 万元。生产线 C 总投资为 8 000 万元,寿命期为 30 年,到期残值为 1 200 万元,年运营成本为 8 万元。

　　基准折现率为 10%,设研究期为 10 年。请应用合适的分析方法,分析以上两个方案,哪个最优?

7.1　设备磨损与补偿

　　随着新工艺、新技术、新机具、新材料的不断涌现,工程施工在更大的深度和广度上实现了机械化,施工机械设备已成为施工企业生产力不可缺少的重要组成部分。因此,建筑施工企业都存在着如何使企业的技术结构合理化,如何使企业设备利用率、机械效率和设备运营成本等指标保持在良好状态的问题,这就必须对设备磨损的类型及补偿方式、设备更新方案的比选进行科学的技术经济分析。

7.1.1　设备磨损的类型

设备是企业生产的重要物质条件,企业为了进行生产,必须花费一定的投资,用以购置各种设备。设备购置后,无论是使用还是闲置,都会发生磨损。设备磨损分为两大类,共四种形式。

1. 有形磨损(又称物质磨损)

(1) 设备在使用过程中,在外力的作用下实体产生的磨损、变形和损坏,称为第一种有形磨损,这种磨损的程度与使用强度和使用时间长度有关。

(2) 设备在闲置过程中受自然力的作用而产生的实体磨损,如金属件生锈、腐蚀、橡胶件老化等,称为第二种有形磨损,这种磨损与闲置的时间长度和所处环境有关。

上述两种有形磨损都造成设备的性能、精度等的降低,使得设备的运行费用和维修费用增加,效率低下,反映了设备使用价值的降低。

2. 无形磨损(又称精神磨损、经济磨损)

设备无形磨损不是由生产过程中使用或自然力的作用造成的,而是由于社会经济环境变化造成的设备价值贬值,是技术进步的结果,无形磨损又有两种形式。

(1) 设备的技术结构和性能并没有变化,但由于技术进步,设备制造工艺不断改进,社会劳动生产率水平的提高,同类设备的再生产价值降低,因而设备的市场价格也降低了,致使原设备相对贬值。这种磨损称为第一种无形磨损。这种无形磨损的后果只是现有设备原始价值部分贬值,设备本身的技术特性和功能即使用价值并未发生变化,故不会影响现有设备的使用。因此,不产生提前更换现有设备的问题。

(2) 第二种无形磨损是由于科学技术的进步,不断创新出结构更先进、性能更完善、效率更高、耗费原材料和能源更少的新型设备,使原有设备相对陈旧落后,其经济效益相对降低而发生贬值。第二种无形磨损的后果不仅是使原有设备价值降低,而且由于技术上更先进的新设备的发明和应用会使原有设备的使用价值局部或全部丧失,这就产生了是否用新设备代替现有陈旧落后设备的问题。

有形和无形两种磨损都引起设备原始价值的贬值,这一点两者是相同的。不同的是,遭受有形磨损的设备,特别是有形磨损严重的设备,在修理之前,常常不能工作;而遭受无形磨损的设备,并不表现为设备实体的变化和损坏,即使无形磨损很严重,其固定资产物质形态却可能没有磨损,仍然可以使用,只不过继续使用它在经济上是否合算,需要分析研究。

3. 设备的综合磨损

设备的综合磨损是指同时存在有形磨损和无形磨损的损坏和贬值的综合情况。对任何特定的设备来说,这两种磨损必然同时发生和同时互相影响。某些方面的技术要求可能加快设备有形磨损的速度,例如高强度、高速度、大负荷地使用,必然使设备的物质磨损加剧。同时,某些方面的技术进步又可提供耐热、耐磨、耐腐蚀、耐振动、耐冲击的新材料,使设备的有形磨损减缓,但是其无形磨损加快。

7.1.2 设备磨损的补偿方式

设备发生磨损后,需要进行补偿,以恢复设备的生产能力。由于设备遭受磨损的形式不同,补偿磨损的方式也不一样。补偿分局部补偿和完全补偿。设备有形磨损的局部补偿是修理,设备无形磨损的局部补偿是现代化改装。设备有形磨损和无形磨损的完全补偿是更新,见图7-1。设备大修理是更换部分已磨损的零部件和调整设备,以恢复设备的生产功能和效率为主;设备现代化改造是对设备的结构作局部的改进和技术上的革新,如增添新的、必需的零部件,以增加设备的生产功能和效率为主;更新是对整个设备进行更换。

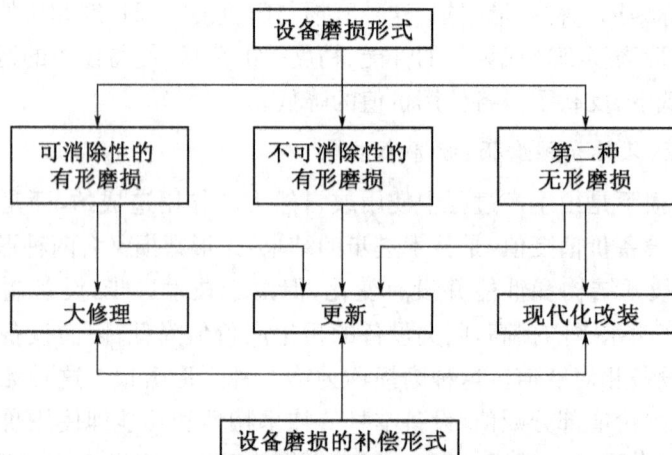

图7-1 设备磨损形式与补偿方式的关系

1. 设备修理

在实践中,通常把为保持设备在平均寿命期限内的完好使用状态而进行的局部更换或修复工作叫作维修或修理。

按其经济内容来讲,这种必要的维修工作可分为日常维护、小修理、中修理和大修理等几种形式。

日常维护是指与拆除和更换设备中被磨损的零部件无关的一些维修内容,诸如设备的润滑与保洁,定期检验与调整,消除部分零部件的磨损等。

小修理是工作量最小的计划修理,指设备使用过程中为保证设备工作能力而进行的调整、复复或更换个别零部件的修理工作。

中修理是进行设备部分解体的计划修理,其内容有:更换或修复部分不能用到下次计划修理的磨损零件,通过修理、调整,使修理部分基本恢复到出厂时的功能水平以满足工艺要求,修理后应保证设备在一个中修间隔期内能正常使用。

大修理是最大的一种计划修理,它是在原有实物形态上的一种局部更新。它是通过对设备全部解体,修理耐久的部分,更换全部损坏的零部件,修复所有不符合要求的零部件,全面消除缺陷,以使设备在大修理之后,无论在生产率、精确度、速度等方面达到或基本达到原设备的出厂标准。

大修理的特点为:

(1) 修理种类的界限是模糊的,一般是以工作量大小、周期长短、工作内容等为标志区分。

(2) 大修理是规模最大、花钱最多的一种修理,因此应重点分析。

(3) 大修理的要求是达到出厂的技术标准,但是难以做到。

一般是经济性越来越差,设备的性能越来越低,修理的间隔周期越来越短,修理费用越来越高,设备中原来的能保留下来的部分也越来越少。

大修、中修和小修修理的内容不同,间隔时间也不同,所花费的资金及资金来源也不同。中修和小修所需要的费用一般直接计入生产成本,而大修费用则由大修费用专项资金开支。

2. 设备更新

设备更新是指以结构更先进、技术更完善、效率更高、性能更好、消耗更低、外观更新颖的设备代替落后、陈旧,遭受第二种无形磨损,且在经济上不宜继续使用的设备。这是实现企业技术进步,提高经济效益的主要途径。亦可以用结构相同的新设备去代替遭受严重有形磨损而不能继续使用的设备。但是,由于当今科学技术发展迅速,对后一种更新不宜过多采用,否则会导致企业技术停滞。

3. 设备现代化改装

设备现代化改装及设备的技术改造,就是应用现代化的技术成就和先进的经验,根据生产的具体需要改变旧设备的结构或增加新装置、新部件等,以改善旧设备的技术性能与使用指标,使它局部或全部达到所需要的新设备的水平。

设备现代化改装,主要目的有:提高机械化、自动化水平,扩大设备的工艺范围,改善设备的技术性能,提高设备的精度,延长设备的寿命,改善劳动条件和安全作业等。

由于设备总是同时遭受到有形磨损和无形磨损,因此,对其综合磨损后的补偿形式应进行更深入的研究,以确定恰当的补偿方式。对于陈旧落后的设备,即消耗高、性能差、使用操作条件不好、对环境污染严重的设备,应当用较先进的设备尽早替代;对整机性能尚可,有局部缺陷,个别技术经济指标落后的设备,应选择适应技术进步的发展需要,吸收国内外的新技术,不断地加以改造和现代化改装。在设备磨损补偿工作中,最好的方案是有形磨损期与无形磨损期相互接近,这是一种理想的"无维修设计"(也就是说,当设备需要进行大修理时,恰好到了更换的时刻)。但是大多数的设备,通常通过修理可以使有形磨损期达到 20～30 年甚至更长,但无形磨损期却比较短。在这种情况下,就存在如何对待已经无形磨损但物质上还可使用的设备的问题。此外还应看到,第二种无形磨损虽使设备贬值,但它是社会生产力发展的反映,这种磨损愈大,表示社会技术进步愈快。因此应该充分重视对设备磨损规律性的研究,加速技术进步的步伐。

7.2 设备的寿命

设备在使用过程中,由于有形磨损和无形磨损的共同作用,在设备使用到一定期限时,就需要利用新设备进行更新。这种更新取决于设备使用寿命的效益或成本的高低。

7.2.1 设备寿命的类型

设备的寿命在不同需要情况下有不同的内涵和意义。现代设备的寿命,不仅要考虑自然寿命,而且还要考虑设备的技术寿命和经济寿命。

1. 设备的自然寿命

设备的自然寿命,又称物质寿命。它是指设备从投入使用开始,直到因物质磨损严重而不能继续使用、报废为止所经历的全部时间。它主要是由设备的有形磨损所决定的。做好设备维修和保养可延长设备的物质寿命,但不能从根本上避免设备的磨损,任何一台设备磨损到一定程度时,都必须进行更新。因为随着设备使用时间的延长,设备不断老化,维修所支出的费用也逐渐增加,从而出现恶性使用阶段,即经济上不合理的使用阶段,因此,设备的自然寿命不能成为设备更新的估算依据。

2. 设备的技术寿命

由于科学技术迅速发展,一方面,对产品的质量和精度的要求越来越高;另一方面,也不断涌现出技术上更先进、性能更完善的机械设备,这就使得原有设备虽还能继续使用,但已不能保证产品的精度、质量和技术要求而被淘汰。因此,设备的技术寿命就是指设备从投入使用到因技术落后而被淘汰所延续的时间,也即是指设备在市场上维持其价值的时间,故又称有效寿命。例如一台电脑,即使完全没有使用过,它的功能也会被更为完善、技术更为先进的电脑所取代,这时它的技术寿命可以认为等于零。由此可见,技术寿命主要是由设备的无形磨损所决定的,它一般比自然寿命要短,而且科学技术进步越快,技术寿命越短。所以,在估算设备寿命时,必须考虑设备技术寿命期限的变化特点及其使用的制约或影响。

3. 设备的经济寿命

经济寿命是指设备从投入使用开始,到继续使用在经济上不合理而被更新所经历的时间。它是由设备维护费用的提高和使用价值的降低决定的。设备使用年限越长,所分摊的设备年资产消耗成本越少。但是随着设备使用年限的增加,一方面需要更多的维修费维持原有功能;另一方面设备的操作成本及原材料、能源耗费也会增加,年运行时间、生产效率、质量将下降。因此,年资产消耗成本的降低,会被年度运行成本的增加或收益的下降所抵消。在整个变化过程中存在着某一年份,设备年平均使用成本最低,经济效益最好,如图 7-2 所示,在 N_0 年时,设备年平均使用成本达到最低值。我们称设备从开始使用到其年平均使用成本最小(或年盈利最高)的使用年限 N_0 为设备的经济寿命。所以,设备的经济寿命就是从经济观点(即成本观点或收益观点)确定的设备更新的最佳时刻。

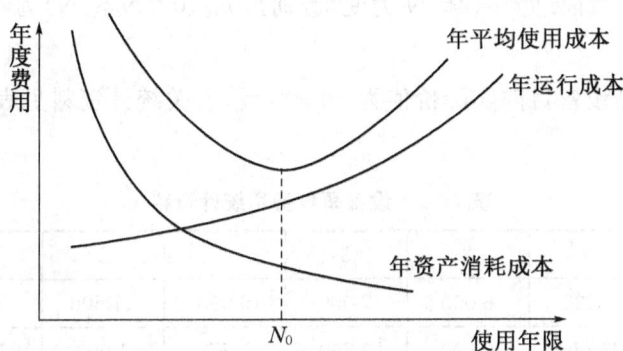

图 7-2　设备年度费用曲线

4. 设备寿命期限的影响因素

影响设备寿命期限的因素较多,其中主要有:设备的技术构成(包括设备的结构及工艺性)、技术进步、设备成本、加工对象、生产类型、工作班次、操作水平、产品质量、维护质量、环境要求。

7.2.2　设备经济寿命的确定

1. 设备经济寿命的确定原则

确定设备经济寿命期的原则是:

(1) 使设备在经济寿命内平均每年净收益(纯利润)达到最大;

(2) 使设备在经济寿命内一次性投资和各种经营费用总和达到最小。

2. 设备经济寿命的确定方法

确定设备经济寿命的方法可以分为静态模式和动态模式两种。下面仅介绍静态模式下设备经济寿命的确定方法。

静态模式下设备经济寿命的确定方法,就是在不考虑资金时间价值的基础上计算设备年平均使用成本 $\overline{C}_N$。使 $\overline{C}_N$ 为最小的 N_0 就是设备的经济寿命。

$$\overline{C}_N = \frac{P - L_N}{N} + \frac{1}{N}\sum_{t=1}^{N} C_t \qquad (7-1)$$

式中:$\overline{C}_N$——N 年内设备的年平均使用成本;

　　P——设备目前实际价值,如果是新设备包括购置费和安装费,如果是旧设备包括旧设备现在的市场价值和继续使用旧设备追加的投资;

　　C_t——第 t 年的设备运行成本,包括人工费、材料费、能源费、维修费、停工损失、废次品损失等;

L_N——第 N 年末的设备净残值。

在式(7-1)中，$\dfrac{P-L_N}{N}$ 为设备的平均年度资产消耗成本，而 $\dfrac{1}{N}\sum\limits_{t=1}^{N}C_t$ 为设备的平均年度运行成本。

在式(7-1)中，如果使用年限 N 为变量，则当 $N_0(0<N_0\leqslant N)$ 为经济寿命时，应满足 $\overline{C}_N$ 最小。

【例 7-1】 某设备目前实际价值为 30 000 元，有关统计资料见表 7-1，求其经济寿命。

表 7-1 设备每年费用统计资料

单位：元

继续使用年限 t	1	2	3	4	5	6	7
年运行成本(元)	5 000	6 000	7 000	9 000	11 500	14 000	17 000
年末残值(元)	15 000	7 500	3 750	1 875	1 000	1 000	1 000

解：由统计资料可知，该设备在不同使用年限时的年平均成本如表 7-2 所示。

由计算结果可以看出，该设备在使用 5 年时，其平均使用成本 13500 元为最低。因此，该设备的经济寿命为 5 年。

表 7-2 设备每年的费用

单位：元

使用年限 N	资产消耗成本 $(P-L_N)$	平均年资产消耗成本 (3)=(2)/(1)	年度运行成本 C_t	运行成本累计 ΣC_t	平均年度运行成本 (6)=(5)/(1)	年平均使用成本 $\overline{C}_N$ (7)=(3)+(6)
(1)	(2)	(3)	(4)	(5)	(6)	(7)
1	15 000	15 000	5 000	5 000	5 000	20 000
2	22 500	11 250	6 000	11 000	5 500	16 750
3	26 250	8 750	7 000	18 000	6 000	14 750
4	28 125	7 031	9 000	27 000	6 750	13 781
5	29 000	5 800	11 500	38 500	7 700	13 500
6	29 000	4 833	14 000	52 500	8 750	13 583
7	29 000	4 143	17 000	69 500	9 929	14 072

由计算结果来看，该设备使用 5 年，其平均年费用最低，为 1.35 万元，使用年限大于或小于 5 年时，其平均年使用成本均大于 1.35 万元。因此，该设备的经济寿命为 5 年，即该设备以 5 年最为经济。

由于设备使用时间越长，设备的有形磨损和无形磨损越加剧，从而导致设备的维护修理费用增加越多，这种逐年递增的费用 ΔC_t，称为设备的低劣化。用低劣化数值表示设备损耗的方法称为低劣化数值法。如果每年设备的劣化增量是均等的，即 $\Delta C_t=\lambda$，每年劣化呈线性增长。假设评价基准年(即评价第一年)设备的运行成本为 C_1，若设备

使用 n 年后的残值为 L_n,则平均年费用的计算公式可以简化为:

$$AC_n = \frac{P - L_n}{n} + C_1 + (n-1) \times \frac{\lambda}{2}$$

令 $\dfrac{\mathrm{d}(AC_n)}{\mathrm{d}n} = 0$,则经济寿命为:

$$N_0 = \sqrt{\frac{2(P - L_N)}{\lambda}} \qquad\qquad (7-2)$$

式中:N_0——设备的经济寿命;

　　λ——设备的低劣化值。

【例 7-2】　设有一台设备,目前实际价值 $P = 8\,000$ 元,预计残值 $L_N = 800$ 元,第一年的设备运行成本 $C_1 = 600$ 元,每年设备的劣化增量是均等的,年劣化值 $\lambda = 300$ 元,求该设备的经济寿命。

解:设备的经济寿命 $N_0 = \sqrt{\dfrac{2 \times (8\,000 - 800)}{300}} = 7$(年)

7.3　设备的更新分析

7.3.1　设备更新的意义

在竞争激烈的当代,有无淘汰旧设备更换新设备的政策,往往是企业成败的关键。这也是企业管理者经常遇到的经济问题,随着社会需求水平的不断提高和科学技术的不断发展,新技术、新工艺、新材料不断出现,设备的更新速度越来越快,企业经常面临设备陈旧、落后的情况。是决定购买最新式设备,还是采取拖延设备的更新直到其不能再使用为止? 如果片面追求现代化,在企业资金紧张的情况下,购买最新式设备,可能造成企业流动资本的严重不足,使企业陷入经营危机,造成企业资金运作上的困难,也使资源未能做到最有效的运用。相反,当竞争对手积极利用现代化设备降低成本和提高产品质量时,企业还在依靠低效率的设备进行生产,会使企业丧失成本优势,无法应付激烈的价格竞争,企业最终也必将为此付出代价,继而陷入不能自拔的境地,甚至可能导致破产。因此,应该怎样更新设备和什么时候更新,选择合理的更新方案对企业来说是十分重要的。

在工程经济分析中,设备更新从广义上讲,应包括设备修理、设备重置、设备更新和现代化改装。从狭义上讲,设备的更新是指设备在使用过程中,由于有形磨损和无形磨损的作用,致使其功能受到一定的影响,效益有所降低,因而需要以结构更加先进、技术更加完善、生产效益更高、性能更好的设备去替代原有的设备。

7.3.2　设备更新的概念

设备更新,是指对在技术上或经济上不宜继续使用的设备,用新的原型设备更换现有设备,或者是以结构先进、技术完善、效率高、耗能少的新设备,来代替物质上无法继续使用,或经济上不宜继续使用的陈旧设备。因此,设备更新包括原型设备更新和新型设备更新两种方式。

1. 原型设备更新(也称简单更新)

就是用结构和性能相同的机器设备去更换已严重有形磨损而物理上不能继续使用的旧机器设备。主要解决设备的损坏问题,不具有更新技术的性质,不发生技术的进步。但长此以往必然导致技术的停滞。因此这种更新主要用于代替经济不合理的设备。

2. 新型设备更新(也称技术更新)

就是以结构上更先进、技术上更完善、效率更高、性能更好、消耗能源和原材料更少的新型设备来替换那些技术上陈旧,存在技术损耗而在经济上不宜继续使用的设备。

设备更新主要是以技术更新为主,它是技术发展的基础。

7.3.3 设备更新决策

设备是否更新,需要进行设备更新的决策。设备更新决策是指确定一套正在使用的设备应何时以及应怎样用更经济的设备来替代。对企业来说,设备更新决策决不能轻率从事。这需要不失时机地做好设备更新分析工作,采取适宜的设备更新决策。

1. 设备更新决策特点

设备更新决策应在系统全面了解企业现有设备的性能、磨损程度、服务年限、技术进步等情况后,分轻重缓急,有重点有区别地对待。如果设备采用修理的方式经济上比较合理的就不要急于更新,可以通过维修改进;通过改进工艺设备,能够用经济实效的方式满足生产要求的,就不需要更新设备;只需要对个别关键部件或者单台设备进行技术改造的,就不用考虑更新整机或者整条生产线设备。通常优先考虑更新的设备是:

(1)设备损耗严重,大修后性能、精度仍不能满足规定工艺要求的;

(2)设备损耗虽在允许范围之内,但技术已经陈旧落后,能耗高、使用操作条件不好、对环境污染严重,技术经济效果很不好的;

(3)设备役龄长,大修虽然能恢复精度,但经济效果上不如更新的。

2. 设备更新方案的比选原则

确定设备更新必须进行技术经济分析。设备更新方案比选的基本原理和评价方法与互斥性投资方案比选相同。设备更新分析中,设备的经济寿命是确定设备最优更新期的主要依据。但在实际设备更新方案比选时,应遵循如下原则:

(1)设备更新分析应站在客观的立场分析问题

设备更新问题的要点是站在第三者的立场上,而不是站在旧设备所有者的立场上考虑问题。第三者并不拥有任何资产,故若要保留旧设备,首先要付出相当于旧设备当前市场价值的投资,才能取得旧设备的使用权。

(2)不考虑沉没成本

设备更新经济分析只考虑未来发生的现金流量。对更新决策之前发生的现金流量及沉没成本不需要再参与经济计算。因为它们都属于不可恢复的费用,与更新决策无关,不会影响方案的选择。

沉没成本是既有企业过去投资决策发生的、非现在决策能改变(或不受现在决策影响)、已经计入过去投资费用回收计划的费用。由于沉没成本是已经发生的费用,不管企业生产什么和生产多少,这项费用都不可避免地要发生,因此现在决策对它不起作用。在进行设备更新方案比选时,原设备的价值应按目前实际价值计算,而不考虑其沉没成本。例如,某设备 4 年前的原始成本是 80 000 元,目前的账面价值是 30 000 元,现在的市场价值仅为 18 000 元。在进行设备更新分析时,旧设备往往会产生一笔沉没成本,即:

$$沉没成本=设备账面价值-当前市场价值 \qquad (7-3)$$

或 $$沉没成本=(设备原值-历年折旧费)-当前市场价值 \qquad (7-4)$$

则本例旧设备的沉没成本为 12 000 元(=30 000-18 000),是过去投资决策发生的而与现在更新决策无关,目前该设备的价值等于市场价值 18 000 元。

(3)逐年滚动比较

该原则是指在确定最佳更新时机时,应首先计算比较现有设备的剩余经济寿命和新设备的经济寿命,然后利用逐年滚动计算方法进行比较。

通常在进行设备更新时,多假定设备产生的收益相同,因而在进行方案比较时只对其费用进行比较。

3. 设备更新方案的比选

设备更新方案的比选就是对新设备方案与旧设备方案进行比较分析,也就是决定现在马上购置新设备、淘汰旧设备,还是至少保留使用旧设备一段时间,再用新设备替换旧设备。新设备原始费用高,营运费和维修费低;旧设备目前净残值低,营运费和维修费高。必须进行权衡判断,才能做出正确的选择,一般情况要进行逐年比较。

在静态模式下进行设备更新方案比选时,可按如下步骤进行:

(1)计算新旧设备方案不同使用年限的静态年平均使用成本和经济寿命。

(2)确定设备更新时机。

设备更新即便在经济上是有利的,却也未必应该立即更新。换言之,设备更新分析还包括更新时机选择的问题。现有已用过一段时间的旧设备究竟在什么时机更新最经济?

(1)如果旧设备继续使用 1 年的年平均使用成本低于新设备的年平均使用成本,即:

$$\overline{C}_N(旧)<\overline{C}_N(新)$$

此时,不更新旧设备,继续使用旧设备 1 年。

(2)当新旧设备方案出现:

$$\overline{C}_N(旧)>\overline{C}_N(新)$$

此时,应更新现有设备,这即是设备更新的时机。

总之,以经济寿命为依据的更新方案比较,使设备都使用到最有利的年限来进行分析。

7.4 设备租赁

设备租赁现在已成为国际上一项新兴产业。例如,美国1978年设备租赁业的营业额已达267亿美元,相当于美国当年设备总投资的17%。设备的租赁期通常为3～5年,个别大型设备甚至达20年之久。

租赁的设备主要是各种生产设备,此外还有运输设备、建筑机械、采油和矿山设备、电讯设备和精密仪器、医疗设备、办公设备以及成套设备等。

在企业生产经营管理中,设备租赁常见于企业设备投资决策。

7.4.1 设备租赁概念

设备的租赁是一种契约性协议。规定设备的所有者(出租人)在一定时期内,根据一定的条件,将设备交给使用者(承租人)使用,承租人按协议分期支付租金,并享有对租赁资产的使用权。由于租赁具有把融资和融物结合起来的特点,这使得租赁能够提供及时而灵活的资金融通方式,减少设备陈旧过时的风险,还可以使承租人享受设备试用以及使企业获得税收的减免等优惠。

设备租赁主要有经营租赁和融资租赁两种方式:

1. 经营租赁

经营租赁,又称运行租赁,是指出租者除向承租者提供租赁物外,还承担设备的保养、维修、贬值以及不再续租的风险,任何一方可以随时以一定方式在通知对方后的规定时间内取消或中止租约。该类租赁具有可撤销性、短期性、租金高等特点,适用于技术进步快、用途较广泛、使用具有季节性的设备。临时使用的设备(例如车辆、仪器等)通常采用这种方式。

2. 融资租赁

融资租赁,通常又称为长期租赁,是指由双方明确租让的期限和付费义务,出租者按照要求提供规定的设备,然后以租金形式回收设备的全部资金,出租者对设备的整机性能、维修保养、老化风险等不承担责任。该种租赁方式是以融资和对设备的长期使用为前提的,租赁期相当于或超过设备的寿命期,具有不可撤销性、租期长等特点,适用于大型机床、重型施工等贵重设备。融资租赁是现代租赁的主要形式。

通常租赁是通过签订租赁合约来进行的,合约中应对下列事项作出明确规定:

(1) 租赁方式。租期和租金支付办法。

(2) 违约处罚条款。如出租物性能不符合要求,或计划发生改变,租入方要求临时终止合同(融资租赁)时,应向对方支付的罚款金额等。

(3) 优先购置权。若出租物最终将出售,则租赁者(承租人)是否有优先购置权,已付租金之一部分能否抵作购置金。

（4）更新规定。出租物是否更新，何时更新，更新后的租金。

（5）其他。有关维修费用、保险费用及税金由哪方支付的规定。

7.4.2 设备租赁的优缺点

由于租赁具有把融资和融物结合起来的特点，这使得租赁能够提供及时而灵活的资金融通方式，是企业取得设备进行生产经营的一个重要手段。

1．对于承租人来说，设备租赁与设备购买相比的优越性

（1）在资金短缺的情况下，既可用较少资金获得生产急需的设备，也可以引进先进设备，加速技术进步的步伐；

（2）可获得良好的技术服务；

（3）可以保持资金的流动状态，防止呆滞，也不会使企业资产负债状况恶化；

（4）可避免通货膨胀和利率波动的冲击，减少投资风险；

（5）设备租金可在所得税前扣除，能享受税费上的利益。

2．设备租赁的不足之处

（1）在租赁期间承租人对租用设备无所有权，只有使用权，故承租人无权随意对设备进行改造，不能处置设备，也不能用于担保、抵押贷款；

（2）承租人在租赁期间所交的租金总额一般比直接购置设备的费用要高；

（3）长年支付租金，形成长期负债；

（4）融资租赁合同规定严格，毁约要赔偿损失，罚款较多等。

正是由于设备租赁有利有弊，故在租赁前要进行慎重的决策分析。

7.5 设备租赁与购买方案的比选

采用购置设备或是采用租赁设备应取决于这两种方案在经济上的比较，比较的原则和方法与一般的互斥投资方案的比选方法相同。

7.5.1 设备租赁与购置方案分析的步骤

（1）根据企业生产经营目标和技术状况，提出设备更新的投资建议。

（2）拟定若干设备投资、更新方案，包括：购置（有一次性付款和分期付款购买）方案和租赁方案。

（3）定性分析筛选方案，包括：分析企业财务能力和分析设备技术风险、使用维修特点。

分析企业财务能力，如果企业不能一次筹集并支付全部设备价款，则去掉一次付款购置方案。

分析设备技术风险、使用维修特点，对技术过时风险大、保养维护复杂、使用时间短的设备,可以考虑经营租赁方案;对技术过时风险小、使用时间长的大型专用设备则融资租赁方案或购置方案均是可以考虑的方式。

(4) 定量分析并优选方案,结合其他因素,作出租赁还是购买的投资决策。

7.5.2 设备经营租赁与购置方案的经济比选方法

进行设备经营租赁与购置方案的经济比选,必须详细地分析各方案寿命期内各年的现金流量情况,据此分析方案的经济效果,确定以何种方式投资才能获得最佳。

1. 设备经营租赁方案的净现金流量

采用设备经营租赁的方案,租赁费可以直接计入成本,但为与设备购置方案具有可比性,特将租赁费用从经营成本分离出来,其任一期净现金流量可表示为:

净现金流量=营业收入-租赁费用-经营成本-与营业相关的税金-所得税

$$(7-5)$$

或 净现金流量=营业收入-租赁费用-经营成本-与营业相关的税金

-所得税率×(营业收入-租赁费用-经营成本-与营业相关的税金) $(7-6)$

式中,租赁费用主要包括:租赁保证金、租金、担保费。

(1) 租赁保证金:为了确认租赁合同并保证其执行,承租人必须先交纳租赁保证金。当租赁合同结束时,租赁保证金将被退还给承租人或在偿还最后一期租金时加以抵消。保证金一般按合同金额的一定比例计,或是某一基期数的金额(如一个月的租金额)。

(2) 担保费:出租人一般要求承租人请担保人对该租赁交易进行担保,当承租人由于财务危机付不起租金时,由担保人代为支付租金。一般情况下,承租人需要付给担保人一定数目的担保费。

(3) 租金:租金是签订租赁合同的一项重要内容,直接关系到出租人与承租人双方的经济利益。出租人要从取得的租金中得到出租资产的补偿和收益,即要收回租赁资产的购进原价、贷款利息、营业费用和一定的利润。承租人则要比照租金核算成本。影响租金的因素很多,如设备的价格、融资的利息及费用、各种税金、租赁保证金、运费、租赁利差、各种费用的支付时间,以及租金采用的计算公式等。

2. 租金的计算

对于租金的计算主要有附加率法和年金法。

(1) 附加率法

附加率法是在租赁资产的设备货价或概算成本上再加上一个特定的比率来计算租金。每期租金 R 表达式为:

$$R=P\frac{(1+N\times i)}{N}+P\times r \qquad (7-7)$$

式中:P——租赁资产的价格;

N——租赁期数,可按月、季、半年、年计;

i——与租赁期数相对应的利率;

r——附加率。

【例 7 - 3】　租赁公司拟出租给某企业一台设备,设备的价格为 68 万元,租期为 5 年,每年年末支付租金,折现率为 10％,附加率为 4％,问每年租金为多少?

解:　$R=68\times\dfrac{(1+5\times10\%)}{5}+68\times4\%=23.12(万元)$

(2) 年金法

年金法是将一项租赁资产价值按动态等额分摊到未来各租赁期间内的租金计算方法。年金法计算有期末支付和期初支付租金之分。

① 期末支付方式是在每期期末等额支付租金。其支付方式的现金流量如图 7 - 3(a)所示。期末等额支付租金计算是等额系列现值计算的逆运算,期末支付租金 R_a 的表达式,即为:

$$R_a=P\dfrac{i(1+i)^N}{(1+i)^N-1}\qquad(7-8)$$

式中:R_a——每期期末支付的租金额;

　　P——租赁资产的价格;

　　N——租赁期数,可按月、季、半年、年计;

　　i——与租赁期数相对应的利率或折现率。

$\dfrac{i(1+i)^N}{(1+i)^N-1}$——称为等额系列资金回收系数,用符号 $(A/P,i,N)$ 表示。

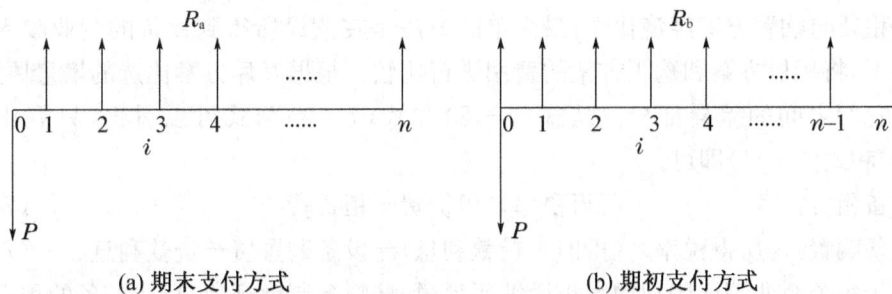

(a) 期末支付方式　　　　　　　　(b) 期初支付方式

图 7 - 3　年金法计算租金现金流量示意图

② 期初支付方式是在每期期初等额支付租金,期初支付要比期末支付提前一期支付租金,其支付方式的现金流量如图 7 - 3(b)所示。每期租金 R_b 的表达式为:

$$R_b=P\dfrac{i(1+i)^{N-1}}{(1+i)^N-1}\qquad(7-9)$$

式中:R_b——每期期初支付的租金额。

【例 7 - 4】　折现率为 12％,其余数据与例 7 - 3 相同,试分别按每年年末、每年年初支付方式计算租金。

解:若按年末支付方式:

$$R_a=68\times\dfrac{12\%\times(1+12\%)^5}{(1+12\%)^5-1}=68\times0.2774=18.86(万元)$$

若按年初支付方式：

$$R_a = 68 \times \frac{12\% \times (1+12\%)^{5-1}}{(1+12\%)^5 - 1} = 68 \times 0.2477 = 16.84（万元）$$

3. 购买设备方案的净现金流量

在与租赁设备方案相同的条件下，根据购买设备方案的现金流量，则任一期净现金流量可表为：

净现金流量＝营业收入－设备购置费－经营成本－贷款利息

－与营业相关的税金－所得税　　　　　　　　　（7-10）

或

净现金流量＝营业收入－设备购置费－经营成本－贷款利息－

与营业相关的税金－所得税率×（营业收入－

经营成本－折旧－贷款利息－与营业相关的税金）　（7-11）

4. 设备租赁与购置方案的经济比选

对于承租人来说，关键的问题是决定租赁设备，还是购买设备。而设备租赁与购置的经济比选也是互斥方案选优问题，一般寿命相同时可以采用净现值（或费用现值）法，设备寿命不同时可以采用净年值（或年成本）法。无论用净现值法，还是净年值法，均以收益效果较大（或成本较少）的方案为宜。

在工程经济互斥方案分析中，为了简化计算，常常只需比较它们之间的差异部分。而设备租赁与购置方案经济比选，最简单的方法是在假设所得到设备的营业收入相同的条件下，将租赁方案和购买方案的费用进行比较。根据互斥方案比选的增量原则，只需比较它们之间的差异部分。从式（7-8）和式（7-9）两式可以看出，只需比较式（7-10）和式（7-11）即可。

设备租赁：　　　　　所得税率×租赁费－租赁费　　　　　　（7-12）

设备购置：　所得税率×（折旧＋贷款利息）－设备购置费－贷款利息　（7-13）

由于每个企业都要依利润大小缴纳所得税，按财务制度规定，租赁设备的租金允许计入成本；购买设备每期计提的折旧费也允许计入成本；若用借款购买设备，其每期支付的利息也可以计入成本。在其他费用保持不变的情况下，计入成本越多，则利润总额越少，企业交纳的所得税也越少。因此在充分考虑各种方式的税收优惠影响下，应该选择税后收益更大或税后成本更小的方案。

【基础训练】

一、单项选择题

1. 设备的无形磨损是由于　　　　　　　　　　　　　　　　　　　　（　　）

　　A. 错误操作　　　　　　　　　　B. 技术进步

　　C. 自然力侵蚀　　　　　　　　　D. 超负荷使用

2. 可以采用大修理方式进行补偿的设备磨损是　　　　　　　　　　　（　　）

A. 不可消除性有形磨损　　　　B. 第一种无形磨损

C. 可消除性有形磨损　　　　　D. 第二种无形磨损

3. 某设备 5 年前的原始成本是 10 万元,现账面价值是 3 万元,市场价值是 2 万元,则该设备的沉没成本为 （　　）

A. 1 万元　　　　　　　　　　B. 3 万元

C. 7 万元　　　　　　　　　　D. 8 万元

4. 关于设备技术寿命的说法,正确的是 （　　）

A. 设备的技术寿命一般短于自然寿命

B. 完全未使用的设备技术寿命不可能等于零

C. 科学技术进步越快,设备的技术寿命越长

D. 设备的技术寿命主要由其有形磨损决定

5. 关于设备租赁的说法,错误的是 （　　）

A. 融资租赁通常适用于长期使用的贵重设备

B. 临时使用的设备宜采用经营租赁方式

C. 经营租赁的任一方可以以一定方式在通知对方后的规定期限内取消租约

D. 租赁期内,融资租赁承租人拥有租赁设备的所有权

6. 施工企业拟向租赁公司承租一台设备,设备价格为 120 万元,租期为 6 年,年末支付租金,折现率为 10%,附加率为 4%。按照附加率法计算,应支付租金为 （　　）

A. 25.0 万元　　　　　　　　B. 27.5 万元

C. 33.5 万元　　　　　　　　D. 36.8 万元

7. 某建筑公司融资租赁一台施工设备,设备价格 300 万元,租期为 6 年,每年年末支付租金,折现率为 6%,附加率为 3%。租赁保证金为 30 万元,租赁保证金在租赁期满时退还;担保费为 2 万元。租赁保证金和担保费的时间价值忽略不计。则按附加率法计算的年租金为 （　　）

A. 77.0 万元　　　　　　　　B. 68.0 万元

C. 79.0 万元　　　　　　　　D. 81.6 万元

二、多项选择题

1. 下列导致现有设备贬值的情形中,属于设备无形磨损的有 （　　）

A. 设备连续使用导致零部件磨损　　B. 设备长期闲置导致金属件锈蚀

C. 同类设备的再生产价值降低　　　D. 性能更好耗费更低的替代设备出现

E. 设备使用期限过长引起橡胶件老化

2. 对设备可消除性的有形磨损进行补偿的方式有 （　　）

A. 现代化改装　　　　　　　　B. 更新

C. 日常保养　　　　　　　　　D. 大修理

E. 淘汰

3. 关于设备寿命的说法,正确的有 （　　）

A. 设备的经济寿命是从经济观点确定的设备更新的最佳时期

B. 设备的使用年限越长,设备的经济性越好

C. 设备的合理维修和保养可以避免设备的无形磨损

D. 设备的自然寿命是由设备的综合磨损决定的

E. 设备的技术寿命主要是由设备的无形磨损决定的

4. 关于设备技术寿命的说法,正确的有 （　　）

A. 设备的技术寿命是指设备年平均维修费用最低的使用年限

B. 设备的技术寿命一般长于设备的自然寿命

C. 设备的技术寿命受产品质量和精度要求的影响

D. 设备的技术寿命主要是由设备的有形磨损决定的

E. 一般情况下,科学技术进步越快,设备的技术寿命越短

5. 对于承租人来说,经营性租赁设备与购买设备相比的优越性体现在 （　　）

A. 在资金短缺时可用较少资金获得急需的设备

B. 可获得良好的技术服务

C. 可减少投资风险

D. 在租赁期间可以将设备用于抵押贷款

E. 租金可以在税前扣除,能享受税费上的优惠

三、简答题

1. 什么是设备的有形磨损、无形磨损？各有何特点？

2. 试述设备磨损的补偿方式。

3. 简述工程运用中设备的四种寿命。

4. 简述设备更新的经济意义。

5. 设备更新途径有哪几种？

6. 试述设备租赁的优缺点。

7. 比较经营租赁和融资租赁的异同？

单元 8 财务会计基础

【单元概述】

阐述了财务会计的基本职能与核算原则,通过会计假设,形成了会计核算的基础。解析会计要素的组成和会计等式的应用。

【知识目标】

熟悉会计核算的原则和基础;掌握会计信息的质量要求;掌握会计要素的组成内容和会计等式的应用。

【技能目标】

能够根据会计假设和基础,确认会计要素的分期;能够根据会计要素的性质,区分各类会计要素。

【导入案例】

某工程建设单位 2016 年 10 月审核了竣工结算书,按照合同建设单位应于 2016 年 11 月支付结算款项,实际上施工企业于 2017 年 1 月收到该笔款项,根据现行《企业会计准则》,施工企业应将该款项计入哪个月份的收入?

某高校 2016 年录取大一新生 1 500 人,其中有 46 人未在 2016 年 12 月 31 日前交纳 2016 年的学费,46 人中有 20 人在 2017 年交纳了 2016 年的学费。请问对于学生的学费,应如何入会计账?

财务会计与财务管理是企业管理中的一种综合性管理手段和管理工具,在企业生产经营活动的核算、反映、预测、控制中有着重要的作用。在工程项目管理中,它同样能够体现项目管理水平高低,综合反映工程项目实施过程中的劳动投入和资产占用以及项目的收支和利润情况。

管理会计与财务会计是现代会计两大基本内容。管理会计与财务会计源于同一母体,共同构成现代企业会计系统。管理会计作为企业会计的内部管理系统,其工作侧重点主要是为企业内部管理服务;管理会计通过从企业经营管理的角度获取数据,为企业责任主体制定工作目标,为控制责任主体的行为服务;管理会计注重管理过程、结果对企业内部各方面人员在心理和行为方面的影响,促使企业有关部门和人员按照企业经营目标而努力工作,起着企业向导功能,主要履行预测、决策、规划、控制和考核的职能,属于"经营型会计"。财务会计工作的侧重点在于为企业外界利害关系集团提供会计信息服务;财务会计采用统一的财务会计制度和准则,主要为投资人、债权人、政府及其他有关部门和社会公众等服务,履行反映、报告企业经营成果、财务状况和现金流量的职能,反映企业管理层受托责任履行情况,属于"报告型会计"。另外,管理会计信息跨越过去、现在和未来三个时态;而财务会计信息则大多为过去时态。

但是,两者最终目标相同,即管理会计与财务会计所处的工作环境相同,共同为实现企业管理目标和经营目标服务;同时,管理会计所需的许多资料来源于财务会计系统,其主要工作内容是对财务会计信息进行深加工和再利用,因而受到财务会计工作质量的约束,管理会计信息有时也使用一些与财务会计并不相同的方法来记录、分析和预测企业的经营状况。

8.1 财务会计的职能

8.1.1 财务会计的内涵

财务会计主要是对企业已经发生的交易或事项,通过确认、计量和报告程序进行加工处理,并借助以财务报表为主要内容的财务报告形式,向企业外部的利益集团提供以财务信息为主的经济信息。这种信息是以货币作为主要计量尺度并结合文字说明来表述的,反映了企业过去的资金运动或经济活动历史。

换言之,财务会计是指通过对企业已经完成的资金运动全面系统的核算与监督,以为外部与企业有经济利害关系的投资人、债权人、政府及其有关部门和社会公众提供企业的财务状况、经营成果和现金流量等经济信息为主要目标而进行的经济管理活动。

财务会计对外提供的信息反映了企业与投资者、债权人等有关方面的利益关系,受到这些信息使用者的普遍关注,是投资者和债权人作出合理决策的重要依据;除此之外,会计信息是考评企业经营者经营企业资源的责任和绩效的依据;企业会计信息还是国家、政府部门进行宏观经济管理的重要信息来源。

8.1.2 财务会计的职能

财务会计的内涵决定了财务会计具有核算和监督两项基本职能。会计的职能随着经济的发展和会计内容、作用的不断扩大而发展。现代会计职能还包括预测、决策、评价等,但核算和监督两项基本职能始终不变。现代会计的预测、决策、评价等职能是建立在两项基本职能的基础之上的。

1. 会计的核算职能

会计的核算职能是指会计通过确认、计量、报告,运用一定的方法和程序,利用货币形式,从价值量方面反映企业已经发生或完成的客观经济活动情况,为经济管理提供可靠的会计信息。建立在会计假设基础之上的会计核算,具有完整性、连续性和系统性的特点。

2. 会计的监督职能

会计的监督职能是指在经济事项发生以前,经济事项进行中或发生后,会计利用预算、检查、考核、分析等手段,对单位的货币收支及其经济活动的真实性、完整性、合规性和有效性进行指导与控制。所以,会计监督包括事前、事中和事后监督。

会计的核算职能和监督职能是不可分割的。对经济活动进行会计核算的过程,同时也是实行会计监督的过程。核算是基本的、首要的,核算是监督的前提和基础,没有会计核算,会计监督就失去存在的基础;反之,会计监督是会计核算的保证,没有会计监督来保证会计核算的正确性,会计核算就失去实际意义。

8.2 会计核算的原则

核算是会计的基本职能之一,为保证通过会计核算向有关利益主体提供的信息统一和规范,便于有关信息使用者对会计信息的理解和运用,也为了通过会计核算信息对企业经济活动进行监督,对会计核算的基础性内容——会计要素的计量和会计信息需要作出统一的要求和规定。这些要求和规定构成会计核算应遵循的原则。

8.2.1 会计要素的计量属性

企业在将符合确认条件的会计要素登记入账并列报于会计报表及其附注时,应当按照规定的会计计量属性进行计量,确定其金额。会计计量属性主要包括:

1. 历史成本

在历史成本计量下,资产按照购置时支付的现金或者现金等价物的金额,或者按照购置资产时所付出的代价的公允价值计量。负债按照因承担现时义务而实际收到的款项或者资产的金额,或者承担现时义务的合同金额,或者按照日常活动中为偿还负债预期需要支付的现金或者现金等价物的金额计量。

2. 重置成本

在重置成本计量下,资产按照现在购买相同或者相似资产所需支付的现金或者现金等价物的金额计量。负债按照现在偿付该项债务所需支付的现金或者现金等价物的金额计量。

3. 可变现净值

在可变现净值计量下,资产按照其现在正常对外销售所能收到现金或者现金等价物的金额,扣减该资产至完工时估计将要发生的成本、估计的销售费用以及相关税费后的金额计量。

4. 现值

在现值计量下,资产按照预计从其持续使用和最终处置中所产生的未来净现金流入量的折现金额计量。负债按照预计期限内需要偿还的未来净现金流出量的折现金额计量。

5. 公允价值

在公允价值计量下,资产和负债按照市场参与者在计量日发生的有序交易中,出售资产所能收到或者转移负债所需支付的价格计量。

企业在对会计要素进行计量时,一般应当采用历史成本,采用重置成本、可变现净值、现值、公允价值计量的,应当保证所确定的会计要素金额能够取得并可靠计量。

8.2.2 会计信息的质量要求

1. 可靠性(客观性、真实性)

可靠性要求企业应当以实际发生的交易或者事项为依据进行确认、计量和报告,如实反映符合确认和计量要求的各项会计要素及其他相关信息。保证会计信息真实可靠、内容完整。

会计信息要有用,必须以可靠为基础。如果财务报告所提供的会计信息是不可靠的。就会给投资者等使用者的决策产生误导甚至损失。为了贯彻可靠性要求,企业应当做到:

(1)以实际发生的交易或者事项为依据进行确认、计量,将符合会计要素定义及其确认条件的资产、负债、所有者权益、收入、费用和利润等如实反映在财务报表中,不得根据虚构的、没有发生的或者尚未发生的交易或者事项进行确认、计量和报告。

(2)在符合重要性和成本效益原则的前提下,保证会计信息的完整性,其中包括应当编报的报表及其附注内容等应当保持完整,不能随意遗漏或者减少应予披露的信息,与使用者决策相关的有用信息都应当充分披露。

(3)包括在财务报告中的会计信息应当是中立的、无偏的。如果企业在财务报告中为了达到事先设定的结果或效果,通过选择或列示有关会计信息以影响决策和判断的。这样的财务报告信息就不是中立的。

例如,某公司于2015年末发现公司销售萎缩,无法实现年初确定的销售收入目标,但考虑到在2016年春节前后,公司销售可能会出现较大幅度的增长,公司为此提前预计库存商品销售,在2015年末制作了若干存货出库凭证,并确认销售收入实现。公司这种处理不是以其实际发生的交易事项为依据的,而是虚构的交易事项,违背了会计信息质量要求的可靠性原则,也违背了我国会计法的规定。

2. 相关性

相关性要求企业提供的会计信息应当与投资者等财务报告使用者的经济决策需要相关,一项信息是否具有相关性取决于预测价值和反馈价值。

(1)预测价值。如果一项信息能帮助决策者对过去、现在和未来事项的可能结果进行预测,则该项信息具有预测价值。决策者可根据预测的结果,作出其认为的最佳选择。因此,预测价值是构成相关性的重要因素,具有影响决策者决策的作用。

(2) 反馈价值。一项信息如果能有助于决策者验证或修正过去的决策和实施方案,即具有反馈价值。把过去决策所产生的实际结果反馈给决策者,使其与当初的预期结果相比较,验证过去的决策是否正确,总结经验以防止今后再犯同样的错误。反馈价值有助于未来决策。

会计信息质量的相关性要求,需要企业在确认、计量和报告会计信息的过程中,充分考虑使用者的决策模式和信息需要。但是,相关性是以可靠性为基础的,两者之间并不矛盾,不应将两者对立起来。也就是说,会计信息在可靠性前提下,尽可能地做到相关性,以满足投资者等财务报告使用者的决策需要。

3. 可理解性

可理解性(清晰性)要求企业提供的会计信息应当清晰明了,便于投资者等财务报告使用者理解和使用。

企业编制财务报告、提供会计信息的目的在于使用,而要使使用者有效使用会计信息,应当能让其了解会计信息的内涵,弄懂会计信息的内容,这就要求财务报告所提供的会计信息应当清晰明了,易于理解。只有这样,才能提高会计信息的有用性,实现财务报告的目标,满足向投资者等财务报告使用者提供决策有用信息的要求。

会计信息毕竟是一种专业性较强的信息产品,在强调会计信息的可理解性要求的同时,还应假定使用者具有一定的有关企业经营活动和会计方面的知识,并且愿意付出努力去研究这些信息。对于某些复杂的信息,如交易本身较为复杂或者会计处理较为复杂,但其对使用者的经济决策相关的,企业就应当在财务报告中予以充分披露。

4. 可比性

可比性要求企业提供的会计信息应当相互可比。这主要包括两层含义:

(1) 同一企业不同时期可比

为了便于投资者等财务报告使用者了解企业财务状况、经营成果和现金流量的变化趋势,比较企业在不同时期的财务报告信息,全面、客观地评价过去、预测未来,从而做出决策。会计信息质量的可比性要求同一企业不同时期发生的相同或者相似的交易或者事项,应当采用一致的会计政策,不得随意变更。但是,满足会计信息可比性要求,并非表明企业不得变更会计政策,如果按照规定或者在会计政策变更后可以提供更可靠、更相关的会计信息,可以变更会计政策。有关会计政策变更的情况,应当在附注中予以说明。

(2) 不同企业相同会计期间可比

为了便于投资者等财务报告使用者评价不同企业的财务状况、经营成果和现金流量及其变动情况,会计信息质量的可比性要求不同企业同一会计期间发生的相同或者相似的交易或者事项,应当采用规定的会计政策,确保会计信息口径一致、相互可比,以使不同企业按照一致的确认、计量和报告要求提供有关会计信息。

5. 实质重于形式

实质重于形式要求企业应当按照交易或者事项的经济实质进行会计确认、计量和报告，不仅仅以交易或者事项的法律形式为依据。

企业发生的交易或事项在多数情况下，其经济实质和法律形式是一致的。但在有些情况下，会出现不一致。例如，以融资租赁方式租入的资产虽然从法律形式来讲企业并不拥有其所有权，但是由于租赁合同中规定的租赁期相当长，接近于该资产的使用寿命；租赁期结束时承租企业有优先购买该资产的选择权；在租赁期内承租企业有权支配资产并从中受益等，因此，从其经济实质来看，企业能够控制融资租入资产所创造的未来经济利益，在会计确认、计量和报告上就应当将以融资租赁方式租入的资产视为企业的资产，列入企业的资产负债表。

又如，企业按照销售合同销售商品但又签订了售后回购协议，虽然从法律形式上实现了收入，但如果企业没有将商品所有权上的主要风险和报酬转移给购货方，没有满足收入确认的各项条件，即使签订了商品销售合同或者已将商品交付给购货方，也不应当确认销售收入。

6. 重要性

重要性要求企业提供的会计信息应当反映与企业财务状况、经营成果和现金流量有关的所有重要交易或者事项。

在实务中，如果会计信息的省略或者错报会影响投资者等财务报告使用者据此作出决策的，该信息就具有重要性。重要性的应用需要依赖职业判断，企业应当根据其所处环境和实际情况，从项目的性质和金额大小两方面加以判断。

例如，我国上市公司要求对外提供季度财务报告，考虑到季度财务报告披露的时间较短，从成本效益的原则考虑，季度财务报告没有必要像年度财务报告那样披露详细的附注信息。因此，中期财务报告准则规定，公司季度财务报告附注应当以年初至本中期末为基础编制，披露自上年度资产负债表日之后发生的、有助于理解企业财务状况、经营成果和现金流量变化情况的重要交易或者事项。这种附注披露，就体现了会计信息质量的重要性要求。

7. 谨慎性

谨慎性要求企业对交易或者事项进行会计确认、计量和报告应当保持应有的谨慎，不应高估资产或者收益、低估负债或者费用。

在市场经济环境下，企业的生产经营活动面临着许多风险和不确定性，如应收款项的可收回性、固定资产的使用寿命、无形资产的使用寿命、售出存货可能发生的退货或者返修等。会计信息质量的谨慎性要求，需要企业在面临不确定性因素的情况下作出职业判断时，应当保持应有的谨慎，充分估计到各种风险和损失，既不高估资产或者收益，也不低估负债或者费用。例如，要求企业对可能发生的资产减值损失计提资产减值准备、对售出商品可能发生的保修义务等确认预计负债等，就体现了会计信息质量的谨慎性要求。

谨慎性的应用也不允许企业设置秘密准备,如果企业故意低估资产或者收益,或者故意高估负债或者费用,将不符合会计信息的可靠性和相关性要求,损害会计信息质量,扭曲企业实际的财务状况和经营成果,从而对使用者的决策产生误导,这是会计准则所不允许的。

8. 及时性

及时性要求企业对于已经发生的交易或者事项,应当及时进行确认、计量和报告,不得提前或者延后。

会计信息的价值在于帮助所有者或者其他方面作出经济决策,具有时效性。即使是可靠、相关的会计信息,如果不及时提供,就失去了时效性,对于使用者的效用就大大降低甚至不再具有实际意义。在会计确认、计量和报告过程中贯彻及时性,一是要求及时收集会计信息,即在经济交易或者事项发生后,及时收集整理各种原始单据或者凭证;二是要求及时处理会计信息,即按照会计准则的规定,及时对经济交易或者事项进行确认或者计量,并编制出财务报告;三是要求及时传递会计信息,即按照国家规定的有关时限,及时地将编制的财务报告传递给财务报告使用者,便于其及时使用和决策。

在实务中,为了及时提供会计信息,可能需要在有关交易或者事项的信息全部获得之前即进行会计处理,这样就满足了会计信息的及时性要求,但可能会影响会计信息的可靠性;反之,如果企业等到与交易或者事项有关的全部信息获得之后再进行会计处理,这样的信息披露可能会由于时效性问题,对于投资者等财务报告使用者决策的有用性将大大降低。这就需要在及时性和可靠性之间作相应权衡,以最好地满足投资者等财务报告使用者的经济决策需要为判断标准。

8.2.3　会计核算的基本假设

财务会计主要以已完成或已发生的交易和事项作为加工对象,所产生的信息面向过去,以货币信息为主,其服务对象以企业外部使用者为主,而各企业的经营各不相同(比如有的企业产品单一,有的企业产品多样;有的企业产品生产周期很长,有的企业的产品生产周期很短;等等),因此,为保证向外部提供信息的一致性、规范性、连续性,财务会计工作的程序和方法——包括确认、计量和报告等的程序和方法,除必须严格遵守一定的规范和依据,必须以统一的标准即公认的会计准则为依据确立外,还必须建立在一定的假设条件的基础之上,这些基本假设简称为会计假设。会计核算的基本假设包括会计主体、持续经营、会计分期和货币计量。

1. 会计主体假设

会计主体又称会计实体,强调的是会计为之服务的特定单位。这个组织实体从空间上界定了会计工作的具体核算范围。

首先,明确会计主体,才能划定会计所要处理的各项交易或事项的范围。在会计工作中,只有那些影响企业本身经济利益的各项交易或事项才能加以确认、计量和报告,那些不影响企业本身经济利益的各项交易或事项则不能加以确认、计量和报告。会计工作中通常所讲的资产、负债的确认,收入的实现,费用的发生等,都是针对特定会计主体而言的。

其次,明确会计主体,才能将会计主体的交易或者事项与会计主体所有者的交易或者事项以及其他会计主体的交易或者事项区分开来。例如,企业所有者的经济交易或者事项是属于企业所有者主体所发生的,不应纳入企业会计核算的范围,但是企业所有者投入到企业的资本或者企业向所有者分配的利润,则属于企业主体所发生的交易或者事项,应当纳入企业会计核算的范围。

会计主体可以是一个特定的企业,也可以是一个企业的某一特定部分(如分厂、分公司、门市部等),也可以是由若干家企业通过控股关系组织起来的集团公司,甚至可以是一个具有经济业务的特定非营利组织。所以会计主体与企业法人主体并不是完全对应的关系。一般来说,法人(或称法律主体)可作为会计主体,但会计主体不绝对是法人。例如,在企业集团的情况下,一个母公司拥有若干子公司,母子公司虽然是不同的法律主体,但是母公司对于子公司拥有控制权,为了全面反映企业集团的财务状况、经营成果和现金流量,就有必要将企业集团作为一个会计主体,编制合并财务报表。再如,由企业管理的证券投资基金、企业年金基金等,尽管不属于法律主体。但属于会计主体,应当对每项基金进行会计确认、计量和报告。

2. 持续经营假设

持续经营假设假定企业将长期地以现时的形式和目标不断经营下去,体现了企业所有者和经营者的目的和愿望,该假设旨在解决企业的资产计价和费用分配等问题。即假定每一个企业在可以预见的未来不会面临破产和清算,因而它所拥有的资产将在正常的经营过程中被耗用或出售,它所承担的债务也将在同样的过程中被偿还。若企业不能持续经营,就需要放弃这一假设,在清算假设下形成破产或重组的会计程序。

如果判断企业会持续经营,就可以假定企业的固定资产会在持续经营的生产经营过程中长期发挥作用,并服务于生产经营过程,固定资产就可以根据历史成本进行记录,并采用折旧的方法,将历史成本分摊到各个会计期间或相关产品的成本中。如果判断企业不会持续经营,固定资产就不应采用历史成本进行记录并按期计提折旧。

我国《企业会计准则》规定,企业应当对其本身发生的交易或者事项进行会计确认、计量和报告。企业会计确认、计量和报告应当以持续经营为前提。

3. 会计分期假设

会计分期又称会计期间,这一假设规定了会计对象的时间界限。会计期假设是指将企业连续不断的经营活动分割为一个个连续的、间隔相等的若干较短时期,以及时提供会计信息,是正确计算收入、费用和损益的前提。

会计分期的目的是为了及时提供会计信息,满足企业内部和外部决策的需要。而会计分期所强调的时间段落划分会受到信息提供的成本,企业对会计信息的多层次多元化需求等诸多因素的影响。

我国《企业会计准则》规定,企业应当划分会计期间,分期结算账目和编制财务会计报告。会计期间分为年度和中期。会计年度可以是日历年,也可以是营业年。我国通常以日历年作为企业的会计年度,即以公历 1 月 1 日至 12 月 31 日为一个会计年度。中期是指短于一个完整的会计年度的报告期间,如季度、月度。

根据持续经营假设,一个企业将按当前的规模和状态持续经营下去。但是,无论是企业的生产经营决策还是投资者、债权人等的决策都需要及时的信息,都需要将企业持续的生产经营活动划分为一个个连续的、长短相同的期间。分期确认、计量和报告企业的财务状况、经营成果和现金流量。明确会计分期假设意义重大,由于会计分期,才产生了当期与以前期间、以后期间的差别。才使不同类型的会计主体有了记账的基准,进而出现了折旧、摊销等会计处理方法。

4. 货币计量假设

货币计量假设规定了会计的计量手段,指出企业的生产经营活动及其成果可以通过货币反映。货币计量是指企业在会计核算过程中应主要采用货币为计量单位,记录、反映企业的经营情况。为了全面反映企业的生产经营活动,会计核算客观上需要一种统一的计量单位作为会计核算的计量尺度。

货币计量两层含义:

一是会计核算要以货币作为主要的计量尺度,我国的《企业会计准则》规定,会计核算以人民币为记账本位币,业务收支以人民币以外的货币为主的单位,可以选定其中一种作为记账本位币,但是编报的财务会计报表应当折算为人民币。在以货币作为主要计量单位的同时,有必要也应当以实物量度和劳动量度作为补充。所谓记账本位币,是指企业经营所处的主要经济环境中的货币。

二是假定币值稳定,因为只有在币值稳定或相对稳定的情况下,不同时点上的资产的价值才有可比性,不同期间的收入和费用才能进行比较,并计算确定其经营成果,会计核算提供的会计信息才能真实反映会计主体的经济活动情况。

8.2.4 会计核算的基础

在会计的基本假设中,一方面假定企业要持续经营下去,另一方面,又必须按照一定的时期分期进行会计核算和报告,而在企业生产经营活动中,交易或者事项的发生时间与相关货币收支时间有时并不完全一致。例如,款项已经收到,但销售并未实现;或者款项已经支付,但并不是为本期生产经营活动而发生的。对应地,针对交易或者事项的发生时间与相关货币收支时间不一致的情况,会计核算的处理分为收付实现制和权责发生制。

1. 收付实现制

收付实现制是以相关货币收支时间为基础的会计,是以收到或支付的现金作为确认收入和费用等的依据。凡是本期实际收到款项的收入和付出款项的费用,不论款项是否属于本期,只要在本期实际发生,即作本期的收入和费用。所以又叫收付实现制、实收实付制。事业单位一般采用收付实现制。

2. 权责发生制

权责发生制是指企业按收入的权利和支出的义务是否归属于本期来确认收入、费用的标准，而不是按款项的实际收支是否在本期发生，也就是以应收应付为标准。在权责发生制下，凡属本期的收入和费用，不论其是否发生，均要计入本期；凡不属本期的收入、费用，尽管发生了，也不计入本期。故又叫权责发生制，应收应付制。

现金收付基础和应计基础是对收入和费用而言的，都是会计核算中确定本期收入和费用的会计处理方法。但是现金收付基础强调款项的收付，应计基础强调应计的收入和为取得收入而发生的费用相配合。采用现金收付基础处理经济业务对反映财务成果欠缺真实性、准确性，一般只被非经营性质事业单位采用；采用应计基础比较科学、合理，被大多数企业普遍采用，当然成为成本计算的会计处理基础。

8.3　会计要素的组成和会计等式的应用

8.3.1　会计要素的组成

会计要素，又称会计对象要素，是指按照交易或事项的经济特征对会计对象所作的基本分类，是用以反映企业财务状况和确定经营成果的因素。对营利性企业来说，我国《企业会计准则》规定，企业应当按照交易或者事项的经济特征确定会计要素。会计要素包括资产、负债、所有者权益、收入、费用和利润。

1. 资产

指企业过去的交易或者事项所形成的，由企业拥有或控制的，预期会给企业带来经济利益的资源。

（1）资产的特征

① 资产是由于过去的交易或事项所形成的，如过去购买、生产、建造等，预期在未来发生的交易或事项不形成资产。即资产是现实中的资产而不是预期的资产（如谈判或计划中的）。

② 该项资源必须为企业所拥有或控制，指企业享有该项资源的所有权，或虽不享有所有权，但该资源能被企业所控制。这样才能排他性地从中获取经济利益。

③ 该资源能给企业带来经济利益，指直接或间接导致现金或现金等价物流入企业的潜力。如货币资金可以用于购买所需商品，厂房、机器设备、原材料可以用于生产经营过程，制造商品出售后收回货款即为企业获得的经济利益。

④ 该资源的成本或价值能够可靠地计量。

（2）资产的分类

按资产的流动性可将其分为流动资产和非流动资产（即长期资产）两类，其内容为：

① 流动资产：可以在一年内或超过一年的一个营业周期内变现、耗用的资产。如

现金、银行存款、应收款项、短期投资、存货等。

② 长期资产:指变现期间或使用寿命超过一年或长于一年的一个营业周期的资产,包括长期投资、固定资产、无形资产、其他资产。

长期投资:准备持有一年以上,不随时变现的股票、债券和其他投资。

固定资产:使用期限较长,单位价值较高,并且在使用过程中保持原有实物形态的资产。如房屋建筑物、机器设备等。

无形资产:指企业为生产商品或者提供劳务、出租给他人,或为管理目的而持有的、没有实物形态的非货币性长期资产。如专利权、商标权、土地使用权、非专利技术和商誉等。

其他资产:除上述资产以外的资产,如长期待摊费用、银行冻结财产、诉讼中的财产等。

2. 负债

由于过去的交易或事项所形成的现时义务,履行该义务会导致经济利益流出企业。未来的交易或者事项形成的义务,不属于现实义务。

(1) 负债的特征

① 这种现时义务是指在现行条件下已承担的义务或者说经济责任,其清偿会导致经济利益流出企业。

② 负债是由于过去的交易或事项形成的。

③ 流出的经济利益的金额能够可靠地计量。

④ 负债有确切的债权人和偿还日期,或者债权人和偿还日期可以合理加以估计。

(2) 负债的分类

负债按流动性分为流动负债和长期负债。

① 流动负债:指在一年内或超过一年的一个营业周期内偿还的债务。如短期借款、应付款项、应付工资、应交税金等。

② 长期负债:指在一年以上或超过一年的一个营业周期以上偿还的债务。如应付债券、长期借款、长期应付款等。

3. 所有者权益

所有者权益是企业投资者对企业净资产的所有权,是企业资产扣除负债后由所有者享有的剩余权益。所有者权益表明了企业的产权关系,即企业归谁所有。

(1) 所有者权益的特征

① 无须偿还。除非发生减资、清算,企业不需偿还所有者权益。

② 企业清算时,接受清偿在负债之后,所有者权益是对企业净资产的要求权。

③ 可分享企业利润。所有者能凭借所有者权益参与利润的分配。

(2) 所有者权益的内容

① 实收资本:所有者按出资比例实际投入到企业的资本。

② 资本公积:指由投资者投入但不构成实收资本,或从其他非收益来源取得,由全

体所有者共同享有的资金。包括资本溢价、资产评估增值、接受捐赠、外币折算差额等。

③ 盈余公积：按照规定从企业的税后利润中提取的公积金。主要用来弥补企业以前的亏损和转增资本。

④ 未分配利润：本年度没有分配完的利润，可以留待下一年度进行分配。

4. 收入

收入是指企业在销售商品、提供劳务及他人使用本企业资产等日常经营活动中所形成的，会导致所有者权益增加的，与所有者投入资本无关的经济利益的总流入。包括主营业务收入和其他业务收入。

5. 费用

费用是指企业在生产和销售商品、提供劳务等日常经济活动中所发生的，会导致所有者权益减少的，与向所有者分配利润无关的经济利益的总流出。

6. 利润

利润是企业在一定会计期间的经营成果，包括收入减去费用后的净额以及直接计入当期利润的利得和损失等。通常反映利润的指标有两个，一是利润总额，二是净利润。

有关收入、费用、利润的进一步的知识参见单元 9 相关内容。

上述六个会计要素中，资产、负债和所有者权益是反映企业某一时点财务状况的会计要素，也称为静态会计要素；收入、费用和利润是反映某一时期经营成果的会计要素，也称为动态会计要素。

8.3.2 会计等式的应用

会计等式，也称会计平衡公式，或会计方程式，它是对各会计要素的内在经济关系利用数学公式所作的概括表达，即反映各会计要素数量关系的等式。它揭示各会计要素之间的联系，是复式记账、试算平衡和编制会计报表的理论依据。会计的基本等式分为静态会计等式和动态会计等式。

1. 静态会计等式的应用

静态会计等式是反映企业在某一特定日期财务状况的会计等式，是由静态会计要素(资产、负债和所有者权益)组合而成。其公式为"资产＝负债＋所有者权益"。

这一等式反映了资产、负债和所有者权益三个会计要素之间的关系，揭示了企业在某一特定时点的财务状况，也称为财务状况等式。具体而言，它表明了企业在某一特定时点所拥有的各种资产以及债权人和投资者对企业资产要求权的基本状况，表明企业所拥有的全部资产，都是由投资者和债权人提供的。

2. 动态会计等式的应用

动态会计等式是反映企业在一定会计期间经营成果的会计等式，是由动态会计要素(收入、费用和利润)组合而成。其公式为"收入－费用＝利润"。

这一会计等式反映了收入、费用和利润三个会计要素的关系,揭示了企业在某一特定期间的经营成果,也称为财务成果等式。

静态会计等式是编制资产负债表的重要依据;动态会计等式是编制利润表的重要依据。

在静态会计等式和动态会计等式的基础上,还可以组合成综合会计等式。其公式为"资产=负债+(所有者权益+收入-费用)"。这一等式综合了企业利润分配前财务状况等式和经营成果等式之间的关系,揭示了企业的财务状况与经营成果之间的相互联系。

企业发生的各项经济业务都不会改变会计等式的平衡关系。具体包括以下情形:资产和权益同增(这里的权益包括负债和所有者权益,负债也称为债权人权益),资产和权益总计增加;资产和权益同减,资产和权益总计减少;资产一增一减,增减金额相等,资产和权益总计不变;权益一增一减,增减金额相等,资产和权益总计不变。

【基础训练】

一、单项选择题

1. 若企业的资产按购置时所付出的代价的公允价值计量,则根据会计计量属性,该资产计量方式属于 ( )

    A. 重置成本   B. 可变现净值

    C. 公允价值   D. 历史成本

2. 财务会计的基本职能是 ( )

    A. 核算和预测   B. 预算和决算

    C. 监督和决策   D. 核算和监督

3. 对会计核算的范围从空间上加以界定是通过何种假设实现的 ( )

    A. 持续经营假设   B. 会计主体假设

    C. 会计分期假设   D. 货币计量假设

4. 根据现行《企业会计准则》,关于会计核算基础的说法,正确的是 ( )

    A. 企业已经实现的收入,计入款项实际收到日的当期利润表

    B. 企业应当承担的费用,计入款项实际支出日的当期利润表

    C. 企业应当以收付实现制和持续经营为前提进行会计核算

    D. 企业应当以权责发生制为基础进行会计确认、计量和报告

5. 某工程建设单位 2016 年 10 月审核了竣工结算书,按照合同建设单位应于 2016 年 11 月支付结算款项,实际上施工企业于 2017 年 1 月收到该笔款项,根据现行《企业会计准则》,施工企业应将该款项计入收入的时间是 ( )

    A. 2016 年 10 月   B. 2016 年 11 月

    C. 2016 年 12 月   D. 2017 年 1 月

6. 我国现行《企业会计准则》规定,企业应当以权责发生制为基础进行会计确认,实行权责发生制的前提是 ( )

A. 会计分期与收付实现制　　　　B. 会计分期与持续经营
C. 持续经营与公允价值　　　　　D. 历史成本与公允价值

二、多项选择题

1. 根据现行《企业会计准则》，应列入流动负债的有　　　　　　（　　）
　　A. 应收账款　　　　　　　　　B. 长期借款
　　C. 应交税金　　　　　　　　　D. 短期投资
　　E. 应付工资

2. 反映企业某一时点财务状况的会计要素有　　　　　　　　　（　　）
　　A. 资产　　　　　　　　　　　B. 负债
　　C. 所有者权益　　　　　　　　D. 利润
　　E. 费用

3. 根据我国现行《企业会计规则》，应列入流动负债的会计要素有（　　）
　　A. 短期借款　　　　　　　　　B. 应付债券
　　C. 应收账款　　　　　　　　　D. 应付工资
　　E. 存货

三、简答题

1. 会计信息的质量要求有哪些？
2. 会计要素的计量属性有哪几种？
3. 什么是权责发生制，有什么特点？
4. 静态和动态会计等式分别是什么？

单元 9　工程经济分析的基本要素

扫一扫可见

本章电子资源

【单元概述】

　　介绍建设工程经济分析评价要素的概念以及主要要素的常用计算方法,明确建设工程经济评价的数据构成及相互关系。

【知识目标】

　　熟悉构成建设工程经济评价的各种要素的概念及内涵;掌握建设工程投资的构成及成本与费用的计算方法。

【技能目标】

　　能够准确地分析并计算工程项目的经济评价要素,为建设工程经济评价正确性与精确性提供良好的前提条件。

【导入案例】

　　要投资项目,建设期(项目前期)就要支出资金进行建设,其中包括固定资产的投入及其他,基础设施建成后才能投入生产,产出商品进行销售。一个企业的生存和现金的流入、流出息息相关,如果没有现金的流动,企业就会面临停产甚至是破产。如某建设项目投资构成中,设备购置费为 1 000 万元,工器具及生产家具购置费为 200 万元,建筑工程费为 800 万元,安装工程费为 500 万元,工程建设其他费用为 400 万元,基本预备费为 150 万元,涨价预备费为 350 万元,建设期贷款为 2 000 万元,应计利息为 120 万元,流动资金为 500 万元,那我们能否计算出该项目建成后的总工程造价呢?

　　工程项目的建设首先是一个投资活动,必须对其经济效益与社会效益进行分析与评价。当然作为投资主体来讲,经济效益首先具有相对重要的意义,任何项目如果不能取得良好的经济效益,投资方就会受到损失。投资、成本费用、收益、利润和税金是工程建设项目经济分析评价的基本要素,下面逐一进行详细介绍。

9.1 建设投资

9.1.1 建设工程项目总投资

1. 投资的概念

投资是工程经济分析中重要的经济概念,广义的投资是指一切为了获得收益或避免风险而进行的资金经营活动;狭义的投资是指投放的资金是为了保证项目的投产和生产经营活动的正常进行而投入的活劳动和物化劳动价值的总和,即为了未来获取报酬而预先垫付的资金。

2. 建设工程项目总投资

建设工程项目总投资是指投资主体为获取预期的收益,对工程项目从筹建期开始到项目全部建成投产为止所发生的全部投资费用。新建项目的总投资由筹建期和建设期投入的建设投资(主要形成固定资产投资)和项目建成投产后所需的流动资金(主要形成流动资产投资)两大部分组成。

一般情况下,项目的资金来源包括自有资金和外部借款,按照我国现行的资金管理体制,应将建设期贷款利息计入总投资中,即建设投资包括建设期贷款利息。

建设项目按用途可分为生产性建设项目和非生产性建设项目,生产性建设项目总投资包括建设投资和铺底流动资金,非生产性建设项目总投资只包括建设投资。

建设投资可以分为静态投资部分和动态投资部分。静态投资部分由建筑安装工程费、设备及工器具购置费、工程建设其他费和基本预备费构成。动态投资部分,是指在建设期内,因建设期利息和国家新批准的税费、汇率、利率变动以及建设期价格变动引起的建设投资增加额,包括涨价预备费、建设期利息等。

我国现行建设工程项目总投资的构成见表9-1。

表9-1 我国现行建设工程项目总投资构成

费用项目名称			
建设工程项目总投资	建设投资	第一部分 工程费用	设备及工器具购置费
			建筑安装工程费
		第二部分 工程建设其他费用	土地使用费
			建设管理费
			可行性研究费
			研究试验费
			勘察设计费

续　表

费用项目名称			
建设工程项目总投资	建设投资	第二部分 工程建设其他费用	环境影响评价费
			劳动安全卫生评价费
			场地准备及临时设施费
			引进技术和进口设备其他费
			工程保险费
			特殊设备安全监督检验费
			市政公用设施建设及绿化补偿费
			联合试运转费
			生产准备费
			办公和生活家具购置费
		第三部分 预备费	基本预备费
			涨价预备费
		建设期利息	
	流动资产投资——铺底流动资金		

建设投资由设备及工器具购置费、建筑安装工程费、工程建设其他费用、预备费(包括基本预备费和涨价预备费)和建设期利息组成。

9.1.2　建筑安装工程费

建筑安装工程费是指建设单位用于建筑和安装工程方面的投资,它由建筑工程费和安装工程费两部分组成。建筑工程费是指建设工程涉及范围内的建筑物、构筑物、场地平整、道路、室外管道铺设、大型土石方工程费用等。安装工程费是指主要生产、辅助生产、公用工程等单项工程中需要安装的机械设备、电器设备、专用设备、仪器仪表等设备的安装及配件工程费,以及工艺、供热、供水等各种管道、配件、闸门和供电外线安装工程费用等。

建筑安装工程费按照费用构成要素划分,由人工费、材料(包含工程设备,下同)费、施工机具使用费、企业管理费、利润、规费和税金组成(图 9-1)。

1. 人工费

人工费是指按工资总额构成规定,支付给从事建筑安装工程施工的生产工人和附属生产单位工人的各项费用。内容包括:

(1)计时工资或计件工资:指按计时工资标准和工作时间或对已做工作按计件单价支付给个人的劳动报酬。

(2)奖金:指对超额劳动和增收节支支付给个人的劳动报酬。如节约奖、劳动竞赛奖等。

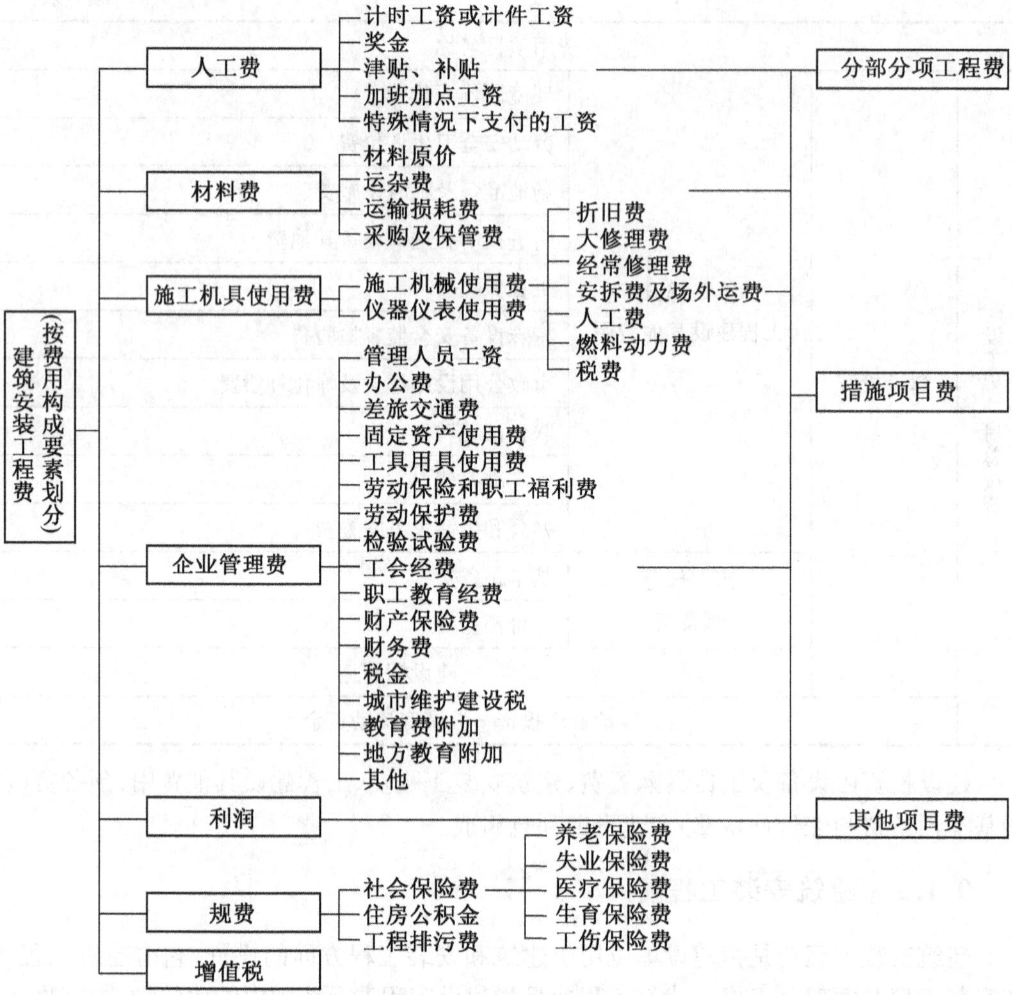

图 9-1　按照费用构成要素划分建筑安装工程费的组成

（3）津贴补贴：指为了补偿职工特殊或额外的劳动消耗和因其他特殊原因支付给个人的津贴，以及为了保证职工工资水平不受物价影响支付给个人的物价补贴。如流动施工津贴、特殊地区施工津贴、高温（寒）作业临时津贴、高空津贴等。

（4）加班加点工资：指按规定支付的在法定节假日工作的加班工资和在法定日工作时间外延时工作的加点工资。

（5）特殊情况下支付的工资：指根据国家法律、法规和政策规定，因病、工伤、产假、计划生育假、婚丧假、事假、探亲假、定期休假、停工学习、执行国家或社会义务等原因按计时工资标准或计时工资标准的一定比例支付的工资。

2. 材料费

材料费是指施工过程中耗费的原材料、辅助材料、构配件、零件、半成品或成品、工程设备的费用。内容包括：

（1）材料原价：指材料、工程设备的出厂价格或商家供应价格。

（2）运杂费：指材料、工程设备自来源地运至工地仓库或指定堆放地点所发生的全部费用。

（3）运输损耗费：指材料在运输装卸过程中不可避免的损耗。

（4）采购及保管费：指为组织采购、供应和保管材料、工程设备的过程中所需要的各项费用。包括采购费、仓储费、工地保管费、仓储损耗。

工程设备是指构成或计划构成永久工程一部分的机电设备、金属结构设备、仪器装置及其他类似的设备和装置。

3．施工机具使用费

施工机具使用费是指施工作业所发生的施工机械、仪器仪表使用费或其租赁费。内容包括：

（1）施工机械使用费：以施工机械台班耗用量乘以施工机械台班单价表示，施工机械台班单价应由下列七项费用组成：

① 折旧费：指施工机械在规定的使用年限内，陆续收回其原值的费用。

② 大修理费：指施工机械按规定的大修理间隔台班进行必要的大修理，以恢复其正常功能所需的费用。

③ 经常修理费：指施工机械除大修理以外的各级保养和临时故障排除所需的费用。包括为保障机械正常运转所需替换设备与随机配备工具附具的摊销和维护费用，机械运转中日常保养所需润滑与擦拭的材料费用及机械停滞期间的维护和保养费用等。

④ 安拆费及场外运费：安拆费指施工机械（大型机械除外）在现场进行安装与拆卸所需的人工、材料、机械和试运转费用以及机械辅助设施的折旧、搭设、拆除等费用；场外运费指施工机械整体或分体自停放地点运至施工现场或由一施工地点运至另一施工地点的运输、装卸、辅助材料及架线等费用。

⑤ 人工费：指机上司机（司炉）和其他操作人员的人工费。

⑥ 燃料动力费：指施工机械在运转作业中所消耗的各种燃料及水、电等产生的费用。

⑦ 税费：指施工机械按照国家规定应缴纳的车船使用税、保险费及年检费等。

（2）仪器仪表使用费：指工程施工所需使用的仪器仪表的摊销及维修费用。

4．企业管理费

企业管理费是指建筑安装企业组织施工生产和经营管理所需的费用。内容包括：

（1）管理人员工资：指按规定支付给管理人员的计时工资、奖金、津贴补贴、加班加点工资及特殊情况下支付的工资等。

（2）办公费：指企业管理办公用的文具、纸张、账表、印刷、邮电、书报、办公软件、现场监控、会议、水电、烧水和集体取暖降温（包括现场临时宿舍取暖降温）等费用。

（3）差旅交通费：指职工因公出差调动工作的差旅费、住勤补助费，市内交通费和误餐补助费,职工探亲路费,劳动力招募费,职工退休、退职一次性路费,工伤人员就医路费,工地转移费以及管理部门使用的交通工具的油料、燃料等费用。

(4) 固定资产使用费:指管理和试验部门及附属生产单位使用的属于固定资产的房屋、设备、仪器等的折旧、大修、维修或租赁费。

(5) 工具用具使用费:指企业施工生产和管理使用的不属于固定资产的工具、器具、家具、交通工具和检验、试验、测绘、消防用具等的购置、维修和摊销费。

(6) 劳动保险和职工福利费:指由企业支付的职工退职金、按规定支付给离休干部的经费、集体福利费、夏季防暑降温费、冬季取暖补贴、上下班交通补贴等。

(7) 劳动保护费:指企业按规定发放的劳动保护用品的支出。如工作服、手套、防暑降温饮料以及在有碍身体健康的环境中施工的保健费用等。

(8) 检验试验费:指施工企业按照有关标准规定,对建筑以及材料、构件和建筑安装物进行一般鉴定、检查所发生的费用,包括自设试验室进行试验所耗用的材料等费用。不包括新结构、新材料的试验费,对构件做破坏性试验及其他特殊要求检验试验的费用和发包人委托检测机构进行检测的费用,对此类检测发生的费用,由发包人在工程建设其他费用中列支。但对施工企业提供的具有合格证明的材料进行检测其结果不合格的,该检测费用由施工企业支付。

(9) 工会经费:指企业按《工会法》规定的全部职工工资总额比例进行计提的工会经费。

(10) 职工教育经费:指按职工工资总额的规定比例计提,企业为职工进行专业技术和职业技能培训,专业技术人员继续教育、职工职业技能鉴定、职业资格认定以及根据需要对职工进行各类文化教育所发生的费用。

(11) 财产保险费:指施工管理用财产、车辆等的保险费用。

(12) 财务费:指企业为施工生产筹集资金或提供预付款担保、履约担保、职工工资支付担保等所发生的各种费用。

(13) 税金:指企业按规定缴纳的房产税、车船使用税、土地使用税、印花税等。

(14) 其他:包括技术转让费、技术开发费、投标费、业务招待费、绿化费、广告费、公证费、法律顾问费、审计费、咨询费、保险费等。

5. 利润

利润是指施工企业完成所承包工程获得的盈利。

6. 规费

规费是指按国家法律、法规规定,由省级政府和省级有关权力部门规定必须缴纳或计取的费用。包括:

(1) 社会保险费

① 养老保险费:指企业按照规定标准为职工缴纳的基本养老保险费。

② 失业保险费:指企业按照规定标准为职工缴纳的失业保险费。

③ 医疗保险费:指企业按照规定标准为职工缴纳的基本医疗保险费。

④ 生育保险费：指企业按照规定标准为职工缴纳的生育保险费。

⑤ 工伤保险费：指企业按照规定标准为职工缴纳的工伤保险费。

（2）住房公积金：指企业按规定标准为职工缴纳的住房公积金。

（3）工程排污费：指按规定缴纳的施工现场工程排污费。

其他应列而未列入的规费，按实际发生计取。

7. 税金

建筑安装工程费用的税金是指国家税法规定应计入建筑安装工程造价的增值税销项税额。

税金（增值税销项税额）的计算方法：根据《关于做好建筑业营改增建设工程计价依据调整准备工作的通知》（建办标[2016]4 号）文件规定，工程造价可按以下公式计算：

$$工程造价 = 税前工程造价 \times (1 + 11\%) \tag{9-1}$$

式中：11%——为建筑业适用增值税税率。

由此，税金计算公式为：

$$税金 = 税前工程造价 \times 税率（或征收率） \tag{9-2}$$

9.1.3 设备及工器具购置费

设备及工器具购置费是指建设单位（或其委托单位）按照建设工程设计文件要求，购置或自制达到固定资产标准的设备和新、扩建项目配置的首套工器具及生产家具所需的费用。设备及工器具购置费由设备原价、工器具原价和运杂费（包括设备成套公司服务费）组成。在生产性建设工程项目中，设备及工器具投资主要表现为其他部门创造的价值向建设工程项目中的转移，但这部分投资是建设工程投资中的积极部分，它占项目投资比重的提高，意味着生产技术的进步和资本有机构成的提高。

设备及工器具购置费用是由设备购置费用和工具、器具及生产家具购置费用组成。

设备购置费是指为建设工程项目购置或自制的达到固定资产标准的设备、工具、器具的费用。所谓固定资产标准是指使用年限在一年以上，单位价值在国家或各主管部门规定的限额以上。例如，1992 年财政部规定，大、中、小型工业企业固定资产的限额标准分别为 2 000 元、1 500 元和 1 000 元以上。新建项目和扩建项目的新建车间购置或自制的全部设备、工具、器具，不论是否达到固定资产标准，均计入设备及工器具购置费中。设备购置费包括设备原价和设备运杂费，即：

$$设备购置费 = 设备原价或进口设备抵岸价 + 设备运杂费 \tag{9-3}$$

式中，设备原价是指国产标准设备、非标准设备的原价。设备运杂费是指设备原价中未包括的包装和包装材料费、运输费、装卸费、采购费及仓库保管费、供销部门手续费等。如果设备是由设备成套公司供应的，成套公司的服务费也应计入设备运杂费中。

1. 国产标准设备原价

国产标准设备是指按照主管部门颁布的标准图纸和技术要求，由设备生产厂批量生产的,符合国家质量检验标准的设备。国产标准设备原价一般指的是设备制造厂的交货价,即出厂价。如设备由设备成套公司供应,则以订货合同价为设备原价。有的设备有两种出厂价,即带有备件的出厂价和不带有备件的出厂价。在计算设备原价时,一般按带有备件的出厂价计算。

2. 国产非标准设备原价

非标准设备是指国家尚无定型标准,各设备生产厂不可能在工艺过程中采用批量生产,只能按一次订货,并根据具体的设备图纸制造的设备。非标准设备原价有多种不同的计算方法,如成本计算估价法、系列设备插入估价法、分部组合估价法、定额估价法等。但无论哪种方法都应该使非标准设备计价的准确度接近实际出厂价,并且计算方法要简便。

3. 进口设备抵岸价的构成

进口设备抵岸价是指抵达买方边境港口或边境车站,且交完关税以后的价格。

进口设备的交货方式可分为内陆交货类、目的地交货类和装运港交货类。

内陆交货类即卖方在出口国内陆的某个地点完成交货任务。在交货地点,卖方及时提交合同规定的货物和有关凭证,并承担交货前的一切费用和风险;买方按时接受货物,交付货款,承担接货后的一切费用和风险,并自行办理出口手续和装运出口。货物的所有权也在交货后由卖方转移给买方。

目的地交货类即卖方要在进口国的港口或内地交货,包括目的港船上交货价,目的港船边交货价(FOS)和目的港码头交货价(关税已付)及完税后交货价(进口国目的地的指定地点)。它们的特点是:买卖双方承担的责任、费用和风险是以目的地约定交货点为分界线,只有当卖方在交货点将货物置于买方控制下才算交货,方能向买方收取货款。这类交货价对卖方来说承担的风险较大,在国际贸易中卖方一般不愿意采用这类交货方式。

装运港交货类即卖方在出口国装运港完成交货任务。主要有装运港船上交货价(FOB),习惯称为离岸价;运费在内价(CFR);运费、保险费在内价(CIF),习惯称为到岸价。它们的特点主要是:卖方按照约定的时间在装运港交货,只要卖方把合同规定的货物装船后提供货运单据便完成交货任务,并可凭单据收回货款。

采用装运港船上交货价(FOB)时卖方的责任是:负责在合同规定的装运港口和规定的期限内,将货物装上买方指定的船只并及时通知买方;负责货物装船前的一切费用和风险;负责办理出口手续;提供出口国政府或有关方面签发的证件;负责提供有关装运单据。买方的责任是:负责租船或订舱,支付运费,并将船期、船名通知卖方;承担货物装船后的一切费用和风险;负责办理保险及支付保险费,办理在目的港的进口和收货手续;接受卖方提供的有关装运单据,并按合同规定支付货款。

4. 设备运杂费

(1) 设备运杂费的构成

设备运杂费通常由下列各项构成:

① 国产标准设备由设备制造厂交货地点起至工地仓库(或施工组织设计指定的需要安装设备的堆放地点)止所发生的运费和装卸费。

进口设备则由我国到岸港口、边境车站起至工地仓库(或施工组织设计指定的需要安装设备的堆放地点)止所发生的运费和装卸费。

② 在设备出厂价格中没有包含的设备包装和包装材料器具费;在设备出厂价或进口设备价格中如已包括了此项费用,则不应重复计算。

③ 供销部门的手续费,按有关部门规定的统一费率计算。

④ 建设单位(或工程承包公司)的采购与仓库保管费。它是指采购、验收、保管和收发设备所发生的各种费用,包括设备采购、保管和管理人员工资、工资附加费、办公费、差旅交通费、设备供应部门办公和仓库所占固定资产使用费、工具用具使用费、劳动保护费、检验试验费等。这些费用可按主管部门规定的采购保管费率计算。

(2) 设备运杂费的计算

设备运杂费按设备原价乘以设备运杂费率计算。其计算公式为:

$$设备运杂费＝设备原价 \times 设备运杂费率 \qquad (9-4)$$

其中,设备运杂费率按各部门及省、市等的规定计取。

一般来讲,沿海和交通便利的地区,设备运杂费率相对低一些;内地和交通不便利的地区就要相对高一些,边远省份则要更高一些。对于非标准设备来讲,应尽量就近委托设备制造厂,以大幅度降低设备运杂费。进口设备由于原价较高,国内运距较短,因而运杂费比率应适当降低。

5. 工具、器具及生产家具购置费

工器具及生产家具购置费是指新建项目或扩建项目初步设计规定所必须购置的不够固定资产标准的设备、仪器、工卡模具、器具、生产家具和备品备件的费用。其一般计算公式为:

$$工器具及生产家具购置费＝设备购置费 \times 定额费率 \qquad (9-5)$$

9.1.4　工程建设其他费

工程建设其他费用是指未纳入以上两项的,根据设计文件要求和国家有关规定应由项目投资支付的为保证工程建设顺利完成和交付使用后能够正常发挥效用而发生的一些费用。

工程建设其他费用可分为三类:第一类是土地使用费,包括土地征用及迁移补偿费和土地使用权出让金;第二类是与项目建设有关的费用,包括建设管理费、可行性研究费、研究试验费、勘察设计费等;第三类是与未来企业生产经营有关的费用,包括联合试运转费、生产准备费、办公和生活家具购置费等,具体构成见表9-2。

表9-2 工程建设其他费用构成

费用构成		费用内容	备注
土地使用费	农用土地征用费	土地补偿费、安置补助费、土地投资补偿费、土地管理费、耕地占用税等	
	国有土地使用费	土地使用权出让金、城市建设配套费、房屋征收与补偿费等	
与项目建设有关的其他费用	建设管理费	建设单位管理费、工程监理费、工程质量监督费	
	可行性研究费	编制和评估项目建议书(或预可行性研究报告)、可行性研究报告所需的费用	
	研究试验费	为本建设工程项目提供或验证设计数据、资料等进行必要的研究试验及按照设计规定在建设过程中必须进行试验、验证所需的费用	不包括以下项目: ① 应由科技三项费用(即新产品试制费、中间试验费和重要科学研究补助费)开支的项目; ② 应在建筑安装费用中列支的施工企业对建筑材料、构件和建筑物进行一般鉴定、检查所发生的费用及技术革新的研究试验费。
	勘察设计费	委托勘察设计单位进行工程水文地质勘察、工程设计所发生的各项费用	
	环境影响评价费	评价建设工程项目对环境可能产生的污染或造成的重大影响所需的费用	
	劳动安全卫生评价费	为预测和分析建设工程项目存在的职业危险、危害因素的种类和危险危害程度,并提出劳动安全卫生技术和管理对策所需的费用	
	场地准备及临时设施费	建设场地准备费和建设单位临时设施费	不含施工单位临时设施费用
	引进技术和进口设备其他费	出国人员费用、国外工程技术人员来华费用、技术引进费、分期或延期付款利息、担保费以及进口设备检验鉴定费	不含在进口设备抵岸价中
	工程保险费	建筑安装工程一切险、进口设备财产保险和人身意外伤害险	不包括已列入施工企业管理费中的施工管理用财产、车辆保险费

续　表

费用构成		费用内容	备注
与未来企业生产经营有关的其他费用	联合试运转费	进行整个生产线或装置的负荷联合试运转或局部联动试车所发生的费用净支出的部分	不包括应由设备安装工程费用开支的调试及试车费用,以及在试运转中暴露出来的因施工原因或设备缺陷等发生的处理费用。不发生试运转或试运转收入大于(或等于)费用支出的工程,不列此项费用
	生产准备费	保证竣工交付使用进行必要的生产准备所发生的费用	
	办公和生活家具购置费	为保证新建、改建、扩建项目初期正常生产、使用和管理所必须购置的办公和生活家具、用具的费用	注意生产家具购置费与生活家具购置费的区别

9.1.5　预备费

按我国现行规定,预备费包括基本预备费和涨价预备费。

1. 基本预备费

基本预备费是指在项目实施中可能发生难以预料的支出,需要预先预留的费用,又称不可预见费。主要指设计变更及施工过程中可能增加工程量的费用。计算公式为:

基本预备费=(设备及工器具购置费+建筑安装工程费+工程建设其他费)×基本预备费率

(9-6)

2. 涨价预备费

涨价预备费是指建设工程项目在建设期内由于价格等变化引起投资增加,需要事先预留的费用。涨价预备费以建筑安装工程费、设备及工器具购置费之和为计算基数。计算公式为:

$$PC = \sum_{t=1}^{n} It\left[(1+f)^t - 1\right]$$

(9-7)

式中:PC——涨价预备费;

I_t——第 t 年的建筑安装工程费、设备及工器具购置费之和;

n——建设期;

f——建设期价格上涨指数。

【例 9-1】　某建设工程项目在建设期初的建筑安装工程费、设备及工器具购置费为 45 000 万元。按本项目实施进度计划,项目建设期为 3 年,投资分年使用比例为:第一年 25%,第二年 55%,第三年 20%,建设期内预计年平均价格总水平上涨率为 5%。建设期贷款利息为 1 395 万元,建设工程项目其他费用为 3 860 万元,基本预备费率为 10%。试估算该项目的建设投资。

解：(1) 计算项目的涨价预备费

第一年末的涨价预备费＝45 000×25％×[(1+0.05)^1−1]＝562.5(万元)

第二年末的涨价预备费＝45 000×55％×[(1+0.05)^2−1]＝2 536.88(万元)

第三年末的涨价预备费＝45 000×20％×[(1+0.05)^3−1]＝1 418.63(万元)

该项目建设期的涨价预备费＝562.5+2 536.88+1 418.63＝4 518.01(万元)

(2) 计算项目的建设投资

建设投资＝静态投资+建设期贷款利息+涨价预备费

＝(45 000+3 860)×(1+10％)+1 395+4 518.01＝59 659.01 万元

9.1.6 建设期利息

建设期利息是指项目在建设期内因使用债务资金而支付的利息。在偿还债务资金时，这部分利息一般也作为本金，计算项目投入使用后各期的利息。

计算建设期利息，需要根据项目进度计划，提出建设投资分年计划，列出各年投资额，并明确其中的外汇和人民币。在项目的经济分析中，无论各种债务资金是按年计息，还是按季、月计息，均可简化为按年计息，即将名义利率转换为实际利率。为了简化计算，通常假定借款均在每年的年中支用，借款当年按半年计息，其余各年份按全年计息。计算公式为：

各年应计利息＝(年初借款本息累计+本年借款额 /2)×年利率　　　　(9-8)

【例 9-2】某新建项目，建设期为 3 年，共向银行贷款 1 300 万元，贷款时间为：第 1 年 300 万元，第 2 年 600 万元，第 3 年 400 万元，年利率为 6％，计算建设期利息。

解：在建设期，各年利息计算如下：

第 1 年应计利息＝$\frac{1}{2}$×300×6％＝9(万元)

第 2 年应计利息＝$\left(300+9+\frac{1}{2}×600\right)$×6％＝36.54(万元)

第 3 年应计利息＝$\left(300+9+600+36.54+\frac{1}{2}×400\right)$×6％＝68.73(万元)

建设期利息总和为：9+36.54+68.73＝114.27(万元)

9.1.7 流动资金

流动资金是指企业在运营期内长期占用并周转使用的营运资金，是为维持生产所占用的全部周转资金，是流动资产与流动负债的差额。

流动资产是指在一年或超过一年的一个营业周期内变现或耗用的资产，包括现金及存款、短期投资、应收款及预付款、存货等。流动负债是指将在一年或超过一年的一个营业周期内偿还的债务，包括短期借款、应付票据、应付账款、预收贷款、应付工资、应交税金、应付利润、其他应付款、预提费用等。在整个项目寿命期，流动资金始终被长期占用并且周而复始地流动。到项目寿命期结束后，全部流动资金才能退出生产与流通，以货币资金的形式被收回。

9.1.8　投资形成的资产

项目总投资投入项目建设,开始运营后形成四类资产,分别是固定资产、无形资产、其他资产和流动资产。具体的构成情况如图 9-2 所示。

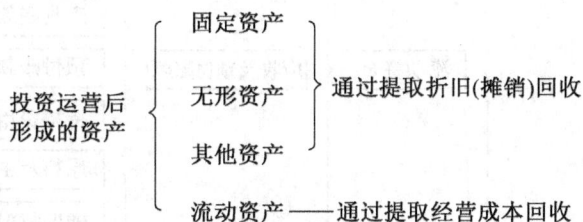

图 9-2　投资形成的资产

1. 固定资产

固定资产是在社会再生产过程中较长时间为生产和人民生活服务的物质资料。通常要求使用期限在一年以上,单位价值在规定限额以上。例如,1992 年财政部规定,大、中、小型工业企业固定资产的限额标准分别为 2 000 元、1 500 元和 1 000 元以上。

按照《企业会计制度》规定,固定资产是指企业使用期限超过 1 年的房屋、建筑物、机器、机械、运输工具以及其他与生产、经营有关的设备、器具、工具等。不属于生产经营主要设备的物品,单位价值在 2 000 元以上,并且使用年限超过 2 年的,也应当作为固定资产。

2. 无形资产

无形资产是能使企业拥有某种权利,能为企业带来长期的经济效益,但没有实物形态的资产,比如专利权、商标权、著作权、土地使用权、非专利技术、信誉等。

3. 其他资产

其他资产是指除固定资产、无形资产、流动资产以外的资产。形成其他资产原值的费用主要是生产准备费(含职工提前进厂费和培训费)、开办费、样品样机购置费和农业开荒费等。

4. 流动资产

流动资产是指可以在 1 年或者超过 1 年的一个营业期内变现或耗用的资产,包括现金及存款、短期投资、应收款及预付款、存货等。具体的构成情况如图 9-3 所示。

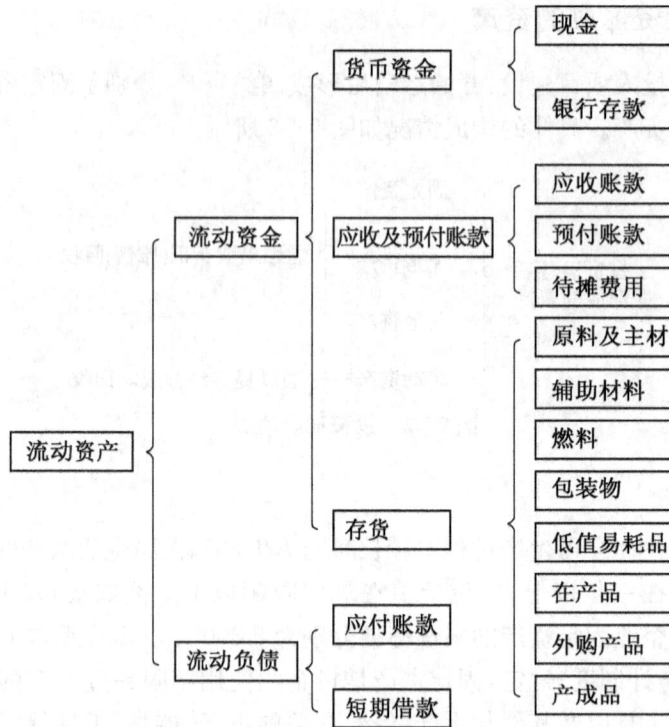

图 9-3　流动资产的构成

在这四类资产中,固定资产与流动资产在经济性质上有区别,须注意区分,具体内容见表 9-3 所示。

表 9-3　固定资产与流动资产在经济性质上有区别

区别	固定资产	流动资产
作用	劳动资料	劳动对象
形态	多次参加生产过程,但仍保持原有物质形态,直到报废为止才进行实物形态的补偿或替换	只参加一次生产过程,会改变或消失本身形态,每个生产周期后必须进行实物形态的补偿
价值	按消耗程度逐渐转移到产品中去	一次性全部转移到产品中去

9.2　成本与费用

9.2.1　支出

支出是一个会计主体各项资产的流出,也就是企业的一切开支及耗费。在一般情况下,企业的支出可分为资本性支出、收益性支出、营业外支出及利润分配支出四大类。

1. 资本性支出

资本性支出是指某项效益及于几个会计年度(或几个营业周期)的支出,如企业购置和建造固定资产、无形资产及其他资产的支出、长期投资支出等,对于这类支出应予以资本化,而不能作为当期的费用。

2. 收益性支出

收益性支出指某项效益仅及于本会计年度(或一个营业周期)的支出,这种支出应在一个会计期间内确认为费用,如企业生产经营所发生的外购材料、支付工资及其他支出,以及发生的管理费用、营业费用、财务费用等;另外,生产经营过程中所缴纳的税金、有关费用等也包括在收益性支出之内,它是企业得以存在并持续经营的必要的社会性支出。

3. 营业外支出

营业外支出指企业发生的与其生产经营无直接关系的各项支出,如固定资产盘亏、处置固定资产净损失、债务重组损失、计提资产减值准备、罚款、捐赠支出、非常损失等。

4. 利润分配支出

利润分配支出是指在利润分配环节发生的支出,如股利分配支出等。因此,费用与收入相联系、相配比;有些支出不与收入有必然联系,如罚款支出、投资支出。简而言之,支出的范围比费用大。

9.2.2 成本与费用

费用是会计主体各类支出中的收益性支出。费用按不同的分类标准,可以有多种不同的分类方法。如:费用按经济内容和性质进行分类,可分为购置劳动对象的费用、购建劳动资料的费用和支付职工薪酬的费用;费用按经济用途可分为生产费用和期间费用。

生产费用是指为生产产品而发生的、与产品生产直接相关的费用,如生产产品所发生的原材料费用、人工费用等。但在财务会计中,生产费用与生产成本不是完全等同的概念,计入生产产品的生产费用才是生产成本。

成本是对象化的费用,其所针对的是一定的成本计算对象;费用则是针对一定的期间而言的,包括生产费用和期间费用。生产费用是企业在一定时期内发生的通用货币计量的耗费,生产费用经对象化后,才可能转化为产品成本。期间费用不进入产品生产成本,而直接从当期损益中扣除。

9.2.3 总成本费用的构成

总成本费用是指企业在运营期内为生产产品或提供服务所发生的全部费用。它可以综合反映项目的技术水平、工艺完善程度、资金利用情况、劳动生产力与经营管理水平。工程经济分析中将成本视为现金流出。按经济用途的不同,总成本费用可分为生产成本和期间费用。

1. 生产成本

生产成本亦称制造成本,是指企业生产经营过程中实际消耗的直接材料费、直接工资、其他直接支出和制造费用。

(1) 直接材料费

直接材料费包括企业生产经营过程中实际消耗的原材料、辅助材料、设备零配件、外购半成品、燃料、动力、包装物、低值易耗品以及其他直接材料费。

(2) 直接工资

直接工资包括企业直接从事产品生产人员的工资、奖金、津贴和补贴等。

(3) 其他直接支出

其他直接支出包括直接从事产品生产人员的职工福利费等。

(4) 制造费用

制造费用是指企业各个生产单位(分厂、车间)为组织和管理生产所发生的各项费用,包括生产单位(分厂、车间)管理人员工资、职工福利费、折旧费、维简费、修理费、物料消耗、低值易耗品摊销、劳动保护费、水电费、办公费、差旅费、运输费、保险费、租赁费(不含融资租赁费)、设计制图费、试验检验费、环境保护费以及其他制造费用。其中,直接材料费、直接工资和其他直接支出构成产品的直接成本,制造费用则构成产品的间接成本。

2. 期间费用

期间费用是指当期发生的、与生产活动没有直接联系的、直接计入损益的各项费用。它包括管理费用、营业费用和财务费用。

(1) 管理费用

管理费用是指企业行政管理部门管理和组织经营活动而发生的各项费用,包括工会经费、职工教育经费、业务招待费、印花税等相关税金、技术转让费、无形资产摊销、咨询费、诉讼费、提取的坏账损失、提取的存货跌价准备、公司经费、聘请中介机构费、研究与开发费、劳动保险费、董事会会费以及其他管理费用。

管理费用一般发生在企业的行政管理部门,如工厂、公司一级的费用。直接组织产品生产的单位,如车间、施工企业的工程处等发生的组织和管理生产的费用,一般应属于间接费用。但车间、工程处等单位发生的,由工厂或公司统一掌握、管理和分配使用的工会经费、职工教育经费、劳动保险费等,也应列入管理费用核算。

(2) 营业费用

营业费用是指企业在销售产品、提供劳务过程中发生的各项费用以及专设销售机构的各项经费。它包括运输费、保险费、展销费、广告费、租赁费(不包括融资租赁费)以及为销售产品而专设的销售机构的职工工资、福利费等经常性费用。

(3) 财务费用

财务费用是指企业筹集生产经营所需资金而发生的费用,包括利息支出(减利息收入)、汇兑损失(减汇兑收益)、金融机构手续费以及筹集生产经营资金发生的其他费用。

9.2.4　工程成本

施工项目成本核算在施工项目成本管理中的重要性体现在两个方面：一方面，它是后期或同类施工项目进行成本预测，制订成本计划和实行成本控制所需信息的重要来源；另一方面，它又是本施工项目进行成本分析和成本考核的基本依据。施工成本管理需要正确及时地核算施工过程中发生的各项费用，计算施工项目的实际成本。

结合《企业会计准则》和成本核算目的和要求，工程成本核算对象的确定方法主要有：以单项建造（施工）合同作为施工工程成本核算对象；对合同分立以确定施工工程成本核算对象；对合同合并以确定施工工程成本核算对象。

施工企业的成本核算对象应在工程开工以前确定，且一经确定后不得随意变更，更不能相互混淆。施工企业所有反映工程成本费用的原始记录和核算资料都必须按照确定的成本核算对象填写清楚，以便于准确地归集和分配施工生产费用。

根据《企业会计准则（第 15 号）——建造合同》，工程成本包括从建造合同签订开始至合同完成止所发生的、与执行合同有关的直接费用和间接费用。

直接费用是指为完成合同所发生的、可以直接计入合同成本核算对象的各项费用支出。直接费用包括：① 耗用的材料费用；② 耗用的人工费用；③ 耗用的机械使用费；④ 其他直接费用，指其他可以直接计入合同成本的费用。

间接费用是企业下属的施工单位或生产单位为组织和管理施工生产活动所发生的费用。合同成本不包括应当计入当期损益的管理费用、销售费用和财务费用。因订立合同而发生的有关费用，应当直接计入当期损益。

1. 耗用的人工费用

人工费用包括企业从事建筑安装工程施工人员的工资、奖金、职工福利费、工资性质的津贴等。

2. 耗用的材料费用

材料费用包括施工过程中耗用的构成工程实体的原材料、辅助材料、构配件、零件、半成品的费用和周转材料的摊销及租赁费用。周转材料是指企业在施工过程中能多次使用，并可基本保持原来的实物形态而逐渐转移其价值的材料，如施工中使用的模板、挡板和脚手架等。

3. 耗用的机械使用费

机械使用费包括施工过程中使用自有施工机械所发生的机械使用费和租用外单位施工机械的租赁费，以及施工机械安装、拆卸和进出场费等。

4. 其他直接费用

其他直接费用包括施工过程中发生的材料二次搬运费、临时设施摊销费、生产工具用具使用费、工程定位复测费、工程点交费、场地清理费等。

5. 间接费用

间接费用是指为完成工程所发生的、不易直接归属于工程成本核算对象而应分配计入有关工程成本核算对象的各项费用支出。主要是企业下属施工单位或生产单位为组织和管理工程施工所发生的全部支出,包括临时设施摊销费用和施工单位管理人员工资、奖金、职工福利费,固定资产折旧费及修理费,物料消耗,低值易耗品摊销,取暖费,水电费,办公费,差旅费,财产保险费,检验试验费,工程保修费,劳动保护费,排污费及其他费用。这里所说的"下属施工单位"是指建筑安装企业的工区、施工队、项目经理部、非独立核算为内部工程项目服务的维修、加工单位等。间接费用不包括企业行政管理部门为组织和管理生产经营活动而发生的费用。

施工企业在核算产品成本时,就是按照成本项目来归集企业在施工生产经营过程中所发生的应计入成本核算对象的各项费用。其中,属于人工费、材料费、机械使用费和其他直接费等直接成本费用,直接计入有关工程成本。间接费用可先通过费用明细科目进行归集,期末再按确定的方法分配计入有关工程成本核算对象的成本。

9.3 收 入

9.3.1 收入的概念及特点

狭义上的收入,即营业收入,是指在销售商品、提供劳务及让渡资产使用权等日常活动中形成的经济利益的总流入,包括主营业务收入和其他业务收入,不包括为第三方或客户代收的款项。

广义上的收入,包括营业收入、投资收益、补贴收入和营业外收入。

营业收入是构成企业利润的主要来源,《企业会计准则——收入》、《企业会计准则——建造合同》和《企业会计制度》对营业收入的分类、确认、计量和核算有具体的规定。

收入有以下几方面的特点:

(1) 收入从企业的日常活动中产生,而不是从偶发的交易或事项中产生。日常活动是指企业为了完成所有的经济目标而从事的一切活动。这些活动具有经常性、重复性和可预见性的特点。如制造企业销售产成品、商品流通企业销售商品等。与日常活动相对应,企业还会发生一些偶然的事项,导致经济利益的流入,如出售固定资产、接受捐赠等。由这种偶然发生的非正常活动产生的收入则不能作为企业的收入。

(2) 收入可能表现为企业资产的增加,也可能表现为企业负债的减少,或二者兼而有之。收入通常表现为资产的增加,如在销售商品或提供劳务并取得收入的同时,银行存款增如,有时也表现为负债的减少,如预收款项的销售业务,在提供了商品或劳务并取得收入的同时,预收账款将得以抵偿。有时这种预收款业务在预收款得以抵偿后,仍有银行存款的增加,此时即表现为负债的减少和资产的增加兼而有之。

(3) 收入能导致企业所有者权益的增加,收入是与所有者投入无关的经济利益的总流入,这里的流入是总流入,而不是净流入。根据"资产=负债+所有者权益"的会计恒等式,收入无论表现为资产的增加还是负债的减少,最终必然导致所有者权益增加。不符合这一特征的经济利益流入,也不是企业的收入。

(4) 收入只包括本企业经济利益的流入,不包括为第三方或客户代收的款项。如代国家收取的增值税,旅行社代客户收取门票、机票,还有企业代客户收取的运杂费等。因为代收的款项,一方面增加企业的资产,一方面增加企业的负债,但它不增加企业的所有者权益,也不属于本企业的经济利益,不能作为本企业的收入。

9.3.2 收入的分类

按企业营业的主次分类,企业的收入也可以分为主营业务收入和其他业务收入两部分。主营业务收入和其他业务收入内容的划分是相对而言,而不是固定不变的。主营业务收入也称基本业务收入,是指企业从事主要营业活动所取得的收入,可以根据企业营业执照上注明的主营业务范围来确定。主营业务收入一般占企业收入的比重较大,对企业的经济效益产生较大的影响。建筑业企业的主营业务收入主要是建造(施工)合同收入。

其他业务收入也称附营业务收入,是指企业非经常性的、兼营的业务所产生的收入,如销售原材料、转让技术、代购代销、出租包装物等取得的收入等。

按收入的性质,企业的收入可以分为建造(施工)合同收入、销售商品收入、提供劳务收入和让渡资产使用权收入等。

1. 建造(施工)合同收入

建造(施工)合同收入是指企业通过签订建造(施工)合同并按合同要求为客户设计和建造房屋、道路、桥梁、水坝等建筑物以及船舶、飞机、大型机械设备等而取得的收入。其中,建筑业企业为设计和建造房屋、道路等建筑物签订的合同也叫作施工合同,按合同要求取得的收入称为施工合同收入。

2. 销售商品收入

销售商品收入是指企业通过销售产品或商品而取得的收入。建筑业企业销售商品主要包括产品销售和材料销售两大类。产品销售主要有自行加工的碎石、商品混凝土、各种门窗制品等;材料销售主要有原材料、低值易耗品、周转材料、包装物等。

3. 提供劳务收入

提供劳务收入是指企业通过提供劳务作业而取得的收入。建筑业企业提供劳务一般均为非主营业务,主要包括机械作业、运输服务、设计业务、产品安装、餐饮住宿等。提供劳务的种类不同,完成劳务的时间也不同,有的劳务一次就能完成,且一般均为现金交易,如餐饮住宿、运输服务等;有的劳务需要较长一段时间才能完成,如产品安装、设计业务、机械作业等。提供劳务的种类和完成劳务的时间不同,企业确认劳务收入的方法也不同,一般应分别按不跨年度和跨年度情况进行确认和计量。

4. 让渡资产使用权收入

让渡资产使用权收入是指企业通过让渡资产使用权而取得的收入,如金融企业发放贷款取得的收入,企业让渡无形资产使用权取得的收入,施工企业固定资产出租收入等。

9.3.3 建造合同收入的确认

建筑业企业应当及时、准确地进行合同收入和合同费用的确认与计量,以便分析和考核建造(施工)合同损益的实现情况。要准确地进行合同收入的确认与计量,首先应判断建造合同的结果能否可靠地估计。

如果建造合同的结果能够可靠地估计,应在资产负债表日根据完工百分比法确认当期的合同收入。完工百分比法是指根据合同完工进度来确认合同收入的方法。完工百分比法的运用分两个步骤:第一步,确定建造合同的完工进度,计算出完工百分比;第二步,根据完工百分比确认和计量当期的合同收入。

确定建造(施工)合同完工进度有以下三种方法:

1. 根据累计实际发生的合同成本占合同预计总成本的比例确定

该方法是一种投入衡量法,是确定合同完工进度常用的方法,其计算公式如下:

$$合同完工进度 = \frac{累计实际发生的合同成本}{合同预计总成本} \times 100\% \qquad (9-9)$$

需要注意的是,累计实际发生的合同成本不包括施工中尚未安装或使用的材料成本等与合同未来活动相关的合同成本,也不包括在分包工程的工作量完成之前预付给分包单位的款项。

【例9-3】 某建筑业企业与A业主订了一项合同总造价为3000万元的建造(施工)合同,合同约定建设期为3年。第1年,实际发生合同成本750万元,年末预计为完成合同尚需发生成本1750万元;第2年,实际发生合同成本1050万元,年末预计为完成合同尚需发生成本700万元。计算完工进度。

第1年合同完工进度 = 750 ÷ (750 + 1750) × 100% = 30%

第2年合同完工进度 = (750 + 1050) ÷ (750 + 1050 + 700) × 100% = 72%

2. 根据已经完成的合同工作量占合同预计总工作量的比例确定

该方法是一种产出衡量法,适用于合同工作量容易确定的建造(施工)合同,如道路工程、土石方工程等,其计算公式如下:

$$合同完工进度 = \frac{已经完成的合同工程量}{合同预计总工程量} \times 100\% \qquad (9-10)$$

【例9-4】 某建筑业企业与B交通局签订修建一条150 km公路的建造(施工)合同,合同约定工程总造价为60000万元,建设期为3年。该建筑公司第1年修建了45 km,第2年修建了75 km。计算完工进度。

第1年合同完工进度 = 45 ÷ 150 × 100% = 30%

第2年合同完工进度 = (45 + 75) ÷ 150 × 100% = 80%

3. 根据已完成合同工作的技术测量确定

该方法是在上述两种方法无法确定合同完工进度时所采用的一种特殊的技术测量

方法,适用于一些特殊的建造(施工)合同,如水下施工工程等。

例如,某建筑业企业与水利局签订一项水下施工建造合同。在资产负债表日,经专业技术人员现场测定后认定,已完成工作量占合同总工作量的 80%,那么该建筑业企业可以此认定合同的完工进度为 80%。

需要注意的是,这种技术测量应由专业人员现场进行科学测定,而不是由建筑业企业自行随意测定。

当建筑业企业不能可靠地估计建造(施工)合同的结果时,就不能采用完工百分比法来确认和计量当期的合同收入,应区别以下两种情况进行处理:

(1)合同成本能够回收的,合同收入根据能够收回的实际合同成本来确认,合同成本在其发生的当期确认为费用。

【例 9-5】 某建筑业企业与 B 公司签订了一项总造价为 800 万元的建造合同,建设期为 2 年。第 1 年实际发生工程成本 300 万元,双方均能履行合同规定的义务,但在年末,建筑公司对该项工程的完工进度无法可靠估计。

在这种情况下,该建筑业企业不能采用完工百分比法来确认收入,但由于 B 公司能够履行合同,估计当年发生的成本均能收回,所以该建筑业企业可将当年发生的工程成本金额同时确认为合同收入和合同费用,但当年不能确认合同毛利。其会计处理如下:

借:主营业务成本   3 000 000 元

     贷:主营业务收入   3 000 000 元

(2)合同成本不能回收的,应在发生时立即确认为费用,不确认收入。

假定上例中该建筑业企业与 B 公司只办理工程价款结算 220 万元,由于 B 公司陷入财务危机而面临破产清算,导致其余款项可能难以收回。在这种情况下,该建筑公司只能将 220 万元确认为当年的收入(300 万元应确认为当年的费用)。

9.4　利润与所得税费用

9.4.1　利润的概念与计算

企业的利润,是企业在一定会计期间的经营成果,企业利润的表现形式有营业利润、利润总额和净利润。企业的利润总额集中反映了企业经济活动的效益,是衡量企业经营管理水平和经济效益的重要综合指标。净利润表现为企业净资产的增加,是反映企业经济效益的一个重要指标。

1. 利润的概念

利润是企业在一定会计期间的经营活动所获得的各项收入抵减各项支出后的净额以及直接计入当期利润的利得和损失等。其中,直接计入当期利润的利得和损失,是指应当计入当期损益、会导致所有者权益发生增减变动的、与所有者投入资本或者向所有者分配利润无关的利得或损失。

利得和损失可分为两大类：一类是不计入当期损益，而直接计入所有者权益的利得和损失，如接受捐赠、变卖固定资产等，都可直接计入资本公积；还有一种就是应当直接计入当期损益的利得和损失，如投资收益、投资损失等。这两类利得和损失都会导致所有者权益发生增减变动。

2. 利润的计算

根据《企业会计准则》，可以将利润分为以下三个层次的指标。

(1) 营业利润

营业利润是企业利润的主要来源。营业利润按下列公式计算：

$$营业利润＝营业收入－营业成本（或营业费用）－营业税金及附加$$
$$－销售费用－管理费用－财务费用－资产减值损失 \qquad (9-11)$$
$$＋公允价值变动收益（损失为负）＋投资收益（损失为负）$$

式中，营业收入是指企业经营业务所确认的收入总额，包括主营业务收入和其他业务收入。其中，主营业务收入是指企业为完成其经营目标而从事的经常性活动所并实现的收入，如建筑业企业工程结算收入、工业企业产品销售收入、商业企业商品销售收入等。其他业务收入是指，企业除主营业务收入以外的其他销售或其他业务的收入，如建筑业企业对外出售不需用的材料的收入、出租投资性房地产的收入、劳务作业收入、多种经营收入和其他收入（技术转让利润、联合承包节省投资分成收入、提前竣工投产利润分成收入等）。

营业成本是指企业经营业务所发生的实际成本总额，包括主营业务成本和其他业务成本。其中，主营业务成本是指企业经营主营业务发生的支出。其他业务成本是指企业除主营业务以外的其他销售或其他业务所发生的支出，包括销售材料、设备出租、出租投资性房地产等发生的相关成本、费用、相关税金及附加等。

营业税金及附加是指企业经营活动发生的营业税、消费税、城市维护建设税、资源税、教育费附加、地方教育附加投资性房地产相关的房产税和土地使用税等。

资产减值损失是指企业计提各项资产减值准备所形成的损失。

公允价值变动收益（或损失）是指企业交易性金融资产等公允价值变动形成的应计入当期损益的利得（或损失）。

投资收益（或损失）是指企业以各种方式对外投资所取得的投资收益减去投资损失后的净额，即投资净收益。投资收益包括对外投资享有的利润、股利、债券利息、投资到期收回或中途转让取得高于账面价值的差额，以及按照权益法核算的股权投资在被投资单位增加的净资产中所拥有的数额等。投资损失包括对外投资分担的亏损、投资到期收回或者中途转让取得款项低于账面价值的差额，以及按照权益法核算的股权投资在被投资单位减少的资产中分担的数额等。如投资净收益为负值，即为投资损失。

(2) 利润总额

企业的利润总额是指营业利润加上营业外收入，再减去营业外支出后的金额。即：

$$利润总额＝营业利润＋营业外收入－营业外支出 \qquad (9-12)$$

式中,营业外收入(或支出)是指企业发生的与其生产经营活动没有直接关系的各项收入(或支出)。其中,营业外收入包括固定资产盘盈、处置固定资产净收益、处置无形资产净收益、罚款净收入等;营业外支出包括固定资产盘亏、处置固定资产净损失、处置无形资产净损失、债务重组损失、罚款支出、捐赠支出、非常损失等。

(3) 净利润

企业当期利润总额减去所得税费用后的金额,即企业的税后利润,或净利润。

$$净利润＝利润总额－所得税费用 \qquad (9-13)$$

式中,所得税费用是指企业应计入当期损益的所得税费用。

9.4.2　利润分配

利润分配是指企业按照国家的有关规定,对当年实现的净利润和以前年度未分配的利润所进行的分配。企业董事会或类似机构决议提请股东大会或类似机构批准的年度利润分配方案(除股票股利分配方案外),在股东大会或类似机构召开会议前,应当将其列入报告年度的利润分配表。股东大会或类似机构批准的利润分配方案,与董事会或类似机构提请批准的报告年度利润分配方案不一致时,其差额应当调整报告年度会计报表有关项目的年初数。

1. 税后利润的分配原则

公司税后利润的分配由于涉及股东、债权人、职工、社会等各个利益主体的切身利益,因此为维护社会秩序,充分发挥公司这一经济组织的优越性,平衡各方面的利益冲突,各国公司法均对其分配原则和分配顺序予以了严格规定。我国《公司法》规定的公司税后利润的分配原则可以概括为以下几个方面:

(1) 按法定顺序分配的原则

不同利益主体的利益要求,决定了公司税后利润的分配必须从全局出发,照顾各方利益关系。这既是公司税后利润分配的基本原则,也是公司税后利润分配的基本出发点。

(2) 非有盈余不得分配原则

这一原则强调的是公司向股东分配股利的前提条件。非有盈余不得分配原则的目的是为了维护公司的财产基础及其信用能力。股东会、股东大会或者董事会违反规定,在公司弥补亏损和提取法定公积金之前向股东分配利润的,股东必须将违反规定分配的利润退还公司。

(3) 同股同权、同股同利原则

同股同权、同股同利不仅是公开发行股份时应遵循的原则,也是公司向股东分配股利应遵守的原则之一。

(4) 公司持有的本公司股份不得分配利润

这是《公司法》修改之后新增的,这与前文提到的新法关于公司股份回购的修改相配合。

2. 税后利润的分配顺序

按照《公司法》,公司税后利润的分配顺序为:

(1) 弥补公司以前年度亏损

公司的法定公积金不足以弥补以前年度亏损的,在依照规定提取法定公积金之前,应当先用当年利润弥补亏损。

(2) 提取法定公积金

我国《公司法》规定的公积金有两种:法定公积金和任意公积金。

法定公积金,又称强制公积金,是《公司法》规定必须从税后利润中提取的公积金。对于法定公积金,公司既不得以其章程或股东会决议予以取消,也不得削减其法定比例。因法定公积金的来源不同,其又分为法定盈余公积金和资本公积金。法定盈余公积金是按照法定比例从公司税后利润中提取的公积金。根据《公司法》第一百六十七条规定:"公司分配当年税后利润时,应当提取利润的百分之十列入公司法定公积金。公司法定公积金累计额为公司注册资本的百分之五十以上的,可以不再提取。"而资本公积金是直接由资本或资产以及其他原因所形成的,是公司非营业活动所产生的收益。法定公积金可用于弥补亏损、扩大公司生产经营或增加公司注册资本。但公司用公积金增加公司注册资本,所留存的该项公积金不得少于转增前公司注册资本的百分之二十五。

(3) 经股东会或者股东大会决议提取任意公积金

任意公积金是公司在法定公积金之外,经股东会或者股东大会决议而从税后利润中提取的公积金。任意公积金由于并非法律强制规定要求提取的,因此对其提取比例、用途等公司法均未作出规定,而是交由章程或者股东会决议作出明确规定。

(4) 向投资者分配的利润或股利

公司弥补亏损和提取公积金后所余税后利润,有限责任公司依照《公司法》第三十五条的规定分配;股份有限公司按照股东持有的股份比例分配,但股份有限公司章程规定不按持股比例分配的除外。

(5) 未分配利润

可供投资者分配的利润,经过上述分配后,所余部分为未分配利润(或未弥补亏损)。未分配利润可留待以后年度进行分配。企业如发生亏损,可以按规定由以后年度利润进行弥补。企业未分配的利润(或未弥补的亏损)应当在资产负债表的所有者权益项目中单独反映。

9.4.3 所得税费用

1. 所得税的概念

所得税是指企业就其生产、经营所得和其他所得按规定交纳的税金,是根据应纳税所得额计算的,包括企业以应纳税所得额为基础的各种境内和境外税额。应纳税所得额是企业年度的收入总额减去准予扣除项目后的余额。

企业所得税是对在我国境内的企业(除外商投资企业和外国企业外)的生产经营所得和其他所得征收的一种税。《中华人民共和国企业所得税法》规定,在中华人民共和国境内,企业和其他取得收入的组织(以下统称企业)为企业所得税的纳税人,依照本法的规定缴纳企业所得税。

居民企业应当就其来源于中国境内、境外的所得缴纳企业所得税。居民企业,是指依法在中国境内成立,或者依照外国(地区)法律成立但实际管理机构在中国境内的企业。

非居民企业在中国境内设立机构、场所的,应当就其所设机构、场所取得的来源于中国境内的所得,以及发生在中国境外但与其所设机构、场所有实际联系的所得,缴纳企业所得税。非居民企业在中国境内未设立机构、场所的,或者虽设立机构、场所但取得的所得与其所设机构、场所没有实际联系的,应当就其来源于中国境内的所得缴纳企业所得税。非居民企业,是指依照外国(地区)法律成立且实际管理机构不在中国境内,但在中国境内设立机构、场所的,或者在中国境内未设立机构、场所,但有来源于中国境内所得的企业。

居民企业所得税的税率为 25%,非居民企业取得《企业所得税法》第三条第三款规定的所得,适用税率为 20%。

2. 所得税的计税基础

企业每一纳税年度的收入总额,减除不征税收入、免税收入、各项扣除以及允许弥补的以前年度亏损后的余额,为应纳税所得额。

企业应纳税所得额的计算,以权责发生制为原则,属于当期的收入和费用,不论款项是否收付,均作为当期的收入和费用;不属于当期的收入和费用,即使款项已经在当期收付,均不作为当期的收入和费用。

(1) 不征税收入

收入总额中,下列收入为不征税收入:

① 财政拨款,各级人民政府对纳入预算管理的事业单位、社会团体等组织拨付的财政资金,但国务院和国务院财政、税务主管部门另有规定的除外。

② 依法收取并纳入财政管理的行政事业性收费、政府性基金。行政事业性收费,是指依照法律法规等有关规定,按照国务院规定程序批准,在实施社会公共管理,以及在向公民、法人或者其他组织提供特定公共服务过程中,向特定对象收取并纳入财政管理的费用。政府性基金,是指企业依照法律、行政法规等有关规定,代政府收取的具有专项用途的财政资金。

③ 国务院规定的其他不征税收入,企业取得的,由国务院财政、税务主管部门规定专项用途并经国务院批准的财政性资金。

(2) 免税收入

企业的下列收入为免税收入:

① 国债利息收入;

② 符合条件的居民企业之间的股息、红利等权益性投资收益;

③ 在中国境内设立机构、场所的非居民企业从居民企业取得与该机构、场所有实际联系的股息、红利等权益性投资收益；

④ 符合条件的非营利组织的收入。

企业的下列所得，可以免征、减征企业所得税：

① 从事农、林、牧、渔业项目的所得；

② 从事国家重点扶持的公共基础设施项目投资经营的所得；

③ 从事符合条件的环境保护、节能节水项目的所得；

④ 符合条件的技术转让所得。

符合条件的小型微利企业，减按 20％的税率征收企业所得税。国家需要重点扶持的高新技术企业，减按 15％的税率征收企业所得税。

（3）各项扣除

① 企业实际发生的与取得收入有关的、合理的支出，包括成本、费用、税金、损失和其他支出，准予在计算应纳税所得额时扣除。

成本，是指企业在生产经营活动中发生的销售成本、销货成本、业务支出以及其他耗费。

费用，是指企业在生产经营活动中发生的销售费用、管理费用和财务费用，已经计入成本的有关费用除外。

税金，是指企业发生的除企业所得税和允许抵扣的增值税以外的各项税金及其附加。

损失，是指企业在生产经营活动中发生的固定资产和存货的盘亏、毁损、报废损失，转让财产损失，呆账损失，坏账损失，自然灾害等不可抗力因素造成的损失以及其他损失。

其他支出，是指除成本、费用、税金、损失外，企业在生产经营活动中发生的与生产经营活动有关的、合理的支出。

② 企业发生的公益性捐赠支出，在年度利润总额 12％以内的部分，企业按照规定计算的固定资产折旧、无形资产摊销费用、长期待摊费用，准予在计算应纳税所得额时扣除。

（4）不得扣除

在计算应纳税所得额时，下列支出不得扣除：

① 向投资者支付的股息、红利等权益性投资收益款项；

② 企业所得税税款；

③ 税收滞纳金；

④ 罚金、罚款和被没收财物的损失；

⑤《企业所得税法》第九条规定以外的捐赠支出；

⑥ 赞助支出；

⑦ 未经核定的准备金支出；

⑧ 与取得收入无关的其他支出。

3. 所得税费用的确认

《企业所得税法》第二十二条规定的应纳税额的计算公式为：

应纳税额＝应纳税所得额×适用税率－减免税额－抵免税额

式中的减免税额和抵免税额，是指依照《企业所得税法》和国务院的税收优惠规定减征、免征和抵免的应纳税额。

【基础训练】

一、单项选择题

1. 根据现行《企业会计准则》，下列支出中应列为当期费用的是　　　　（　　）

    A. 缴纳罚款　　　　　　　　　　B. 购买生产原料支出

    C. 计提固定资产减值准备　　　　D. 股利分配支出

2. 根据会计的有关规定，下列支出中，属于费用的是　　　　　　（　　）

    A. 购置固定资产的支出　　　　　B. 向所有者分红支出

    C. 支付未按期纳税的滞纳金　　　D. 支付购置原材料的价款

3. 某企业因排放的污水超出当地市政污水排放标准而缴纳罚款 200 万元，财务上该笔罚款应计入企业的　　　　　　　　　　　　　　　　（　　）

    A. 营业外支出　　　　　　　　　B. 销售费用

    C. 管理费用　　　　　　　　　　D. 营业费用

4. 根据《企业会计准则第 15 号——建造合同》，属于工程成本直接费用的是

　　　　　　　　　　　　　　　　　　　　　　　　　　　　（　　）

    A. 管理费用　　　　　　　　　　B. 销售费用

    C. 财务费用　　　　　　　　　　D. 人工费用

5. 某装饰企业施工的 M 项目于 2012 年 10 月工程完工时共发生材料费 30 万元，项目管理人员工资 8 万元，公司行政管理部门发生的水电费 2 万元，根据现行《企业会计准则》，应计入工程成本的费用为　　　　　　　　　　（　　）

    A. 30 万元　　　　　　　　　　B. 32 万元

    C. 40 万元　　　　　　　　　　D. 38 万元

6. 根据我国现行《企业会计准则》，不能列入工程成本支出的是　　　（　　）

    A. 生产所耗用的人工费

    B. 生产所耗用的材料费

    C. 处置固定资产的净损失

    D. 企业下属的施工单位为组织和管理施工生产活动所发生的费用

7. 为完成工程所发生的、不易直接归属于工程成本核算对象而应分配计入有关工程成本核算对象的支出，称为　　　　　　　　　　　　　（　　）

    A. 期间费用　　　　　　　　　　B. 营业外支出

    C. 管理费用　　　　　　　　　　D. 间接费用

8.《企业会计准则第 15 号——建造合同》中推行的确认合同收入和结转成本费用

的方法是 （ ）

    A. 完工百分比法   B. 竣工结算法

    C. 分段结算法   D. 按月结算法

9. 根据我国现行《企业会计准则》,企业支付的广告费属于企业的 （ ）

    A. 资本性支出   B. 利润分配支出

    C. 期间费用   D. 营业外支出

10. 施工企业销售自行加工的商品混凝土取得的收入属于 （ ）

    A. 产品销售收入   B. 施工合同收入

    C. 材料销售收入   D. 提供劳务收入

11. 施工企业向外提供机械作业取得的收入属于 （ ）

    A. 销售商品收入   B. 让渡资产使用权收入

    C. 提供劳务收入   D. 建造合同收入

12. 某造价合同总价为 6 000 万元,合同工期 3 年,若第一年完工进度为 20%,第二年完工进度为 60%,第三年工程全部完工交付使用。则第三年应确认的合同收入为

                                                       （ ）

    A. 6 000 万元   B. 3 600 万元

    C. 2 400 万元   D. 1 200 万元

13. 某承包公司与业主签订了一份修筑公路的合同,公路总长度为 15 千米,总造价 45 亿元,第 1 年完成了 4 千米,第 2 年完成了 8 千米,则第 2 年合同完工进度是

                                                         （ ）

    A. 80%   B. 20%

    C. 26.67%   D. 53.33%

14. 施工企业收取的下列款项中,不能计入企业收入的是 （ ）

    A. 代扣职工个人的所得税   B. 收到的工程价款

    C. 转让施工技术取得的收入   D. 售价材料价款收入

15. 某施工企业 2012 年度工程结算收入为 1 000 万元,营业成本和营业税金及附加为 300 万元,管理费用 200 万元,财务费用为 100 万元。其他业务收入为 200 万元,投资收益 150 万元,营业外收入为 100 万元,营业外支出为 80 万元,所得税为 100 万元,则企业当年营业利润为 （ ）

    A. 500 万元   B. 750 万元

    C. 520 万元   D. 670 万元

16. 某施工企业 2014 年度利润总额 8 000 万元。企业当年发生公益性捐赠支出 1 000 万元。本企业在计算企业所得税时,捐赠支出准予扣除的最大金额是 （ ）

    A. 1 000 万元   B. 250 万元

    C. 960 万元   D. 125 万元

二、多项选择题

1. 根据我国现行《企业会计准则》,收益性支出不包括 （ ）

A. 外购材料支出　　　　　　　　B. 非常损失

C. 管理费用　　　　　　　　　　D. 营业费用

E. 固定资产盘亏

2. 根据现行《企业会计准则》,应计入管理费用的有　　　　　　　　　（　　）

A. 印花税　　　　　　　　　　　B. 应付债券利息

C. 管理人员劳动保护费　　　　　D. 固定资产使用费

E. 法律顾问费

3. 下列款项中,应作为企业广义上的收入的有　　　　　　　　　　　（　　）

A. 企业销售货物的价款　　　　　B. 货物运杂费

C. 企业对外投资的收益　　　　　D. 企业代收的增值税

E. 政府对企业的补贴

4. 根据《企业会计准则第 15 号——建造合同》,按累计实际发生的合同成本占合同预计总成本的比例确定合同完工进度时,累计实际发生的合同成本不包括　（　　）

A. 已订立采购合同但尚未运抵现场的材料成本

B. 已采购进场但施工中尚未安装的材料成本

C. 在分包工程的工作量完成之前预付给分包单位的款项

D. 已经完成并验收合格的设备安装工程的价款

E. 已经完成并验收合格的分包工程的合同价款

5. 某总造价 5 000 万元的固定总价建造合同,约定工期为 3 年。假定经计算第 1 年完工进度为 30%,第 2 年完工进度为 70%,第 3 年全部完工交付使用。则关于合同收入确认的说法,正确的有　　　　　　　　　　　　　　　　　　（　　）

A. 第 1 年确认的合同收入为 1 500 万元

B. 第 2 年确认的合同收入为 3 500 万元

C. 第 3 年确认的合同收入少于第 2 年

D. 第 3 年确认的合同收入为 0

E. 3 年累计确认的合同收入为 5 000 万元

6. 公司进行利润分配时,应在提取任意公积金前分配的有　　　　　　（　　）

A. 向投资者分配利润　　　　　　B. 向股东分配股利

C. 弥补公司以前年度亏损　　　　D. 提取法定公积金

E. 存取留作以后年度分配的利润

三、简答题

1. 什么是期间费用? 它包括哪几部分?

2. 完工百分比法有哪几种?

3. 什么是营业利润? 它与利润总额的区别和联系是什么?

4. 什么是居民企业和非居民企业,二者在所得税责任上有什么区别?

5. 简述企业税后利润的分配原则和顺序。

附录一　间断复利系数表

表 1　复利系数表(i=1%)

n	(F/P,i,n)	(P/F,i,n)	(F/A,i,n)	(A/F,i,n)	(A/P,i,n)	(P/A,i,n)	(F/G,i,n)	(A/G,i,n)
1	1.010 0	0.990 1	1.000 0	1.000 0	1.010 0	0.990 1	0.000 0	0.000 0
2	1.020 1	0.980 3	2.010 0	0.497 5	0.507 5	1.970 4	1.000 0	0.497 5
3	1.030 3	0.970 6	3.030 1	0.330 0	0.340 0	2.941 0	3.010 0	0.993 4
4	1.040 6	0.961 0	4.060 4	0.246 3	0.256 3	3.902 0	6.040 1	1.487 6
5	1.051 0	0.951 5	5.101 0	0.196 0	0.206 0	4.853 4	10.100 5	1.980 1
6	1.061 5	0.942 0	6.152 0	0.162 5	0.172 5	5.795 5	15.201 5	2.471 0
7	1.072 1	0.932 7	7.213 5	0.138 6	0.148 6	6.728 2	21.353 5	2.960 2
8	1.082 9	0.923 5	8.285 7	0.120 7	0.130 7	7.651 7	28.567 1	3.447 8
9	1.093 7	0.914 3	9.368 5	0.106 7	0.116 7	8.566 0	36.852 7	3.933 7
10	1.104 6	0.905 3	10.462 2	0.095 6	0.105 6	9.471 3	46.221 3	4.417 9
11	1.115 7	0.896 3	11.566 8	0.086 5	0.096 5	10.367 6	56.683 5	4.900 5
12	1.126 8	0.887 4	12.682 5	0.078 8	0.088 8	11.255 1	68.250 3	5.381 5
13	1.138 1	0.878 7	13.809 3	0.072 4	0.082 4	12.133 7	80.932 8	5.860 7
14	1.149 5	0.870 0	14.947 4	0.066 9	0.076 9	13.003 7	94.742 1	6.338 4
15	1.161 0	0.861 3	16.096 9	0.062 1	0.072 1	13.865 1	109.689 6	6.814 3
16	1.172 6	0.852 8	17.257 9	0.057 9	0.067 9	14.717 9	125.786 4	7.288 6
17	1.184 3	0.844 4	18.430 4	0.054 3	0.064 3	15.562 3	143.044 3	7.761 3
18	1.196 1	0.836 0	19.614 7	0.051 0	0.061 0	16.398 3	161.474 8	8.232 3
19	1.208 1	0.827 7	20.810 9	0.048 1	0.058 1	17.226 0	181.089 5	8.701 7
20	1.220 2	0.819 5	22.019 0	0.045 4	0.055 4	18.045 6	201.900 4	9.169 4
21	1.232 4	0.811 4	23.239 2	0.043 0	0.053 0	18.857 0	223.919 4	9.635 4
22	1.244 7	0.803 4	24.471 6	0.040 9	0.050 9	19.660 4	247.158 6	10.099 8
23	1.257 2	0.795 4	25.716 3	0.038 9	0.048 9	20.455 8	271.630 2	10.562 6
24	1.269 7	0.787 6	26.973 5	0.037 1	0.047 1	21.243 4	297.346 5	11.023 7
25	1.282 4	0.779 8	28.243 2	0.035 4	0.045 4	22.023 2	324.320 0	11.483 1
26	1.295 3	0.772 0	29.525 6	0.033 9	0.043 9	22.795 2	352.563 1	11.940 9
27	1.308 2	0.764 4	30.820 9	0.032 4	0.042 4	23.559 6	382.088 8	12.397 1
28	1.321 3	0.756 8	32.129 1	0.031 1	0.041 1	24.316 4	412.909 7	12.851 6
29	1.334 5	0.749 3	33.450 4	0.029 9	0.039 9	25.065 8	445.038 8	13.304 4
30	1.347 8	0.741 9	34.784 9	0.028 7	0.038 7	25.807 7	478.489 2	13.755 7

（续表）

n	$(F/P,i,n)$	$(P/F,i,n)$	$(F/A,i,n)$	$(A/F,i,n)$	$(A/P,i,n)$	$(P/A,i,n)$	$(F/G,i,n)$	$(A/G,i,n)$
31	1.361 3	0.734 6	36.132 7	0.027 7	0.037 7	26.542 3	513.274 0	14.205 2
32	1.374 9	0.727 3	37.494 1	0.026 7	0.036 7	27.269 6	549.406 8	14.653 2
33	1.388 7	0.720 1	38.869 0	0.025 7	0.035 7	27.989 7	586.900 9	15.099 5
34	1.402 6	0.713 0	40.257 7	0.024 8	0.034 8	28.702 7	625.769 9	15.544 1
35	1.416 6	0.705 9	41.660 3	0.024 0	0.034 0	29.408 6	666.027 6	15.987 1
36	1.430 8	0.698 9	43.076 9	0.023 2	0.033 2	30.107 5	707.687 8	16.428 5
37	1.445 1	0.692 0	44.507 6	0.022 5	0.032 5	30.799 5	750.764 7	16.868 2
38	1.459 5	0.685 2	45.952 7	0.021 8	0.031 8	31.484 7	795.272 4	17.306 3
39	1.474 1	0.678 4	47.412 3	0.021 1	0.031 1	32.163 0	841.225 1	17.742 8
40	1.488 9	0.671 7	48.886 4	0.020 5	0.030 5	32.834 7	888.637 3	18.177 6
41	1.503 8	0.665 0	50.375 2	0.019 9	0.029 9	33.499 7	937.523 7	18.610 8
42	1.518 8	0.658 4	51.879 0	0.019 3	0.029 3	34.158 1	987.898 9	19.042 4
43	1.534 0	0.651 9	53.397 8	0.018 7	0.028 7	34.810 0	1 039.777 9	19.472 3
44	1.549 3	0.645 4	54.931 8	0.018 2	0.028 2	35.455 5	1 093.175 7	19.900 6
45	1.564 8	0.639 1	56.481 1	0.017 7	0.027 7	36.094 5	1 148.107 5	20.327 3
46	1.580 5	0.632 7	58.045 9	0.017 2	0.027 2	36.727 2	1204.588 5	20.752 4
47	1.596 3	0.626 5	59.626 3	0.016 8	0.026 8	37.353 7	1 262.634 4	21.175 8
48	1.612 2	0.620 3	61.222 6	0.016 3	0.026 3	37.974 0	1 322.260 8	21.597 6
49	1.628 3	0.614 1	62.834 8	0.015 9	0.025 9	38.588 1	1 383.483 4	22.017 8
50	1.644 6	0.608 0	64.463 2	0.015 5	0.025 5	39.196 1	1 446.318 2	22.436 3

表 2　复利系数表($i=2\%$)

n	$(F/P,i,n)$	$(P/F,i,n)$	$(F/A,i,n)$	$(A/F,i,n)$	$(A/P,i,n)$	$(P/A,i,n)$	$(F/G,i,n)$	$(A/G,i,n)$
1	1.020 0	0.980 4	1.000 0	1.000 0	1.020 0	0.980 4	0.000 0	0.000 0
2	1.040 4	0.961 2	2.020 0	0.495 0	0.515 0	1.941 6	1.000 0	0.495 0
3	1.061 2	0.942 3	3.060 4	0.326 8	0.346 8	2.883 9	3.020 0	0.986 8
4	1.082 4	0.923 8	4.121 6	0.242 6	0.262 6	3.807 7	6.080 4	1.475 2
5	1.104 1	0.905 7	5.204 0	0.192 2	0.212 2	4.713 5	10.202 0	1.960 4
6	1.126 2	0.888 0	6.308 1	0.158 5	0.178 5	5.601 4	15.406 0	2.442 3
7	1.148 7	0.870 6	7.434 3	0.134 5	0.154 5	6.472 0	21.714 2	2.920 8
8	1.171 7	0.853 5	8.583 0	0.116 5	0.136 5	7.325 5	29.148 5	3.396 1
9	1.195 1	0.836 8	9.754 6	0.102 5	0.122 5	8.162 2	37.731 4	3.868 1
10	1.219 0	0.820 3	10.949 7	0.091 3	0.111 3	8.982 6	47.486 0	4.336 7
11	1.243 4	0.804 3	12.168 7	0.082 2	0.102 2	9.786 8	58.435 8	4.802 1
12	1.268 2	0.788 5	13.412 1	0.074 6	0.094 6	10.575 3	70.604 5	5.264 2
13	1.293 6	0.773 0	14.680 3	0.068 1	0.088 1	11.348 4	84.016 6	5.723 1
14	1.319 5	0.757 9	15.973 9	0.062 6	0.082 6	12.106 2	98.696 9	6.178 6

n	$(F/P,i,n)$	$(P/F,i,n)$	$(F/A,i,n)$	$(A/F,i,n)$	$(A/P,i,n)$	$(P/A,i,n)$	$(F/G,i,n)$	$(A/G,i,n)$
15	1. 345 9	0. 743 0	17. 293 4	0. 057 8	0. 077 8	12. 849 3	114. 670 8	6. 630 9
16	1. 372 8	0. 728 4	18. 639 3	0. 053 7	0. 073 7	13. 577 7	131. 964 3	7. 079 9
17	1. 400 2	0. 714 2	20. 012 1	0. 050 0	0. 070 0	14. 291 9	150. 603 5	7. 525 6
18	1. 428 2	0. 700 2	21. 412 3	0. 046 7	0. 066 7	14. 992 0	170. 615 6	7. 968 1
19	1. 456 8	0. 686 4	22. 840 6	0. 043 8	0. 063 8	15. 678 5	192. 027 9	8. 407 3
20	1. 485 9	0. 673 0	24. 297 4	0. 041 2	0. 061 2	16. 351 4	214. 868 5	8. 843 3
21	1. 515 7	0. 659 8	25. 783 3	0. 038 8	0. 058 8	17. 011 2	239. 165 9	9. 276 0
22	1. 546 0	0. 646 8	27. 299 0	0. 036 6	0. 056 6	17. 658 0	264. 949 2	9. 705 5
23	1. 576 9	0. 634 2	28. 845 0	0. 034 7	0. 054 7	18. 292 2	292. 248 2	10. 131 7
24	1. 608 4	0. 621 7	30. 421 9	0. 032 9	0. 052 9	18. 913 9	321. 093 1	10. 554 7
25	1. 640 6	0. 609 5	32. 030 3	0. 031 2	0. 051 2	19. 523 5	351. 515 0	10. 974 5
26	1. 673 4	0. 597 6	33. 670 9	0. 029 7	0. 049 7	20. 121 0	383. 545 3	11. 391 0
27	1. 706 9	0. 585 9	35. 344 3	0. 028 3	0. 048 3	20. 706 9	417. 216 2	11. 804 3
28	1. 741 0	0. 574 4	37. 051 2	0. 027 0	0. 047 0	21. 281 3	452. 560 5	12. 214 5
29	1. 775 8	0. 563 1	38. 792 2	0. 025 8	0. 045 8	21. 844 4	489. 611 7	12. 621 4
30	1. 811 4	0. 552 1	40. 568 1	0. 024 6	0. 044 6	22. 396 5	528. 404 0	13. 025 1
31	1. 847 6	0. 541 2	42. 379 4	0. 023 6	0. 043 6	22. 937 7	568. 972 0	13. 425 7
32	1. 884 5	0. 530 6	44. 227 0	0. 022 6	0. 042 6	23. 468 3	611. 351 5	13. 823 0
33	1. 922 2	0. 520 2	46. 111 6	0. 021 7	0. 041 7	23. 988 6	655. 578 5	14. 217 2
34	1. 960 7	0. 510 0	48. 033 8	0. 020 8	0. 040 8	24. 498 6	701. 690 1	14. 608 3
35	1. 999 9	0. 500 0	49. 994 5	0. 020 0	0. 040 0	24. 998 6	749. 723 9	14. 996 1
36	2. 039 9	0. 490 2	51. 994 4	0. 019 2	0. 039 2	25. 488 8	799. 718 4	15. 380 9
37	2. 080 7	0. 480 6	54. 034 3	0. 018 5	0. 038 5	25. 969 5	851. 712 7	15. 762 5
38	2. 122 3	0. 471 2	56. 114 9	0. 017 8	0. 037 8	26. 440 6	905. 747 0	16. 140 9
39	2. 164 7	0. 461 9	58. 237 2	0. 017 2	0. 037 2	26. 902 6	961. 861 9	16. 516 3
40	2. 208 0	0. 452 9	60. 402 0	0. 016 6	0. 036 6	27. 355 5	1 020. 099 2	16. 888 5
41	2. 252 2	0. 444 0	62. 610 0	0. 016 0	0. 036 0	27. 799 5	1 080. 501 1	17. 257 6
42	2. 297 2	0. 435 3	64. 862 2	0. 015 4	0. 035 4	28. 234 8	1 143. 111 2	17. 623 7
43	2. 343 2	0. 426 8	67. 159 5	0. 014 9	0. 034 9	28. 661 6	1 207. 973 4	17. 986 6
44	2. 390 1	0. 418 4	69. 502 7	0. 014 4	0. 034 4	29. 080 0	1 275. 132 9	18. 346 5
45	2. 437 9	0. 410 2	71. 892 7	0. 013 9	0. 033 9	29. 490 2	1 344. 635 5	18. 703 4
46	2. 486 6	0. 402 2	74. 330 6	0. 013 5	0. 033 5	29. 892 3	1 416. 528 2	19. 057 1
47	2. 536 3	0. 394 3	76. 817 2	0. 013 0	0. 033 0	30. 286 6	1 490. 858 8	19. 407 9
48	2. 587 1	0. 386 5	79. 353 5	0. 012 6	0. 032 6	30. 673 1	1 567. 676 0	19. 755 6
49	2. 638 8	0. 379 0	81. 940 6	0. 012 2	0. 032 2	31. 052 1	1 647. 029 5	20. 100 3
50	2. 691 6	0. 371 5	84. 579 4	0. 011 8	0. 031 8	31. 423 6	1 728. 970 1	20. 442 0

表3 复利系数表($i=3\%$)

n	$(F/P,i,n)$	$(P/F,i,n)$	$(F/A,i,n)$	$(A/F,i,n)$	$(A/P,i,n)$	$(P/A,i,n)$	$(F/G,i,n)$	$(A/G,i,n)$
1	1.030 0	0.970 9	1.000 0	1.000 0	1.030 0	0.970 9	0.000 0	0.000 0
2	1.060 9	0.942 6	2.030 0	0.492 6	0.522 6	1.913 5	1.000 0	0.492 6
3	1.092 7	0.915 1	3.090 9	0.323 5	0.353 5	2.828 6	3.030 0	0.980 3
4	1.125 5	0.888 5	4.183 6	0.239 0	0.269 0	3.717 1	6.120 9	1.463 1
5	1.159 3	0.862 6	5.309 1	0.188 4	0.218 4	4.579 7	10.304 5	1.940 9
6	1.194 1	0.837 5	6.468 4	0.154 6	0.184 6	5.417 2	15.613 7	2.413 8
7	1.229 9	0.813 1	7.662 5	0.130 5	0.160 5	6.230 3	22.082 1	2.881 9
8	1.266 8	0.789 4	8.892 3	0.112 5	0.142 5	7.019 7	29.744 5	3.345 0
9	1.304 8	0.766 4	10.159 1	0.098 4	0.128 4	7.786 1	38.636 9	3.803 2
10	1.343 9	0.744 1	11.463 9	0.087 2	0.117 2	8.530 2	48.796 0	4.256 5
11	1.384 2	0.722 4	12.807 8	0.078 1	0.108 1	9.252 6	60.259 9	4.704 9
12	1.425 8	0.701 4	14.192 0	0.070 5	0.100 5	9.954 0	73.067 7	5.148 5
13	1.468 5	0.681 0	15.617 8	0.064 0	0.094 0	10.635 0	87.259 7	5.587 2
14	1.512 6	0.661 1	17.086 3	0.058 5	0.088 5	11.296 1	102.877 5	6.021 0
15	1.558 0	0.641 9	18.598 9	0.053 8	0.083 8	11.937 9	119.963 8	6.450 0
16	1.604 7	0.623 2	20.156 9	0.049 6	0.079 6	12.561 1	138.562 7	6.874 2
17	1.652 8	0.605 0	21.761 6	0.046 0	0.076 0	13.166 1	158.719 6	7.293 6
18	1.702 4	0.587 4	23.414 4	0.042 7	0.072 7	13.753 5	180.481 2	7.708 1
19	1.753 5	0.570 3	25.116 9	0.039 8	0.069 8	14.323 8	203.895 6	8.117 9
20	1.806 1	0.553 7	26.870 4	0.037 2	0.067 2	14.877 5	229.012 5	8.522 9
21	1.860 3	0.537 5	28.676 5	0.034 9	0.064 9	15.415 0	255.882 9	8.923 1
22	1.916 1	0.521 9	30.536 8	0.032 7	0.062 7	15.936 9	284.559 3	9.318 6
23	1.973 6	0.506 7	32.452 9	0.030 8	0.060 8	16.443 6	315.096 1	9.709 3
24	2.032 8	0.491 9	34.426 5	0.029 0	0.059 0	16.935 5	347.549 0	10.095 4
25	2.093 8	0.477 6	36.459 3	0.027 4	0.057 4	17.413 1	381.975 5	10.476 8
26	2.156 6	0.463 7	38.553 0	0.025 9	0.055 9	17.876 8	418.434 7	10.853 5
27	2.221 3	0.450 2	40.709 6	0.024 6	0.054 6	18.327 0	456.987 8	11.225 5
28	2.287 9	0.437 1	42.930 9	0.023 3	0.053 3	18.764 1	497.697 4	11.593 0
29	2.356 6	0.424 3	45.218 9	0.022 1	0.052 1	19.188 5	540.628 3	11.955 8
30	2.427 3	0.412 0	47.575 4	0.021 0	0.051 0	19.600 4	585.847 2	12.314 1
31	2.500 1	0.400 0	50.002 7	0.020 0	0.050 0	20.000 4	633.422 6	12.667 8
32	2.575 1	0.388 3	52.502 8	0.019 0	0.049 0	20.388 8	683.425 3	13.016 9
33	2.652 3	0.377 0	55.077 8	0.018 2	0.048 2	20.765 8	735.928 0	13.361 6
34	2.731 9	0.366 0	57.730 2	0.017 3	0.047 3	21.131 8	791.005 9	13.701 8
35	2.813 9	0.355 4	60.462 1	0.016 5	0.046 5	21.487 2	848.736 1	14.037 5

（续表）

n	(F/P,i,n)	(P/F,i,n)	(F/A,i,n)	(A/F,i,n)	(A/P,i,n)	(P/A,i,n)	(F/G,i,n)	(A/G,i,n)
36	2.898 3	0.345 0	63.275 9	0.015 8	0.045 8	21.832 3	909.198 1	14.368 8
37	2.985 2	0.335 0	66.174 2	0.015 1	0.045 1	22.167 2	972.474 1	14.695 7
38	3.074 8	0.325 2	69.159 4	0.014 5	0.044 5	22.492 5	1 038.648 3	15.018 2
39	3.167 0	0.315 8	72.234 2	0.013 8	0.043 8	22.808 2	1 107.807 8	15.336 3
40	3.262 0	0.306 6	75.401 3	0.013 3	0.043 3	23.114 8	1 180.042 0	15.650 2
41	3.359 9	0.297 6	78.663 3	0.012 7	0.042 7	23.412 4	1 255.443 3	15.959 7
42	3.460 7	0.289 0	82.023 2	0.012 2	0.042 2	23.701 4	1 334.106 5	16.265 0
43	3.564 5	0.280 5	85.483 9	0.011 7	0.041 7	23.981 9	1 416.129 7	16.566 0
44	3.671 5	0.272 4	89.048 4	0.011 2	0.041 2	24.254 3	1 501.613 6	16.862 9
45	3.781 6	0.264 4	92.719 9	0.010 8	0.040 8	24.518 7	1 590.662 0	17.155 6
46	3.895 0	0.256 7	96.501 5	0.010 4	0.040 4	24.775 4	1 683.381 9	17.444 1
47	4.011 9	0.249 3	100.396 5	0.010 0	0.040 0	25.024 7	1 779.883 4	17.728 5
48	4.132 3	0.242 0	104.408 4	0.009 6	0.039 6	25.266 7	1 880.279 9	18.008 9
49	4.256 2	0.235 0	108.540 6	0.009 2	0.039 2	25.501 7	1 984.688 3	18.285 2
50	4.383 9	0.228 1	112.796 9	0.008 9	0.038 9	25.729 8	2 093.228 9	18.557 5

表 4 复利系数表（$i=4\%$）

n	(F/P,i,n)	(P/F,i,n)	(F/A,i,n)	(A/F,i,n)	(A/P,i,n)	(P/A,i,n)	(F/G,i,n)	(A/G,i,n)
1	1.040 0	0.961 5	1.000 0	1.000 0	1.040 0	0.961 5	0.000 0	0.000 0
2	1.081 6	0.924 6	2.040 0	0.490 2	0.530 2	1.886 1	1.000 0	0.490 2
3	1.124 9	0.889 0	3.121 6	0.320 3	0.360 3	2.775 1	3.040 0	0.973 9
4	1.169 9	0.854 8	4.246 5	0.235 5	0.275 5	3.629 9	6.161 6	1.451 0
5	1.216 7	0.821 9	5.416 3	0.184 6	0.224 6	4.451 8	10.408 1	1.921 6
6	1.265 3	0.790 3	6.633 0	0.150 8	0.190 8	5.242 1	15.824 4	2.385 7
7	1.315 9	0.759 9	7.898 3	0.126 6	0.166 6	6.002 1	22.457 4	2.843 3
8	1.368 6	0.730 7	9.214 2	0.108 5	0.148 5	6.732 7	30.355 7	3.294 4
9	1.423 3	0.702 6	10.582 8	0.094 5	0.134 5	7.435 3	39.569 9	3.739 1
10	1.480 2	0.675 6	12.006 1	0.083 3	0.123 3	8.110 9	50.152 7	4.177 3
11	1.539 5	0.649 6	13.486 4	0.074 1	0.114 1	8.760 5	62.158 8	4.609 0
12	1.601 0	0.624 6	15.025 8	0.066 6	0.106 6	9.385 1	75.645 1	5.034 3
13	1.665 1	0.600 6	16.626 8	0.060 1	0.100 1	9.985 6	90.670 9	5.453 3
14	1.731 7	0.577 5	18.291 9	0.054 7	0.094 7	10.563 1	107.297 8	5.865 9
15	1.800 9	0.555 3	20.023 6	0.049 9	0.089 9	11.118 4	125.589 7	6.272 1
16	1.873 0	0.533 9	21.824 5	0.045 8	0.085 8	11.652 3	145.613 3	6.672 0
17	1.947 9	0.513 4	23.697 5	0.042 2	0.082 2	12.165 7	167.437 8	7.065 6

n	$(F/P,i,n)$	$(P/F,i,n)$	$(F/A,i,n)$	$(A/F,i,n)$	$(A/P,i,n)$	$(P/A,i,n)$	$(F/G,i,n)$	$(A/G,i,n)$
18	2.025 8	0.493 6	25.645 4	0.039 0	0.079 0	12.659 3	191.135 3	7.453 0
19	2.106 8	0.474 6	27.671 2	0.036 1	0.076 1	13.133 9	216.780 7	7.834 2
20	2.191 1	0.456 4	29.778 1	0.033 6	0.073 6	13.590 3	244.452 0	8.209 1
21	2.278 8	0.438 8	31.969 2	0.031 3	0.071 3	14.029 2	274.230 0	8.577 9
22	2.369 9	0.422 0	34.248 0	0.029 2	0.069 2	14.451 1	306.199 2	8.940 7
23	2.464 7	0.405 7	36.617 9	0.027 3	0.067 3	14.856 8	340.447 2	9.297 3
24	2.563 3	0.390 1	39.082 6	0.025 6	0.065 6	15.247 0	377.065 1	9.647 9
25	2.665 8	0.375 1	41.645 9	0.024 0	0.064 0	15.622 1	416.147 7	9.992 5
26	2.772 5	0.360 7	44.311 7	0.022 6	0.062 6	15.982 8	457.793 6	10.331 2
27	2.883 4	0.346 8	47.084 2	0.021 2	0.061 2	16.329 6	502.105 4	10.664 0
28	2.999 7	0.333 5	49.967 6	0.020 0	0.060 0	16.663 1	549.189 6	10.990 9
29	3.118 7	0.320 7	52.966 3	0.018 9	0.058 9	16.983 7	599.157 2	11.312 0
30	3.243 4	0.308 3	56.084 9	0.017 8	0.057 8	17.292 0	652.123 4	11.627 4
31	3.373 1	0.296 5	59.328 3	0.016 9	0.056 9	17.588 5	708.208 4	11.937 1
32	3.508 1	0.285 1	62.701 5	0.015 9	0.055 9	17.873 6	767.536 7	12.241 1
33	3.648 4	0.274 1	66.209 5	0.015 1	0.055 1	18.147 6	830.238 2	12.539 6
34	3.794 3	0.263 6	69.857 9	0.014 3	0.054 3	18.411 2	896.447 7	12.832 4
35	3.946 1	0.253 4	73.652 2	0.013 6	0.053 6	18.664 6	966.305 6	13.119 8
36	4.103 9	0.243 7	77.598 3	0.012 9	0.052 9	18.908 3	1039.957 8	13.401 8
37	4.268 1	0.234 3	81.702 2	0.012 2	0.052 2	19.142 6	1117.556 2	13.678 4
38	4.438 8	0.225 3	85.970 3	0.011 6	0.051 6	19.367 9	1 199.258 4	13.949 7
39	4.616 4	0.216 6	90.409 1	0.011 1	0.051 1	19.584 5	1 285.228 7	14.215 7
40	4.801 0	0.208 3	95.025 5	0.010 5	0.050 5	19.792 8	1 375.637 9	14.476 5
41	4.993 1	0.200 3	99.826 5	0.010 0	0.050 0	19.993 1	1 470.663 4	14.732 2
42	5.192 8	0.192 6	104.819 6	0.009 5	0.049 5	20.185 6	1 570.489 9	14.982 8
43	5.400 5	0.185 2	110.012 4	0.009 1	0.049 1	20.370 8	1 675.309 5	15.228 4
44	5.616 5	0.178 0	115.412 9	0.008 7	0.048 7	20.548 8	1 785.321 9	15.469 0
45	5.841 2	0.171 2	121.029 4	0.008 3	0.048 3	20.720 0	1 900.734 8	15.704 7
46	6.074 8	0.164 6	126.870 6	0.007 9	0.047 9	20.884 7	2 021.764 2	15.935 6
47	6.317 8	0.158 3	132.945 4	0.007 5	0.047 5	21.042 9	2 148.634 8	16.161 8
48	6.570 5	0.152 2	139.263 2	0.007 2	0.047 2	21.195 1	2 281.580 2	16.383 2
49	6.833 3	0.146 3	145.833 7	0.006 9	0.046 9	21.341 5	2 420.843 4	16.600 0
50	7.106 7	0.140 7	152.667 1	0.006 6	0.046 6	21.482 2	2 566.677 1	16.812 2

表5 复利系数表(i=5%)

n	(F/P,i,n)	(P/F,i,n)	(F/A,i,n)	(A/F,i,n)	(A/P,i,n)	(P/A,i,n)	(F/G,i,n)	(A/G,i,n)
1	1.050 0	0.952 4	1.000 0	1.000 0	1.050 0	0.952 4	0.000 0	0.000 0
2	1.102 5	0.907 0	2.050 0	0.487 8	0.537 8	1.859 4	1.000 0	0.487 8
3	1.157 6	0.863 8	3.152 5	0.317 2	0.367 2	2.723 2	3.050 0	0.967 5
4	1.215 5	0.822 7	4.310 1	0.232 0	0.282 0	3.546 0	6.202 5	1.439 1
5	1.276 3	0.783 5	5.525 6	0.181 0	0.231 0	4.329 5	10.512 6	1.902 5
6	1.340 1	0.746 2	6.801 9	0.147 0	0.197 0	5.075 7	16.038 3	2.357 9
7	1.407 1	0.710 7	8.142 0	0.122 8	0.172 8	5.786 4	22.840 2	2.805 2
8	1.477 5	0.676 8	9.549 1	0.104 7	0.154 7	6.463 2	30.982 2	3.244 5
9	1.551 3	0.644 6	11.026 6	0.090 7	0.140 7	7.107 8	40.531 3	3.675 8
10	1.628 9	0.613 9	12.577 9	0.079 5	0.129 5	7.721 7	51.557 9	4.099 1
11	1.710 3	0.584 7	14.206 8	0.070 4	0.120 4	8.306 4	64.135 7	4.514 4
12	1.795 9	0.556 8	15.917 1	0.062 8	0.112 8	8.863 3	78.342 5	4.921 9
13	1.885 6	0.530 3	17.713 0	0.056 5	0.106 5	9.393 6	94.259 7	5.321 5
14	1.979 9	0.505 1	19.598 6	0.051 0	0.101 0	9.898 6	111.972 6	5.713 3
15	2.078 9	0.481 0	21.578 6	0.046 3	0.096 3	10.379 7	131.571 3	6.097 3
16	2.182 9	0.458 1	23.657 5	0.042 3	0.092 3	10.837 8	153.149 8	6.473 6
17	2.292 0	0.436 3	25.840 4	0.038 7	0.088 7	11.274 1	176.807 3	6.842 3
18	2.406 6	0.415 5	28.132 4	0.035 5	0.085 5	11.689 6	202.647 7	7.203 4
19	2.527 0	0.395 7	30.539 0	0.032 7	0.082 7	12.085 3	230.780 1	7.556 9
20	2.653 3	0.376 9	33.066 0	0.030 2	0.080 2	12.462 2	261.319 1	7.903 0
21	2.786 0	0.358 9	35.719 3	0.028 0	0.078 0	12.821 2	294.385 0	8.241 6
22	2.925 3	0.341 8	38.505 2	0.026 0	0.076 0	13.163 0	330.104 3	8.573 0
23	3.071 5	0.325 6	41.430 5	0.024 1	0.074 1	13.488 6	368.609 5	8.897 1
24	3.225 1	0.310 1	44.502 0	0.022 5	0.072 5	13.798 6	410.040 0	9.214 0
25	3.386 4	0.295 3	47.727 1	0.021 0	0.071 0	14.093 9	454.542 0	9.523 8
26	3.555 7	0.281 2	51.113 5	0.019 6	0.069 6	14.375 2	502.269 1	9.826 6
27	3.733 5	0.267 8	54.669 1	0.018 3	0.068 3	14.643 0	553.382 5	10.122 4
28	3.920 1	0.255 1	58.402 6	0.017 1	0.067 1	14.898 1	608.051 7	10.411 4
29	4.116 1	0.242 9	62.322 7	0.016 0	0.066 0	15.141 1	666.454 2	10.693 6
30	4.321 9	0.231 4	66.438 8	0.015 1	0.065 1	15.372 5	728.777 0	10.969 1
31	4.538 0	0.220 4	70.760 8	0.014 1	0.064 1	15.592 8	795.215 8	11.238 1
32	4.764 9	0.209 9	75.298 8	0.013 3	0.063 3	15.802 7	865.976 6	11.500 5
33	5.003 2	0.199 9	80.063 8	0.012 5	0.062 5	16.002 5	941.275 4	11.756 6
34	5.253 3	0.190 4	85.067 0	0.011 8	0.061 8	16.192 9	1 021.339 2	12.006 3
35	5.516 0	0.181 3	90.320 3	0.011 1	0.061 1	16.374 2	1 106.406 1	12.249 8

（续表）

n	$(F/P,i,n)$	$(P/F,i,n)$	$(F/A,i,n)$	$(A/F,i,n)$	$(A/P,i,n)$	$(P/A,i,n)$	$(F/G,i,n)$	$(A/G,i,n)$
36	5.791 8	0.172 7	95.836 3	0.010 4	0.060 4	16.546 9	1 196.726 5	12.487 2
37	6.081 4	0.164 4	101.628 1	0.009 8	0.059 8	16.711 3	1 292.562 8	12.718 6
38	6.385 5	0.156 6	107.709 5	0.009 3	0.059 3	16.867 9	1 394.190 9	12.944 0
39	6.704 8	0.149 1	114.095 0	0.008 8	0.058 8	17.017 0	1501.900 5	13.163 6
40	7.040 0	0.142 0	120.799 8	0.008 3	0.058 3	17.159 1	1 615.995 5	13.377 5
41	7.392 0	0.135 3	127.839 8	0.007 8	0.057 8	17.294 4	1 736.795 3	13.585 7
42	7.761 6	0.128 8	135.231 8	0.007 4	0.057 4	17.423 2	1 864.635 0	13.788 4
43	8.149 7	0.122 7	142.993 3	0.007 0	0.057 0	17.545 9	1 999.866 8	13.985 7
44	8.557 2	0.116 9	151.143 0	0.006 6	0.056 6	17.662 8	2 142.860 1	14.177 7
45	8.985 0	0.111 3	159.700 2	0.006 3	0.056 3	17.774 1	2 294.003 1	14.364 4
46	9.434 3	0.106 0	168.685 2	0.005 9	0.055 9	17.880 1	2 453.703 3	14.546 1
47	9.906 0	0.100 9	178.119 4	0.005 6	0.055 6	17.981 0	2 622.388 4	14.722 6
48	10.401 3	0.096 1	188.025 4	0.005 3	0.055 3	18.077 2	2 800.507 9	14.894 3
49	10.921 3	0.091 6	198.426 7	0.005 0	0.055 0	18.168 7	2 988.533 3	15.061 1
50	11.467 4	0.087 2	209.348 0	0.004 8	0.054 8	18.255 9	3186.959 9	15.223 3

表6　复利系数表（$i=6\%$）

n	$(F/P,i,n)$	$(P/F,i,n)$	$(F/A,i,n)$	$(A/F,i,n)$	$(A/P,i,n)$	$(P/A,i,n)$	$(F/G,i,n)$	$(A/G,i,n)$
1	1.060 0	0.943 4	1.000 0	1.000 0	1.060 0	0.943 4	0.000 0	0.000 0
2	1.123 6	0.890 0	2.060 0	0.485 4	0.545 4	1.833 4	1.000 0	0.485 4
3	1.191 0	0.839 6	3.183 6	0.314 1	0.374 1	2.673 0	3.060 0	0.961 2
4	1.262 5	0.792 1	4.374 6	0.228 6	0.288 6	3.465 1	6.243 6	1.427 2
5	1.338 2	0.747 3	5.637 1	0.177 4	0.237 4	4.212 4	10.618 2	1.883 6
6	1.418 5	0.705 0	6.975 3	0.143 4	0.203 4	4.917 3	16.255 3	2.330 4
7	1.503 6	0.665 1	8.393 8	0.119 1	0.179 1	5.582 4	23.230 6	2.767 6
8	1.593 8	0.627 4	9.897 5	0.101 0	0.161 0	6.209 8	31.624 5	3.195 2
9	1.689 5	0.591 9	11.491 3	0.087 0	0.147 0	6.801 7	41.521 9	3.613 3
10	1.790 8	0.558 4	13.180 8	0.075 9	0.135 9	7.360 1	53.013 2	4.022 0
11	1.898 3	0.526 8	14.971 6	0.066 8	0.126 8	7.886 9	66.194 0	4.421 3
12	2.012 2	0.497 0	16.869 9	0.059 3	0.119 3	8.383 8	81.165 7	4.811 3
13	2.132 9	0.468 8	18.882 1	0.053 0	0.113 0	8.852 7	98.035 6	5.192 0
14	2.260 9	0.442 3	21.015 1	0.047 6	0.107 6	9.295 0	116.917 8	5.563 5
15	2.396 6	0.417 3	23.276 0	0.043 0	0.103 0	9.712 2	137.932 8	5.926 0
16	2.540 4	0.393 6	25.672 5	0.039 0	0.099 0	10.105 9	161.208 8	6.279 4
17	2.692 8	0.371 4	28.212 9	0.035 4	0.095 4	10.477 3	186.881 3	6.624 0

n	$(F/P,i,n)$	$(P/F,i,n)$	$(F/A,i,n)$	$(A/F,i,n)$	$(A/P,i,n)$	$(P/A,i,n)$	$(F/G,i,n)$	$(A/G,i,n)$
18	2.854 3	0.350 3	30.905 7	0.032 4	0.092 4	10.827 6	215.094 2	6.959 7
19	3.025 6	0.330 5	33.760 0	0.029 6	0.089 6	11.158 1	245.999 9	7.286 7
20	3.207 1	0.311 8	36.785 6	0.027 2	0.087 2	11.469 9	279.759 9	7.605 1
21	3.399 6	0.294 2	39.992 7	0.025 0	0.085 0	11.764 1	316.545 4	7.915 1
22	3.603 5	0.277 5	43.392 3	0.023 0	0.083 0	12.041 6	356.538 2	8.216 6
23	3.819 7	0.261 8	46.995 8	0.021 3	0.081 3	12.303 4	399.930 5	8.509 9
24	4.048 9	0.247 0	50.815 6	0.019 7	0.079 7	12.550 4	446.926 3	8.795 1
25	4.291 9	0.233 0	54.864 5	0.018 2	0.078 2	12.783 4	497.741 9	9.072 2
26	4.549 4	0.219 8	59.156 4	0.016 9	0.076 9	13.003 2	552.606 4	9.341 4
27	4.822 3	0.207 4	63.705 8	0.015 7	0.075 7	13.210 5	611.762 8	9.602 9
28	5.111 7	0.195 6	68.528 1	0.014 6	0.074 6	13.406 2	675.468 5	9.856 8
29	5.418 4	0.184 6	73.639 8	0.013 6	0.073 6	13.590 7	743.996 6	10.103 2
30	5.743 5	0.174 1	79.058 2	0.012 6	0.072 6	13.764 8	817.636 4	10.342 2
31	6.088 1	0.164 3	84.801 7	0.011 8	0.071 8	13.929 1	896.694 6	10.574 0
32	6.453 4	0.155 0	90.889 8	0.011 0	0.071 0	14.084 0	981.496 3	10.798 8
33	6.840 6	0.146 2	97.343 2	0.010 3	0.070 3	14.230 2	1 072.386 1	11.016 6
34	7.251 0	0.137 9	104.183 8	0.009 6	0.069 6	14.368 1	1 169.729 2	11.227 6
35	7.686 1	0.130 1	111.434 8	0.009 0	0.069 0	14.498 2	1 273.913 0	11.431 9
36	8.147 3	0.122 7	119.120 9	0.008 4	0.068 4	14.621 0	1 385.347 8	11.629 8
37	8.636 1	0.115 8	127.268 1	0.007 9	0.067 9	14.736 8	1 504.468 6	11.821 3
38	9.154 3	0.109 2	135.904 2	0.007 4	0.067 4	14.846 0	1 631.736 8	12.006 5
39	9.703 5	0.103 1	145.058 5	0.006 9	0.066 9	14.949 1	1 767.641 0	12.185 7
40	10.285 7	0.097 2	154.762 0	0.006 5	0.066 5	15.046 3	1 912.699 4	12.359 0
41	10.902 9	0.091 7	165.047 7	0.006 1	0.066 1	15.138 0	2 067.461 4	12.526 4
42	11.557 0	0.086 5	175.950 5	0.005 7	0.065 7	15.224 5	2 232.509 1	12.688 3
43	12.250 5	0.081 6	187.507 6	0.005 3	0.065 3	15.306 2	2408.459 6	12.844 6
44	12.985 5	0.077 0	199.758 0	0.005 0	0.065 0	15.383 2	2 595.967 2	12.995 6
45	13.764 6	0.072 7	212.743 5	0.004 7	0.064 7	15.455 8	2 795.725 2	13.141 3
46	14.590 5	0.068 5	226.508 1	0.004 4	0.064 4	15.524 4	3 008.468 7	13.281 9
47	15.465 9	0.064 7	241.098 6	0.004 1	0.064 1	15.589 0	3 234.976 9	13.417 7
48	16.393 9	0.061 0	256.564 5	0.003 9	0.063 9	15.650 0	3 476.075 5	13.548 5
49	17.377 5	0.057 5	272.958 4	0.003 7	0.063 7	15.707 6	3 732.640 0	13.674 8
50	18.420 2	0.054 3	290.335 9	0.003 4	0.063 4	15.761 9	4 005.598 4	13.796 4

表 7　复利系数表（$i=7\%$）

n	$(F/P,i,n)$	$(P/F,i,n)$	$(F/A,i,n)$	$(A/F,i,n)$	$(A/P,i,n)$	$(P/A,i,n)$	$(F/G,i,n)$	$(A/G,i,n)$
1	1.070 0	0.934 6	1.000 0	1.000 0	1.070 0	0.934 6	0.000 0	0.000 0
2	1.144 9	0.873 4	2.070 0	0.483 1	0.553 1	1.808 0	1.000 0	0.483 1
3	1.225 0	0.816 3	3.214 9	0.311 1	0.381 1	2.624 3	3.070 0	0.954 9
4	1.310 8	0.762 9	4.439 9	0.225 2	0.295 2	3.387 2	6.284 9	1.415 5
5	1.402 6	0.713 0	5.750 7	0.173 9	0.243 9	4.100 2	10.724 8	1.865 0
6	1.500 7	0.666 3	7.153 3	0.139 8	0.209 8	4.766 5	16.475 6	2.303 2
7	1.605 8	0.622 7	8.654 0	0.115 6	0.185 6	5.389 3	23.628 9	2.730 4
8	1.718 2	0.582 0	10.259 8	0.097 5	0.167 5	5.971 3	32.282 9	3.146 5
9	1.838 5	0.543 9	11.978 0	0.083 5	0.153 5	6.515 2	42.542 7	3.551 7
10	1.967 2	0.508 3	13.816 4	0.072 4	0.142 4	7.023 6	54.520 7	3.946 1
11	2.104 9	0.475 1	15.783 6	0.063 4	0.133 4	7.498 7	68.337 1	4.329 6
12	2.252 2	0.444 0	17.888 5	0.055 9	0.125 9	7.942 7	84.120 7	4.702 5
13	2.409 8	0.415 0	20.140 6	0.049 7	0.119 7	8.357 7	102.009 2	5.064 8
14	2.578 5	0.387 8	22.550 5	0.044 3	0.114 3	8.745 5	122.149 8	5.416 7
15	2.759 0	0.362 4	25.129 0	0.039 8	0.109 8	9.107 9	144.700 3	5.758 3
16	2.952 2	0.338 7	27.888 1	0.035 9	0.105 9	9.446 6	169.829 3	6.089 7
17	3.158 8	0.316 6	30.840 2	0.032 4	0.102 4	9.763 2	197.717 4	6.411 0
18	3.379 9	0.295 9	33.999 0	0.029 4	0.099 4	10.059 1	228.557 6	6.722 5
19	3.616 5	0.276 5	37.379 0	0.026 8	0.096 8	10.335 6	262.556 6	7.024 2
20	3.869 7	0.258 4	40.995 5	0.024 4	0.094 4	10.594 0	299.935 6	7.316 3
21	4.140 6	0.241 5	44.865 2	0.022 3	0.092 3	10.835 5	340.931 1	7.599 0
22	4.430 4	0.225 7	49.005 7	0.020 4	0.090 4	11.061 2	385.796 3	7.872 5
23	4.740 5	0.210 9	53.436 1	0.018 7	0.088 7	11.272 2	434.802 0	8.136 9
24	5.072 4	0.197 1	58.176 7	0.017 2	0.087 2	11.469 3	488.238 2	8.392 3
25	5.427 4	0.184 2	63.249 0	0.015 8	0.085 8	11.653 6	546.414 8	8.639 1
26	5.807 4	0.172 2	68.676 5	0.014 6	0.084 6	11.825 8	609.663 9	8.877 3
27	6.213 9	0.160 9	74.483 8	0.013 4	0.083 4	11.986 7	678.340 3	9.107 2
28	6.648 8	0.150 4	80.697 7	0.012 4	0.082 4	12.137 1	752.824 2	9.328 9
29	7.114 3	0.140 6	87.346 5	0.011 4	0.081 4	12.277 7	833.521 8	9.542 7
30	7.612 3	0.131 4	94.460 8	0.010 6	0.080 6	12.409 0	920.868 4	9.748 7
31	8.145 1	0.122 8	102.073 0	0.009 8	0.079 8	12.531 8	1 015.329 2	9.947 1
32	8.715 3	0.114 7	110.218 2	0.009 1	0.079 1	12.646 6	1 117.402 2	10.138 1
33	9.325 3	0.107 2	118.933 4	0.008 4	0.078 4	12.753 8	1 227.620 4	10.321 9
34	9.978 1	0.100 2	128.258 8	0.007 8	0.077 8	12.854 0	1 346.553 8	10.498 7
35	10.676 6	0.093 7	138.236 9	0.007 2	0.077 2	12.947 7	1 474.812 5	10.668 7

（续表）

n	$(F/P,i,n)$	$(P/F,i,n)$	$(F/A,i,n)$	$(A/F,i,n)$	$(A/P,i,n)$	$(P/A,i,n)$	$(F/G,i,n)$	$(A/G,i,n)$
36	11.423 9	0.087 5	148.913 5	0.006 7	0.076 7	13.035 2	1 613.049 4	10.832 1
37	12.223 6	0.081 8	160.337 4	0.006 2	0.076 2	13.117 0	1 761.962 9	10.989 1
38	13.079 3	0.076 5	172.561 0	0.005 8	0.075 8	13.193 5	1 922.300 3	11.139 8
39	13.994 8	0.071 5	185.640 3	0.005 4	0.075 4	13.264 9	2 094.861 3	11.284 5
40	14.974 5	0.066 8	199.635 1	0.005 0	0.075 0	13.331 7	2 280.501 6	11.423 3
41	16.022 7	0.062 4	214.609 6	0.004 7	0.074 7	13.394 1	2 480.136 7	11.556 5
42	17.144 3	0.058 3	230.632 2	0.004 3	0.074 3	13.452 4	2 694.746 3	11.684 2
43	18.344 4	0.054 5	247.776 5	0.004 0	0.074 0	13.507 0	2 925.378 5	11.806 5
44	19.628 5	0.050 9	266.120 9	0.003 8	0.073 8	13.557 9	3 173.155 0	11.923 7
45	21.002 5	0.047 6	285.749 3	0.003 5	0.073 5	13.605 5	3 439.275 9	12.036 0
46	22.472 6	0.044 5	306.751 8	0.003 3	0.073 3	13.650 0	3 725.025 2	12.143 5
47	24.045 7	0.041 6	329.224 4	0.003 0	0.073 0	13.691 6	4 031.776 9	12.246 3
48	25.728 9	0.038 9	353.270 1	0.002 8	0.072 8	13.730 5	4 361.001 3	12.344 7
49	27.529 9	0.036 3	378.999 0	0.002 6	0.072 6	13.766 8	4 714.271 4	12.438 7
50	29.457 0	0.033 9	406.528 9	0.002 5	0.072 5	13.800 7	5 093.270 4	12.528 7

表 8　复利系数表（$i=8\%$）

n	$(F/P,i,n)$	$(P/F,i,n)$	$(F/A,i,n)$	$(A/F,i,n)$	$(A/P,i,n)$	$(P/A,i,n)$	$(F/G,i,n)$	$(A/G,i,n)$
1	1.080 0	0.925 9	1.000 0	1.000 0	1.080 0	0.925 9	0.000 0	0.000 0
2	1.166 4	0.857 3	2.080 0	0.480 8	0.560 8	1.783 3	1.000 0	0.480 8
3	1.259 7	0.793 8	3.246 4	0.308 0	0.388 0	2.577 1	3.080 0	0.948 7
4	1.360 5	0.735 0	4.506 1	0.221 9	0.301 9	3.312 1	6.326 4	1.404 0
5	1.469 3	0.680 6	5.866 6	0.170 5	0.250 5	3.992 7	10.832 5	1.846 5
6	1.586 9	0.630 2	7.335 9	0.136 3	0.216 3	4.622 9	16.699 1	2.276 3
7	1.713 8	0.583 5	8.922 8	0.112 1	0.192 1	5.206 4	24.035 0	2.693 7
8	1.850 9	0.540 3	10.636 6	0.094 0	0.174 0	5.746 6	32.957 8	3.098 5
9	1.999 0	0.500 2	12.487 6	0.080 1	0.160 1	6.246 9	43.594 5	3.491 0
10	2.158 9	0.463 2	14.486 6	0.069 0	0.149 0	6.710 1	56.082 0	3.871 3
11	2.331 6	0.428 9	16.645 5	0.060 1	0.140 1	7.139 0	70.568 6	4.239 5
12	2.518 2	0.397 1	18.977 1	0.052 7	0.132 7	7.536 1	87.214 1	4.595 7
13	2.719 6	0.367 7	21.495 3	0.046 5	0.126 5	7.903 8	106.191 2	4.940 2
14	2.937 2	0.340 5	24.214 9	0.041 3	0.121 3	8.244 2	127.686 5	5.273 1
15	3.172 2	0.315 2	27.152 1	0.036 8	0.116 8	8.559 5	151.901 4	5.594 5
16	3.425 9	0.291 9	30.324 3	0.033 0	0.113 0	8.851 4	179.053 5	5.904 6
17	3.700 0	0.270 3	33.750 2	0.029 6	0.109 6	9.121 6	209.377 8	6.203 7

n	$(F/P,i,n)$	$(P/F,i,n)$	$(F/A,i,n)$	$(A/F,i,n)$	$(A/P,i,n)$	$(P/A,i,n)$	$(F/G,i,n)$	$(A/G,i,n)$
18	3.996 0	0.250 2	37.450 2	0.026 7	0.106 7	9.371 9	243.128 0	6.492 0
19	4.315 7	0.231 7	41.446 3	0.024 1	0.104 1	9.603 6	280.578 3	6.769 7
20	4.661 0	0.214 5	45.762 0	0.021 9	0.101 9	9.818 1	322.024 6	7.036 9
21	5.033 8	0.198 7	50.422 9	0.019 8	0.099 8	10.016 8	367.786 5	7.294 0
22	5.436 5	0.183 9	55.456 8	0.018 0	0.098 0	10.200 7	418.209 4	7.541 2
23	5.871 5	0.170 3	60.893 3	0.016 4	0.096 4	10.371 1	473.666 2	7.778 6
24	6.341 2	0.157 7	66.764 8	0.015 0	0.095 0	10.528 8	534.559 5	8.006 6
25	6.848 5	0.146 0	73.105 9	0.013 7	0.093 7	10.674 8	601.324 2	8.225 4
26	7.396 4	0.135 2	79.954 4	0.012 5	0.092 5	10.810 0	674.430 2	8.435 2
27	7.988 1	0.125 2	87.350 8	0.011 4	0.091 4	10.935 2	754.384 6	8.636 3
28	8.627 1	0.115 9	95.338 8	0.010 5	0.090 5	11.051 1	841.735 4	8.828 9
29	9.317 3	0.107 3	103.965 9	0.009 6	0.089 6	11.158 4	937.074 2	9.013 3
30	10.062 7	0.099 4	113.283 2	0.008 8	0.088 8	11.257 8	1 041.040 1	9.189 7
31	10.867 7	0.092 0	123.345 9	0.008 1	0.088 1	11.349 8	1 154.323 4	9.358 4
32	11.737 1	0.085 2	134.213 5	0.007 5	0.087 5	11.435 0	1 277.669 2	9.519 7
33	12.676 0	0.078 9	145.950 6	0.006 9	0.086 9	11.513 9	1 411.882 8	9.673 7
34	13.690 1	0.073 0	158.626 7	0.006 3	0.086 3	11.586 9	1 557.833 4	9.820 8
35	14.785 3	0.067 6	172.316 8	0.005 8	0.085 8	11.654 6	1 716.460 0	9.961 1
36	15.968 2	0.062 6	187.102 1	0.005 3	0.085 3	11.717 2	1 888.776 8	10.094 9
37	17.245 6	0.058 0	203.070 3	0.004 9	0.084 9	11.775 2	2 075.879 0	10.222 5
38	18.625 3	0.053 7	220.315 9	0.004 5	0.084 5	11.828 9	2 278.949 3	10.344 0
39	20.115 3	0.049 7	238.941 2	0.004 2	0.084 2	11.878 6	2 499.265 1	10.459 7
40	21.724 5	0.046 0	259.056 5	0.003 9	0.083 9	11.924 6	2 738.206 5	10.569 9
41	23.462 5	0.042 6	280.781 0	0.003 6	0.083 6	11.967 2	2 997.263 0	10.674 7
42	25.339 5	0.039 5	304.243 5	0.003 3	0.083 3	12.006 7	3 278.044 0	10.774 4
43	27.366 6	0.036 5	329.583 0	0.003 0	0.083 0	12.043 2	3 582.287 6	10.869 2
44	29.556 0	0.033 8	356.949 6	0.002 8	0.082 8	12.077 1	3 911.870 6	10.959 2
45	31.920 4	0.031 3	386.505 6	0.002 6	0.082 6	12.108 4	4 268.820 2	11.044 7
46	34.474 1	0.029 0	418.426 1	0.002 4	0.082 4	12.137 4	4 655.325 8	11.125 8
47	37.232 0	0.026 9	452.900 2	0.002 2	0.082 2	12.164 3	5 073.751 9	11.202 8
48	40.210 6	0.024 9	490.132 2	0.002 0	0.082 0	12.189 1	5 526.652 1	11.275 8
49	43.427 4	0.023 0	530.342 7	0.001 9	0.081 9	12.212 2	6 016.784 2	11.345 1
50	46.901 6	0.021 3	573.770 2	0.001 7	0.081 7	12.233 5	6 547.127 0	11.410 7

表 9   复利系数表($i=9\%$)

n	$(F/P,i,n)$	$(P/F,i,n)$	$(F/A,i,n)$	$(A/F,i,n)$	$(A/P,i,n)$	$(P/A,i,n)$	$(F/G,i,n)$	$(A/G,i,n)$
1	1.090 0	0.917 4	1.000 0	1.000 0	1.090 0	0.917 4	0.000 0	0.000 0
2	1.188 1	0.841 7	2.090 0	0.478 5	0.568 5	1.759 1	1.000 0	0.478 5
3	1.295 0	0.772 2	3.278 1	0.305 1	0.395 1	2.531 3	3.090 0	0.942 6
4	1.411 6	0.708 4	4.573 1	0.218 7	0.308 7	3.239 7	6.368 1	1.392 5
5	1.538 6	0.649 9	5.984 7	0.167 1	0.257 1	3.889 7	10.941 2	1.828 2
6	1.677 1	0.596 3	7.523 3	0.132 9	0.222 9	4.485 9	16.925 9	2.249 8
7	1.828 0	0.547 0	9.200 4	0.108 7	0.198 7	5.033 0	24.449 3	2.657 4
8	1.992 6	0.501 9	11.028 5	0.090 7	0.180 7	5.534 8	33.649 7	3.051 2
9	2.171 9	0.460 4	13.021 0	0.076 8	0.166 8	5.995 2	44.678 2	3.431 2
10	2.367 4	0.422 4	15.192 9	0.065 8	0.155 8	6.417 7	57.699 2	3.797 8
11	2.580 4	0.387 5	17.560 3	0.056 9	0.146 9	6.805 2	72.892 1	4.151 0
12	2.812 7	0.355 5	20.140 7	0.049 7	0.139 7	7.160 7	90.452 4	4.491 0
13	3.065 8	0.326 2	22.953 4	0.043 6	0.133 6	7.486 9	110.593 2	4.818 2
14	3.341 7	0.299 2	26.019 2	0.038 4	0.128 4	7.786 2	133.546 5	5.132 6
15	3.642 5	0.274 5	29.360 9	0.034 1	0.124 1	8.060 7	159.565 7	5.434 6
16	3.970 3	0.251 9	33.003 4	0.030 3	0.120 3	8.312 6	188.926 7	5.724 5
17	4.327 6	0.231 1	36.973 7	0.027 0	0.117 0	8.543 6	221.930 1	6.002 4
18	4.717 1	0.212 0	41.301 3	0.024 2	0.114 2	8.755 6	258.903 8	6.268 7
19	5.141 7	0.194 5	46.018 5	0.021 7	0.111 7	8.950 1	300.205 1	6.523 6
20	5.604 4	0.178 4	51.160 1	0.019 5	0.109 5	9.128 5	346.223 6	6.767 4
21	6.108 8	0.163 7	56.764 5	0.017 6	0.107 6	9.292 2	397.383 7	7.000 6
22	6.658 6	0.150 2	62.873 3	0.015 9	0.105 9	9.442 4	454.148 2	7.223 2
23	7.257 9	0.137 8	69.531 9	0.014 4	0.104 4	9.580 2	517.021 5	7.435 7
24	7.911 1	0.126 4	76.789 8	0.013 0	0.103 0	9.706 6	586.553 5	7.638 4
25	8.623 1	0.116 0	84.700 9	0.011 8	0.101 8	9.822 6	663.343 3	7.831 6
26	9.399 2	0.106 4	93.324 0	0.010 7	0.100 7	9.929 0	748.044 2	8.015 6
27	10.245 1	0.097 6	102.723 1	0.009 7	0.099 7	10.026 6	841.368 2	8.190 6
28	11.167 1	0.089 5	112.968 2	0.008 9	0.098 9	10.116 1	944.091 3	8.357 1
29	12.172 2	0.082 2	124.135 4	0.008 1	0.098 1	10.198 3	1 057.059 5	8.515 4
30	13.267 7	0.075 4	136.307 5	0.007 3	0.097 3	10.273 7	1 181.194 9	8.665 7
31	14.461 8	0.069 1	149.575 2	0.006 7	0.096 7	10.342 8	1 317.502 4	8.808 3
32	15.763 3	0.063 4	164.037 0	0.006 1	0.096 1	10.406 2	1 467.077 6	8.943 6
33	17.182 0	0.058 2	179.800 3	0.005 6	0.095 6	10.464 4	1 631.114 6	9.071 8
34	18.728 4	0.053 4	196.982 3	0.005 1	0.095 1	10.517 8	1 810.914 9	9.193 3
35	20.414 0	0.049 0	215.710 8	0.004 6	0.094 6	10.566 8	2 007.897 3	9.308 3

（续表）

n	$(F/P,i,n)$	$(P/F,i,n)$	$(F/A,i,n)$	$(A/F,i,n)$	$(A/P,i,n)$	$(P/A,i,n)$	$(F/G,i,n)$	$(A/G,i,n)$
36	22. 251 2	0. 044 9	236. 124 7	0. 004 2	0. 094 2	10. 611 8	2 223. 608 0	9. 417 1
37	24. 253 8	0. 041 2	258. 375 9	0. 003 9	0. 093 9	10. 653 0	2 459. 732 8	9. 520 0
38	26. 436 7	0. 037 8	282. 629 8	0. 003 5	0. 093 5	10. 690 8	2 718. 108 7	9. 617 2
39	28. 816 0	0. 034 7	309. 066 5	0. 003 2	0. 093 2	10. 725 5	3 000. 738 5	9. 709 0
40	31. 409 4	0. 031 8	337. 882 4	0. 003 0	0. 093 0	10. 757 4	3 309. 804 9	9. 795 7
41	34. 236 3	0. 029 2	369. 291 9	0. 002 7	0. 092 7	10. 786 6	3 647. 687 4	9. 877 5
42	37. 317 5	0. 026 8	403. 528 1	0. 002 5	0. 092 5	10. 813 4	4 016. 979 3	9. 954 6
43	40. 676 1	0. 024 6	440. 845 7	0. 002 3	0. 092 3	10. 838 0	4 420. 507 4	10. 027 3
44	44. 337 0	0. 022 6	481. 521 8	0. 002 1	0. 092 1	10. 860 5	4 861. 353 1	10. 095 8
45	48. 327 3	0. 020 7	525. 858 7	0. 001 9	0. 091 9	10. 881 2	5 342. 874 8	10. 160 3
46	52. 676 7	0. 019 0	574. 186 0	0. 001 7	0. 091 7	10. 900 2	5 868. 733 6	10. 221 0
47	57. 417 6	0. 017 4	626. 862 8	0. 001 6	0. 091 6	10. 917 6	6 442. 919 6	10. 278 0
48	62. 585 2	0. 016 0	684. 280 4	0. 001 5	0. 091 5	10. 933 6	7 069. 782 3	10. 331 7
49	68. 217 9	0. 014 7	746. 865 6	0. 001 3	0. 091 3	10. 948 2	7 754. 062 8	10. 382 1
50	74. 357 5	0. 013 4	815. 083 6	0. 001 2	0. 091 2	10. 961 7	8 500. 928 4	10. 429 5

表 10　复利系数表（$i=10\%$）

n	$(F/P,i,n)$	$(P/F,i,n)$	$(F/A,i,n)$	$(A/F,i,n)$	$(A/P,i,n)$	$(P/A,i,n)$	$(F/G,i,n)$	$(A/G,i,n)$
1	1. 100 0	0. 909 1	1. 000 0	1. 000 0	1. 100 0	0. 909 1	0. 000 0	0. 000 0
2	1. 210 0	0. 826 4	2. 100 0	0. 476 2	0. 576 2	1. 735 5	1. 000 0	0. 476 2
3	1. 331 0	0. 751 3	3. 310 0	0. 302 1	0. 402 1	2. 486 9	3. 100 0	0. 936 6
4	1. 464 1	0. 683 0	4. 641 0	0. 215 5	0. 315 5	3. 169 9	6. 410 0	1. 381 2
5	1. 610 5	0. 620 9	6. 105 1	0. 163 8	0. 263 8	3. 790 8	11. 051 0	1. 810 1
6	1. 771 6	0. 564 5	7. 715 6	0. 129 6	0. 229 6	4. 355 3	17. 156 1	2. 223 6
7	1. 948 7	0. 513 2	9. 487 2	0. 105 4	0. 205 4	4. 868 4	24. 871 7	2. 621 6
8	2. 143 6	0. 466 5	11. 435 9	0. 087 4	0. 187 4	5. 334 9	34. 358 9	3. 004 5
9	2. 357 9	0. 424 1	13. 579 5	0. 073 6	0. 173 6	5. 759 0	45. 794 8	3. 372 4
10	2. 593 7	0. 385 5	15. 937 4	0. 062 7	0. 162 7	6. 144 6	59. 374 2	3. 725 5
11	2. 853 1	0. 350 5	18. 531 2	0. 054 0	0. 154 0	6. 495 1	75. 311 7	4. 064 1
12	3. 138 4	0. 318 6	21. 384 3	0. 046 8	0. 146 8	6. 813 7	93. 842 8	4. 388 4
13	3. 452 3	0. 289 7	24. 522 7	0. 040 8	0. 140 8	7. 103 4	115. 227 1	4. 698 8
14	3. 797 5	0. 263 3	27. 975 0	0. 035 7	0. 135 7	7. 366 7	139. 749 8	4. 995 5
15	4. 177 2	0. 239 4	31. 772 5	0. 031 5	0. 131 5	7. 606 1	167. 724 8	5. 278 9
16	4. 595 0	0. 217 6	35. 949 7	0. 027 8	0. 127 8	7. 823 7	199. 497 3	5. 549 3
17	5. 054 5	0. 197 8	40. 544 7	0. 024 7	0. 124 7	8. 021 6	235. 447 0	5. 807 1

n	$(F/P,i,n)$	$(P/F,i,n)$	$(F/A,i,n)$	$(A/F,i,n)$	$(A/P,i,n)$	$(P/A,i,n)$	$(F/G,i,n)$	$(A/G,i,n)$
18	5.559 9	0.179 9	45.599 2	0.021 9	0.121 9	8.201 4	275.991 7	6.052 6
19	6.115 9	0.163 5	51.159 1	0.019 5	0.119 5	8.364 9	321.590 9	6.286 1
20	6.727 5	0.148 6	57.275 0	0.017 5	0.117 5	8.513 6	372.750 0	6.508 1
21	7.400 2	0.135 1	64.002 5	0.015 6	0.115 6	8.648 7	430.025 0	6.718 9
22	8.140 3	0.122 8	71.402 7	0.014 0	0.114 0	8.771 5	494.027 5	6.918 9
23	8.954 3	0.111 7	79.543 0	0.012 6	0.112 6	8.883 2	565.430 2	7.108 5
24	9.849 7	0.101 5	88.497 3	0.011 3	0.111 3	8.984 7	644.973 3	7.288 1
25	10.834 7	0.092 3	98.347 1	0.010 2	0.110 2	9.077 0	733.470 6	7.458 0
26	11.918 2	0.083 9	109.181 8	0.009 2	0.109 2	9.160 9	831.817 7	7.618 6
27	13.110 0	0.076 3	121.099 9	0.008 3	0.108 3	9.237 2	940.999 4	7.770 4
28	14.421 0	0.069 3	134.209 9	0.007 5	0.107 5	9.306 6	1062.099 4	7.913 7
29	15.863 1	0.063 0	148.630 9	0.006 7	0.106 7	9.369 6	1196.309 3	8.048 9
30	17.449 4	0.057 3	164.494 0	0.006 1	0.106 1	9.426 9	1344.940 2	8.176 2
31	19.194 3	0.052 1	181.943 4	0.005 5	0.105 5	9.479 0	1 509.434 2	8.296 2
32	21.113 8	0.047 4	201.137 8	0.005 0	0.105 0	9.526 4	1 691.377 7	8.409 1
33	23.225 2	0.043 1	222.251 5	0.004 5	0.104 5	9.569 4	1 892.515 4	8.515 2
34	25.547 7	0.039 1	245.476 7	0.004 1	0.104 1	9.608 6	2 114.767 0	8.614 9
35	28.102 4	0.035 6	271.024 4	0.003 7	0.103 7	9.644 2	2 360.243 7	8.708 6
36	30.912 7	0.032 3	299.126 8	0.003 3	0.103 3	9.676 5	2 631.268 1	8.796 5
37	34.003 9	0.029 4	330.039 5	0.003 0	0.103 0	9.705 0	2 930.394 9	8.878 9
38	37.404 3	0.026 7	364.043 4	0.002 7	0.102 7	9.732 7	3 260.434 3	8.956 2
39	41.144 8	0.024 3	401.447 8	0.002 5	0.102 5	9.757 0	3 624.477 8	9.028 5
40	45.259 3	0.022 1	442.592 6	0.002 3	0.102 3	9.779 1	4 025.925 6	9.096 2
41	49.785 2	0.020 1	487.851 8	0.002 0	0.102 0	9.799 1	4 468.518 1	9.159 6
42	54.763 7	0.018 3	537.637 0	0.001 9	0.101 9	9.817 4	4 956.369 9	9.218 8
43	60.240 1	0.016 6	592.400 7	0.001 7	0.101 7	9.834 0	5 494.006 9	9.274 1
44	66.264 1	0.015 1	652.640 8	0.001 5	0.101 5	9.849 1	6 086.407 6	9.325 8
45	72.890 5	0.013 7	718.904 8	0.001 4	0.101 4	9.862 8	6 739.048 4	9.374 0
46	80.179 5	0.012 5	791.795 3	0.001 3	0.101 3	9.875 3	7 457.953 2	9.419 0
47	88.197 5	0.011 3	871.974 9	0.001 1	0.101 1	9.886 6	8 249.748 5	9.461 0
48	97.017 2	0.010 3	960.172 3	0.001 0	0.101 0	9.896 9	9 121.723 4	9.500 1
49	106.719 0	0.009 4	1 057.189 6	0.000 9	0.100 9	9.906 3	10 081.895 7	9.536 5
50	117.390 9	0.008 5	1 163.908 5	0.000 9	0.100 9	9.914 8	11 139.085 3	9.570 4

附录二　分单元习题解答

扫一扫可见
本书习题详解

参考文献

［1］建设工程经济（全国一级建造师执业资格考试用书）［M］.2017 年版.北京：中国建筑工业出版社,2017.

［2］建设工程造价管理（全国造价工程师执业资格考试培训教材）［M］.北京：中国计划出版社,2016.

［3］韩凌风,陈金洪.工程经济［M］.北京：中国水利水电出版社,2011.

［4］源大璐,赵世强.工程经济学［M］.武汉：武汉理工大学出版社,2012.

［5］杨易,李珊.建设工程项目管理［M］.西安：西安交通大学出版社,2014.

［6］余炳文.项目评估［M］.大连：东北财经大学出版社,2014.

［7］国家发展改革委,建设部.建设项目经济评价方法与参数［M］.第 3 版.北京：中国计划出版社,2006.

［8］黄晨,曾学礼.建筑工程经济［M］.天津：天津大学出版社,2016.

［9］陆菊春.工程经济学［M］.第 3 版.武汉：武汉大学出版社,2014.

［10］刘玉明.工程经济学［M］.第 2 版.北京：北京交通大学出版社,2014.

［11］安丽洁,吴渝玲,刘旭.建筑工程经济［M］.哈尔滨：哈尔滨工业大学出版社,2013.

［12］李娜,张珂峰.建筑工程经济［M］.西安：西安交通大学出版社,2011.

［13］田恒久.工程经济学［M］.武汉：武汉理工大学出版社,2014.

［14］魏法杰.工程经济学［M］.第 2 版.北京：电子工业出版社,2013.

［15］李南.工程经济学［M］.第 4 版.北京：科学出版社,2013.